← 由此翻开

"牛津欧洲史"
系列丛书阅读说明

牛津
欧洲史

牛津第三帝国史

THE OXFORD HISTORY OF THE
THIRD REICH

[加] 罗伯特·格拉特利 主编
马诗远 韩芳 译

北京日报出版社

目　录

导　言｜第三帝国　　001

第一章｜魏玛共和国与国家社会主义的崛起　　023

第二章｜纳粹"夺权"　　052

第三章｜选举、公民投票与节日　　082

第四章｜建筑与艺术　　109

第五章｜摄影和电影　　139

第六章｜经　济　　165

第七章｜大屠杀　　185

第八章｜战争与帝国　　210

第九章｜家庭阵线　　239

第十章｜衰落和溃败　　268

译者致谢　　304

| 导 言 |

第三帝国

罗伯特·格拉特利（Robert Gellately）

当今的历史学家依然在对第三帝国提出各种问题，尤其是因为其史无前例的罪行和它发动了波及整个欧洲的军事侵略。关于这个仅仅存在了12年，却给世界带来巨大灾难的政权的许多研究灵感来自阿道夫·希特勒（Adolf Hitler），一个在1914年之前的政坛基本没有实际地位的人。

阿道夫·希特勒出生于1889年，根本不是德国公民。他在奥匈帝国度过的青年时期内大部分时间表现平平，没有显露出任何在未来可以发迹的迹象。到了20岁，他还是一个毫无教育背景、离群索居的流浪汉。他除了想当个画家，并没有什么雄心壮志，而且他也没有接受过当画家的正规训练。他粗浅地涉猎过绘画，隐约觉得想成为他所热爱的歌剧的舞台设计师，然而在这一点上，他也毫无建树。1909年的秋天，他住进维也纳的一家收留无家可归者的收容所，此时他的人生跌入谷底。次年2月，他离开收容所，栖身于简陋的单身宿舍，在那里一待就是三年多。1913年的5月，由于继承了他父亲一笔可观的遗产，"艺术家"阿道夫·希特勒动身前往慕尼黑，梦想成为一名建筑师。然而他依旧交不到朋友，找不到工作，只能靠画明信片勉强维持生计。鉴于当时严苛而僵化的阶级和政治体系，其所容许的社会流动性相对而言非常有限，所以他似乎注定会因此而一事无成。但接下来，即将在1914年爆发的世界大战，却使世界乾坤颠倒。正如发生在几乎遍布全球的数百万人身上的情形一样，为德国而战的憧憬激发了这个年轻人的民族主义情绪，他很快成了志愿者。这次大战将带来革命性后果，即推翻旧秩序，最终使得像他这样的社会局外人也有可能胸怀鸿鹄之志。

然而1918年11月，德国战败。当希特勒从战场归来时，没有证据表明他曾梦想成为某种革命领袖。他没有什么远大抱负，只不过想着尽可能长久地留在部队。就像许多德国人一样，他深信是国内阵线在背后捅了刀子，背弃了这支"无敌之师"，而且像成千上万的其他人一样，他至死对此坚信不疑。

虽然已是而立之年，但他实际上毫无作为，依然是一个漂泊流离的独行者，一个溃败之师的下士，囊中羞涩，前途渺茫。然而不久后，他就引起了征兵军官的注意——他们正在物色经过培训就能向正在复员的军人灌输民族主义思想的士兵。接下来，希特勒接受了短暂的学校教育，在此期间，他表现得相当不错。1920年，他帮着组建了一个新的政治团体——德国国家社会主义工人党（NSDAP），或称为纳粹党。虽然他迅速成为该组织的领军人物，但在当时德国的政治图景下，他们士气低落，该组织也只不过是许多乌合之众所组成的类似的团体之一而已。

令人震惊的是，仅仅过了20年多一点的时间，即1941年秋天，52岁的希特勒已经成为德国无与伦比、万人崇拜的领袖人物，德国的经济已经恢复至能立于强国之巅。而且1940年中期，他已经重建、武装并果断地使用了新命名的国防军来击败波兰。更引人注目的是，他还占领了西欧大部分地区。一年以后，他指挥劲旅直捣苏联。因此在当年12月，德军已陈兵莫斯科和列宁格勒城下。接近1941年岁尾时，希特勒似乎已成为这个世界上最强大的统治者，尽管不久这一切又灰飞烟灭。他可以审视一个广袤无垠的欧洲大陆帝国，几乎包括整个欧洲——西起英吉利海峡，东达列宁格勒，北到挪威，往南直至高加索，并且沿着往东南方向的大弧线延伸到巴尔干半岛、希腊和北非地区。至此，新生的德国在追求更多"生存空间"的过程中，已经从根本上动摇了西方文明基石的核心，并且进行着主要针对东欧犹太人的大屠杀运动。直至其倾覆之前，第三帝国的所作所为成为邪恶的缩影，给欧洲乃至更广大的地区留下创伤。时至今日，这些伤痕依然历历可见。

鉴于事情的发展出现了如此戏剧性的转折，1945年以来，一代又一代的历史学家一直试图解释清楚为何发生了这一切便也不足为怪了。本书中该领域的专家对已有的研究工作进行精选，展示了他们的最新成果，并提供了当代的阐述，其观点既具有平衡性又易于理解。本书的每一章集中讨论了某些专门的问题和事件。作者指出，随着我们发掘出新的材料和文献，采用新的研究方法和途径，或从不同的角度研究为旧证据赋予新意义的事件，我们能逐渐加深对第三帝国的理解。

最初在1945年，作为战后审判的一部分，来自德国西部的盟军律师和检察官开始调查纳粹高官的罪行。当时关注的重点是相当小的一个罪犯圈子，这是战后早期的作者采取的方法，战前被从德国赶出来的汉娜·阿伦特（Hannah Arendt）也是这样做的。她将国家社会主义描述成一种"主宰性的统治"体制，它"骇人听闻的机器"——由阿道夫·艾希曼（Adolf Eichmann）等社会地位卑贱的人物操纵——对犹太人的"行政谋杀"负有责任。这种论调假定，有些类似毫无头脑的机器人或者极权主义人物之类的东西在操作一个运转平稳而高效的政府杀人机器。然而，正如已故的大卫·塞萨拉尼（David Cesarani）所指出的那样，自从20世纪60和70年代以来，学者们发现国家社会主义德国政权不是"极权主义的独体巨石"。相反，"第三帝国是一个由相互竞争、相互重叠的机构组成的多层面体系，希特勒对它的领导毫无章法可循，而且政策的制定是强势个体和利益集团妥协的结果"。

在东欧则形成了战争的另一幅图景，在那里，苏联领导人约瑟夫·斯大林（Joseph Stalin）改编的所谓的法西斯代理理论颇为流行。或许该理论最具影响力的系统阐述来自共产国际领导人格奥尔基·季米特洛夫（Georgi Dimitrov），他在1935年说道："自大萧条以来，某些'帝国主义圈子'正尽力把危机的全部负担转嫁到工人阶级身上。这就是他们需要法西斯的原因。"至于纳粹政权，他总结道，"它是法西斯最反动的变种"，和社会主义毫无共同之处，更像是"邪恶的沙文主义"。它是一种政治流氓政府体制，该体制将煽动与折磨一起运用到工人阶级，以及农民阶级、小资产阶级和知识分子阶层中的反动分子身上。它兼具中世纪的野蛮和兽性。在与其他国家的关系中，它对其他民族进行肆意践踏。

这种谴责的影响力极广，只可惜它使学者们偏离了方向，即尽力去搞清楚国家社会主义是如何凭本身的能力领导了这一革命运动，而且它在德国社会根深蒂固这一事实。尽管有些"资本家"在该党从建立到1933年攫取政权的道路上捐助了一些资金，但事实上，在绝大多数情况下它的资金都是自筹的。1933年之后，新政权镇压了工人阶级运动和工会。然而那种认为第三帝国的诸多魅力没有影响到工人阶级的想法是错误的。

20世纪80年代苏联之外的学术界，主要是年轻学者重塑了我们对第三帝国的理解。他们开始研究普通百姓如何经历纳粹时期。他们中还有人研究在被德国占领的那些年，非政府官员和平民是如何参与这个出现在德国、蔓延到从法国到波兰直至横贯欧洲的更远地区的恐怖体系。最近几年，姗姗来迟的大量研究工作集中于纳粹政权如何努力创造出"人民共同体"（community of the people），这是一个基于种族的、排外的、和谐的社会，是希特勒早在1933年上台成为总理之前就向德国人承诺过的社会。就像以往书写开创性历史的学术努力一样，这种研究方法，掀起了暴风雨般的持续争论。

本书中，我们集中于四个至关重要又相互联系的主题，这些主题连成一体，形成了对于第三帝国前后贯通的阐述。

希特勒的角色

首先,我们要着重强调一下希特勒作为一个很有魅力的领导人的重要性。伊恩·克肖(Ian Kershaw)巧妙地运用了这一方法,撰写了一部至今仍被认为是关于该话题标杆性著作的大型传记。历史学家沃尔克·乌尔里希(Volker Ullrich)在2016年出版了一部作品——这是自约阿希姆·费斯特(Joachim Fest)1973年的经典著述以来第一本关于希特勒的德语版传记大作。尽管他也强调了希特勒超凡魅力的重要性,但他发现了新的或者说很少有人使用过的文件,并以此来修正了克肖的描述。如果说这种方法提出了重要的洞见,那么,我们在使用"魅力"(charisma)一词时应该谨慎。自从20世纪80年代这个词开始在日常语言中流行以来,它的意义就变得彻底模糊了。它经常被当作一种积极属性或者是任何拥有巨大魅力或惊人吸引力的人或事物的代名词。

历史学家借用了著名社会学家马克斯·韦伯(Max Weber)的魅力概念,即"特殊天赋",他早在第三帝国出现之前就撰文阐述过这一概念。他说,在遥远的过去,宗教或政治领袖在其追随者认为他们拥有"神赋的权利和才华"时,就使用过"超凡权威"。在长达几个世纪的苦难时期,无论是心理、宗教、经济还是政治方面,某些"自然的"领导人通过这种独特的权威形式开始统治世界。在韦伯看来,"承认一位有魅力的主宰者拥有个人使命,仅仅这一事实就确立了他的权利地位"。因此,当我们谈到希特勒的魅力时,我们需要特别注意他发出的信息内容,这样真正的问题就不仅仅是他所谓的神奇个性或所谓的迷人的蓝眼睛。我们还应该研究人们如何理解他的使命,他们认为他代表着什么,以及他们接受和认同他的部分或全部使命的程度。

希特勒是什么时候发现自己拥有这个"特殊天赋"的呢?在他的青年时代和第一次世界大战期间,他没有表现出任何具有非凡能力的迹象,尤其是作为一个公众人物或政治人物的非凡能力。如果他说有什么不同的话,那就是他通常是一个腼腆的人,离群索居,没有与统治阶级建立任何"恰当的"联系。1913年,他离开维也纳前往慕尼黑,也许部分原因是为了躲避祖国的征兵。然而,在慕尼黑,他激动地赞美1914年8月战争的到来,为这一消息的宣布而情绪振奋,并迅速志愿为德国而战。在西线的拉锯战中,他赢得了当之无愧的荣誉,但显然他仍然没有什么领导才能,也不愿担任军官。然而,早在1915年,他就开始从心里对他亲眼所见的屠杀赋予了特殊的意义。通过一封他在2月写给慕尼黑熟人的信就可以判断,那一年他开始思考这场斗争不祥的方面。在信中,他说到当他和他的同志们回到国内时,他希望他们能"看到一个更纯洁的国家,所有外来异质的东西都被清洗掉了","我们数十万人每天所付出的牺牲和痛苦将粉碎德国在国外的敌人,同时也将摧毁我们国内的国际主义——这将比获取任何领土利益都更有价值"。

然而,1918年11月底回到慕尼黑后,他确信国内阵线背弃了军队,并发现这是一个因革命而四分五裂的城市,右翼反对运动在与邪恶的"犹太布尔什维主义"进行着激烈的斗争。如果说在11月7日的慕尼黑革命(比柏林革命早两天)中,一些革命领导人,如科特·艾斯纳(Kurt Eisner),和他在慕尼黑的一些战友真的是犹太人的话,那么事实上,横扫整个德国的革命都是社会对四年战争所付出的牺牲普遍感到不满的产物。

希特勒最想做的就是继续留在军队里担任某种角色。他成功地做到了这一点,因为军官们挑选他去接受训练,让他对即将复员的军人就民族主义问题发表讲话。他的上级还指派他监视慕尼黑的政治团体,比如规模很小的德国工人党(DAP),这是该地区许多极端右翼和反犹主义政党之一。德国工人党给他留下了足够深刻的印象,以至于就在1919年9月他参加了该组织一次会议的一周以后,他就加入了该组织,不久就成了该组织的明星,并在1920年帮助它转型为德国国家社会主义工人党,即纳粹党。1920年3月31日,希特勒在德国已经待了六年半多的时间。这位30岁男子,不管是否被赶出了军队,他都异常大胆地跃入了政治圈。他开始创造一种全新的社会、心理和政治身份，甚至一种新的人格。不久他就能吸引2000名听众来听他的演讲，而且随着他声名远扬，还有更多的听众慕名而来。

从1919年开始，他就被证实是反犹分子。根据我们所掌握的唯一可靠的书面证据，他私下里很快就向慕尼黑年轻的法学院学生海因里希·海姆（Heinrich Heim，后来成了希特勒一生的密友）表现出他在这方面的激进倾向。传记作家沃尔克·乌尔里希最近发现，在写于1920年8月的一封信中，海姆引用希特勒的话说："只要犹太人的恶劣影响继续存在，德国就无法康复。当说到一个民族能否存在时，人们没能对被蒙蔽的（德意志）民族同志们的生活划定最后的界限，更没能对敌对的、危险的异族部落的生活划定最后的界限。"因此，希特勒预演了他的反犹太主义的"救赎"版本，该版本将民族的救赎与"驱逐"犹太人联系起来，尽管这其中的意味将继续发生变化。

与此同时，随着战后失控的通货膨胀在1923年达到灾难性的程度，希特勒发出的讯息得到了越来越热烈的回应，至少在巴伐利亚州是这样。有一段时间，他成了名副其实的"慕尼黑之王"，以至于在当年11月通货膨胀达到顶峰时，他试图发动一场政变，但该政变组织得非常糟糕。这次可耻的失败之后，他确信永远不要超前地走在人民的前面，这是他在《我的奋斗》（Mein Kampf）中详尽阐述的一种政治观点。《我的奋斗》是他的自传，大部分在狱中完成，书中揭示了他的想法和计划。我们现在知道，这本书是在20世纪20年代中期问世的，当时竟然没有人读过它，这真是一个难解之谜。我们也知道，希特勒肯定是它的作者。目前尚不清楚这两卷一套的大部头作品，在为他赢得人们的支持方面扮演过什么角色。

然而，我们应该认识到，他不需要转变所有追随者的信仰，他们中的许多人，比如纳粹高层领导人，在看到希特勒之前，已经持有与他类似的想法。也许最重要的是，他们和他一样都有着"拯救"一个战败又分裂的德国的使命感，这一追求开启了某些党内关键人物的职业生涯，他们是海因里希·希姆莱（Heinrich Himmler）、格雷戈尔（Gregor）、奥托·斯特拉瑟（Otto Strasser）、恩斯特·罗姆（Ernst Röhm）、汉斯·弗兰克（Hans Frank）、鲁道夫·赫斯（Rudolf Hess）以及两名爱沙尼亚裔德国移民阿尔弗雷德·罗森堡（Alfred Rosenberg）和马克斯·欧文·冯·舍布纳-里克特（Max Erwin von Scheubner-Richter）等。

以德国未来的宣传部长约瑟夫·戈培尔（Joseph Goebbels）为例，我们有他的大量日记，这些日记几乎记录了他的每一天，这为研究他个人的政治觉醒提供了线索。和其他人一样，戈培尔也经历了一战后幻想破灭和失去人生目标的心路历程，在这种心理影响和政治氛围双重作用下，早在听说希特勒之前，他就已经成为支持大德国（Pro-Greater Germany）、"反国际"、强烈反犹的人——在那个时代，这是司空见惯的事。他背离了左派唯物主义，然而他并非一定反对某种德国社会主义。

虽然在战争结束时，戈培尔还算不上什么活动家，但就像这个国家的许多人一样，他渴望一个"伟人"的归来，也许是像铁腕宰相奥托·冯·俾斯麦（Otto von Bismarck）或者是身为战争英雄和未来总统的陆军元帅保罗·冯·兴登堡（Paul von Hindenburg）那样的人。1924年他在自己的日记中吐露，德国"曾一度渴望这个独一无二的人，就像夏天的大地渴望雨水一样"。他认为自己可能就是那个人（其他人也这样想过），至少在他1925年7月12日第一次听到希特勒演讲之前，他是这么想过的。那天他听了希特勒演讲的反应是站在外面，"哭得像个婴儿，躲开其他人"。后来他提到这次经历，感觉就像一次"复活"。"那声音，那手势，那激情，他的样子，正如我愿。"这一句加了强调，仿佛希特勒是他自己的心理投射、他业已实现的梦想。在《我的奋斗》第一册成书时，虽然戈培尔对作者有些半信半疑，但仍然发问道："这个人是谁？半平民，半上帝！这真的是基督或者正是施洗者约翰？"

希特勒于1924年底出狱后，几乎从零开始从事政治工作；并与少数忠诚分子一起，很快改进了纳粹党组织。然而，这是一场艰难的战役，直到另一场重大的社会灾难——经济大萧条在1929年降临这个国家,这场战役才不那么艰难。最重要的是,正是这种经济混乱和大规模失业让人们在心理上做好了接受纳粹宣传内容的准备,并看到了希特勒模糊承诺的希望。重大突破出现在1930年的全国选举中,这是股市崩盘以来的第一次投票。一夜之间,"处于边缘地位"的纳粹党,连同一群好战的虔诚信徒,成为能够抗衡其他所有政党的力量。第二年初,希特勒在一封私人信件中再次宣称自己是先知——这是他最喜欢的姿态之一,他声称"几乎可以神谕般肯定地"预言,他将在两到三年内掌权——这次他是对的。

他于1933年1月被任命为总理后,政府做出了一致的努力来宣传这位新的国家领导人,就好像上帝派他来履行神圣的使命一样。很快,大多数人就会对他欣然从命,并因此默认了他凭借超凡权威去行动的权利。然而,马克斯·韦伯明智地指出,如果这一权威被常规性使用,它的革命核心就会开始削弱。希特勒本能地解决了执政中的这一难题,因此,从他执政的第一天起,甚至从一定程度上说在此之前,他就反其道而行之,避免下达官僚主义的任务。也许他只是懒惰,毫无疑问,他现在甚至认识到召开内阁会议(很快就停止了)会削弱他的个人吸引力,使他不再像往常那样表现得大权神授,不再凌驾于政治之上。

尽管希特勒自学成才,读书很贪婪,但他告诉他的至交自己也喜欢通过与他们私下交流观点这种方式进行学习,比如交流关于如何去组织经济和社会活动的话题。然而,他已经倾向于他周围的人称呼他为元首(而不是总理),以表示他对人民运动的认同,并强调他的身份不同于其他政客。

然而,即使在通往权力的道路上,国家社会主义者也无须营造他们赖以立身的情绪氛围。反魏玛共和国的强烈情绪已经存在,并伴随着人们对《凡尔赛条约》(*Versailles Treaty*)的非正义性深深质疑,还有反犹主义和反布尔什维克主义。1933年3月底,身为人母、同时也是布伦瑞克的一名充满热情的女性党员的伊丽莎白·赫本斯莱(出生于1883年)被希特勒迷住了,并为他最近选举投票中的胜利而欣喜若狂。她说,直到那个时候，共产主义者才烧了他们自己的红旗，并寻求加入她的运动。"当然这是不可能的，"她写信给荷兰的已婚女儿，"首先，他们必须在集中营里度过三年的测试期，社民党（Social Democratic Party）也得如此。"

希特勒在第三帝国时期继续发挥着巨大的影响，一直到他痛苦的人生终点。年轻的德国历史学家费利克斯·罗默（Felix Romer）总结了这个男人对盟军俘虏的德国战俘的吸引力。他在一本很有见地的书中研究过这些战俘，该书至今仍未有英译本。罗默的结论是："在这些人的眼中，元首是国家社会主义中所有积极的和吸引人的东西的化身"，他们把所有消极的东西都归咎于他的那些直接随从，并指责其他当权者，"或不失时机地为他们开脱"。被囚禁的人公开表达了他们对于希特勒的忠诚，这种忠诚跨越了旧的宗教、阶级和政治界限，以至于到了这种程度：任何现在声称拒绝接受希特勒和纳粹主义的囚犯，往往属于较老的反对派团伙。"人民共同体"至少在心理意义上，依然存在于被俘的国防军心中。即使在1944年6月之后依然如此，当时战败是注定的，这一点本应该是显而易见的。

独裁者利用公民投票和选举

我们在书中探讨的第二个主题是希特勒政权的相关概念。希特勒政权是一种奇怪的混合体，既独裁，但又通过公民投票和选举来向公众发出呼吁以寻求支持。我们可以把这一制度称为公民投票独裁制度。在《我的奋斗》一书中，希特勒说他希望有一个由人民支持的威权政权，一旦掌权，就能证明他可以通过选举或《魏玛宪法》允许的公民投票来获得支持。他也不是唯一想把各种问题付诸投票表决的独裁者。然而，当时的许多人和此后的学者都对结果的有效性表示怀疑，部分原因是纳粹在最初6年中以压倒性优势赢得了这些选举。但这些事件和公民投票都是固定的并且充满了恐怖吗？尽管历史学家通常坚持这样认为，但本书中呈现出的最新研究表明并非如此。事实上,当地方纳粹集团采取明显的非法措施来阻碍或改变投票活动时,政府或纳粹政党就介入了,因为柏林不想让外界观察者对压倒性的积极结果产生怀疑。

社会民主党的地下成员和纳粹主义不共戴天的仇敌们在他们的秘密报告中写道:"法西斯主义"已经在公民投票中取得了巨大成就。在11月的公民投票中,纳粹获得了90%的选票,在同时举行的全国选举中达到了87.9%。社会主义者写道:"持批评态度的外国人"倾向于认为这些结果是通过"武力或恐怖"获得的。唉,社会主义者不得不绝望地承认,这种观点误解了"法西斯意识形态对德国社会所有阶层的真正而深远的影响"。这份地下报告最后勉强承认:总的来说,选举结果是"民众情绪的真实反映",支持纳粹主义的选民人数表明,"社会正在按照异常迅速和有效的程序变成法西斯社会"。

再举一个例子,在1936年,由于初步采取了恢复经济和"良好秩序"的措施,希特勒已经在公众的掌声中大放异彩,这一点不容忽视。这一成功无疑在1919年《凡尔赛条约》所允许的萨尔全民投票(1935年1月)的积极结果上得到了体现。1936年3月29日在德国国会大厦举行的另一次公民投票选举,据称是为了授权希特勒重新在莱茵兰建立武装,虽然他早就采取了这大胆的一步。这一举动藐视了备受憎恨的《凡尔赛条约》中的某些规定,因而在此次选举中,希特勒政权竟然惊人地获得了98.8%的选票。尽管地下社会主义者通常在描述人们对纳粹政权的态度时强调分歧和矛盾,但在1936年3月17日,他们在慕尼黑的观察员目睹了新命名的国防军阅兵式后,不得不承认:"场面太热烈了。整个慕尼黑都站了起来。"他补充说:"人们可以被迫歌唱,但他们不能被迫如此热情地歌唱。"这似乎是回应了他的同志们以及未来的历史学家用纳粹恐怖来解释希特勒政权背后明显的共识。这位记者在1914年战争爆发时感受到了强烈的民族主义热情,现在他只能说,"(当时的)宣战对我的影响不能与3月7日希特勒接见民众的场景对我的影响同日而语","这位领导人赢得了民心","受到了很多人的爱戴"。

希特勒为什么需要选举？尽管他和约瑟夫·戈培尔对待选举非常严肃,事实上,他并不是那么需要选举。但正如这位宣传部长在1933年接受采访时所说的那样,希特勒政权想向全世界表明整个国家都在支持该政权,因此政府将对外展示德国人民和他们的领导人之间团结一心。如果说街坊邻居或纳粹党对选民施加了某些胁迫或进行了一些道德规劝,要求他们出来投票这一点是毫无疑问的话,那么当时的社会党人的地下观察者则认为这里面有恐吓介入的成分。

这个民族怎么能这么快就一边倒支持希特勒呢？部分出于心理原因。德国学者在1945年后回避了一个明显的事实,即德国大部分国民一度都是支持纳粹主义的。事实上,加入纳粹党或者其附属党组织的人是如此之多,以至于全国上下几乎每一个人都是该党党员。战后许多学者强调该政权的压迫性及其前所未有的罪行,但同时这些学者将该政权所享有的社会支持问题搁置一旁。然而经过几代人的研究和写作,我们现在已经得出了相当不同的结论。正如德国著名历史学家乌尔里希·赫伯特（Ulrich Herbert）最近所指出的那样,在第三帝国时期（最后几个月是明显例外）,或许95%的德国人口"在纳粹政权下相对安全、相当平静地生活",这其中的绝大多数人"从未受到国家威权的丝毫压迫"。

纳粹主义的社会视野

贯穿本书的第三个主题是"人民共同体",这个概念在20世纪20年代甚至更早的时候就在传播了,纳粹也提出了他们自己的概念。鉴于希特勒将犹太人和许多其他被认为是"劣等种族的人""医学意义上健康状况差的人"或政治上可疑之人排除在这个概念之外,人们又会多认真地去看待这个备受吹捧的社会愿景呢？

1934年，几百名纳粹党员在哥伦比亚大学西奥多·艾贝尔（Theodore Abel）教授的赞助下，在一场著名的竞赛中提交了论文。艾贝尔承诺将为最好的自传颁奖，尤其是那些能够讲清楚是什么力量引导他们奔向了希特勒和纳粹党的作品。大多数人强调，他们当时希望建立一个"人民共同体"，结束阶级冲突，"恢复"社会和谐。相当一部分人说，他们当时也希望犹太人和其他外国人被驱除出去。另一些人加入该党主要是因为他们被希特勒以及他（极其模糊）的改革承诺所吸引。这些论文，现在陈列在斯坦福大学的胡佛研究所里，我读过很多，也非常同意艾贝尔的结论。因为这些作者当时是在为一位美国教授写作，也许他们有意或无意地淡化了他们的反犹主义，但这种偏见还是以多种方式间接地被表达出来了。

今天的历史学家们争论这个政权在多大程度上创造了广为人知的"人民共同体"。尽管一些人认为，这样一个神话般的共同体根本就不存在——那只不过是一个廉价的宣传工具，但简单地否定"共同体"这个概念未免太草率了。正是纳粹意识形态的这一因素决定了"人民共同体"这一被允诺的乌托邦结构。的确，从来都没有过让社会上所有人都平等的尝试，因为只有种族纯洁的人才被重视，任何不符合这一标准的人都会被排斥在外，真正的阶级差异依然存在。然而，上层社会的大多数人却有着这样一种社会心理：他们属于特殊的种族团体。

纳粹政权设法让社会上更多人能够享受到那时只对社会精英开放的奢侈品和娱乐活动。因此希特勒许诺了全民都可以拥有的国民轿车，即大众汽车，数百万人每周预付五个帝国马克，"为的是四年内能拥有属于自己的小汽车"。

尽管客户必须提前支付很高的费用，且不能收取任何利息，但很快就有数万人注册了，虽然他们没有一个人拿到成品。不过，历史学家哈特穆特·伯格霍夫（Hartmut Berghoff）强调了他们"虚拟消费"的重要性。也就是说，虽然"种族内的同志们"（racial comrades）没有像被承诺的那样拥有自己的汽车或房子，但围绕着这些和其他梦想所进行的宣传活动，在一定程度上让他们获得了作为消费者的满足感。他们可以想象开着自己的车在新高速公路上行驶。此外，德国政府历史上首次对普通民众表示了真正的关切，发起了清理和美化工作场所以及小城镇和村庄的运动，这些努力给许多昔日的怀疑者留下了深刻印象。他们有机会欣赏歌剧或乘游船到外国度假，在那之前，这些娱乐活动都只为富人所享有。普通民众看电影的次数成倍增加，参观美术馆、听交响乐、观看歌剧和参观展览的次数也在与日俱增。还有"德国艺术日"这样的节日。节日期间，游行的花车上装饰着德国历史人物的形象。通过这种引人注目的方式，国家社会主义意识形态清晰地呈现出来。除了试图赢得工人的支持，新政权还试图吸引整个社会，包括经常被忽视的农民在内。1933年9月，德国政府推出了以古老传统为基础的别具一格的丰收节，在下萨克森州的比克堡（Bückeberg）吸引了数十万人。此外，全国各地都举行了庆祝丰收节的活动。

当然，如此多的人转而支持希特勒和国家社会主义，其根本原因在于该政权结束了失业，尽管这并不是一蹴而就的。创造工作机会的项目没有起到多大的作用，相比之下，重整军备在解决失业问题方面所起的作用要大得多。研究经济的历史学家对其军费开支做出了各种不同的估算，然而所有人都同意，从希特勒统治的第一年到战争爆发，军费开支一路猛增。汉斯-乌尔里希·威勒（Hans-Ulrich Wehler）认为，军费开支从1933年在国民预算占比的4%上升到1938年的58%。这种大规模的资本注入还创造了良好的就业机会，一些社区前所未有地繁荣起来。此外，随着1935年3月军事草案的重新出台，越来越多的年轻人加入了武装部队。这一年之前，在军队服役的人数被限制在20万人以内；但到1936年8月，一项新的军备计划要求军队的战时兵力要在1939年10月1日之前达到462万人之多。相比之下，用于建造备受吹捧的高速公路所需的人数并不多，从1933年12月的4000人缓慢增长，到1935年5月才首次达到10万人。

如果说战胜大萧条是一场长期的斗争，那么德国最终还是成功了。

毫无疑问，希特勒通过表现得信心百倍和设置新的心理基调来加速斗争胜利的进程。即使是在1933年之前反对纳粹主义最强烈的工人阶级政党的成员，也不情愿地承认德国经济在好转。事实上，沃尔克·乌尔里希已经表明，和其他社会群体一样，大多数工人异常轻松地改变了对纳粹主义和希特勒的负面看法，有时甚至是一夜之间。一位同时代的人深情地回忆道："突然间一切似乎皆有可能。"

这并不是说，在1933年初的暴行之后，恐怖就完全停止了。然而，这种恐怖并不是随机发生的，因为它的主要目标是那些已经害怕的人，比如惯犯；或者被鄙视的人，像流浪汉、吉卜赛人和"他者"。有专门的运动来清除街上的妓女、皮条客和色情物品。成文的法律已经明确禁止同性恋行为，手握大权的警察更加严厉地执行了这一法律，而新的法律使得对任何被认为有种族或身体"缺陷"的人进行绝育成为可能。此外，臭名昭著的"盖世太保方案"并不是战后发明的。尽管被选择性地使用，其首先是用来打击地下共产主义运动，然后在1944年至1945年，用来追踪抵抗和犯罪的窝点。虽然很难概括"好公民"对这些事态发展的反应，但有证据表明，许多人以"法律和秩序"的名义欢迎这种打击行动。最近，当被问及这类犯罪时，一位老奶奶坦率地说道："我们并不为之担心。"如果后来她的犹太朋友或熟人轻易地消失了，她说："但事情就是这样，我们没有任何疑问，也许我们是吓怕了。"

战争与帝国

书中的第四个也是最后一个主题是关于战争和纳粹帝国的。希特勒认为，促进经济发展和建立"人民共同体"本身并不是目的，而是为了实现他在外交政策方面的全面计划。在他执政的头几年里，即使是那些兵不血刃的、小小的外交胜利或者他那些呼吁和平的演讲，也使他备受欢迎；与此同时，他也变得更加自信和武断。20世纪20年代认识他的人在30年代末再次见到他时，几乎认不出他来。

德国精英们的普遍梦想是，一旦他们在国内创建了一个和谐、无冲突的社会，德国就能摆脱几乎所有德国人都认为是非正义的、战胜国在1919年强加给他们的战后和平解决方案。希特勒和他周围的人想要的更多，包括击败外部敌人，然后占领东部的生存空间。在这片广袤的土地上，征服者们将深入乌克兰，也许到莫斯科，甚至是乌拉尔山脉；他们将建立一个新的秩序，即"优等民族"日耳曼人的乌托邦，新的定居者会把原先土地上已经存在的民族驱逐出去，奴役甚至杀害他们。

希特勒在外交政策上所取得的初步成就，鼓励了人们对东方的生存空间展开这种野蛮的幻想。最重要的是，无休止的宣传感染了纳粹党中的许多人。除了领导人之外，其他阶层的人都梦想着建立一个庞大的帝国。他们的计划，连同学术专家和党卫军的计划，要求的无非是故意让数百万人挨饿。如今这些幻想以及比如那些属于"东方总计划"的其他幻想，读起来就像恐怖故事，充斥着征服、掠夺和奴役的战争——这场战争向未来推进，可能一直持续到与美国最后的一决雌雄才会结束。奇怪的是，即使在德国开始输掉战争后，这种野心仍在扩大。

而且正是在建立一个德意志帝国的背景下，这个政权开始了对所有欧洲犹太人骇人听闻的屠杀。尽管纳粹统治集团中的许多人多年来一直在思考灭绝犹太人的问题，但大多数历史学家坚持认为，"最终解决方案"的一个或多个决定是在1941年6月与苏联开战之后所实施的。

早在1933年，德国的犹太人就已经很好地融入了社会，因此他们不会轻易接受纳粹掌权后他们的生活会发生多么根本性变化的事实。犹太人是这个国家的少数群体，虽然他们只占总人口的不到1%，但在大城市中却很突出，甚至在纳粹驱使反犹主义更加盛行之前，德国的一些舆论就对他们深恶痛绝。犹太人在这片土地上生活了1000多年，早在1871年建立的新德国，他们就依法获得了平等权利，并享有几乎世界上最多的社会进步机会，但这些事实现在都无关紧要了。

对希特勒和纳粹党来说，当务之急是推翻犹太人享有的这些权利并迫使其离开。然而大多数公民对反犹主义并不十分重视。因此在1933年4月，官方发起的抵制犹太人企业和专业人士的活动是一次宣传上的失败。然而，希特勒对意大利大使维托里奥·塞鲁蒂（Vittorio Cerutti）悄悄说，他想要的远远不只是这样的抵制，他令人震惊地预言道："在500年或600年后，希特勒这个名字将被普遍奉为一个光荣的名字，因为这个人一劳永逸地根除了犹太人这一全球瘟疫。"的确，他的反犹主义将随着时间的推移变得更加恶毒。

当希特勒赢得了民众的普遍支持，并在国际压力下获得了更多的行动自由，对犹太人官方和非正式的歧视也随之逐渐升级。特别是在1938年9月，德国以牺牲捷克斯洛伐克为代价获得苏台德地区，一个月以后，11月纳粹发动了这个国家漫长历史上最残忍的大屠杀之一——骇人听闻的"水晶之夜"。此后，犹太人不得不在所谓的"雅利安化"（Aryanization）运动中以低廉的底价卖掉自己的财产，这场运动是政府支持的抢劫，在战争年代，这种抢劫遍布德国人所到之处。

随着1939年9月对波兰的征服，第三帝国发现自己面临着数以百万计的犹太人，当时并不清楚应该如何处置这些犹太人。1941年6月反苏战争一开始，特种部队就开始在东部向成千上万的犹太人开枪，迫使数百万人进入犹太人聚居区。7月10日晚上，希特勒的一名副官瓦尔特·休厄尔（Walter Hewel）在元首所在的掩体里录下了一段特别可怕的陈述，他引用希特勒的话说："我感觉自己就像政界的罗伯特·科赫（Robert Koch，1843—1910）。他发现了杆菌，并为医学科学指明了新的方向。我发现了犹太人是导致所有社会腐败的细菌和酵素。"这种想法使已经在进行的谋杀行动合理化，因为当时特种部队射杀的不仅是男性犹太人，还包括妇女和儿童。

1941年9月，希特勒做出了一项具有突破性的重要决定：驱逐留在德国（旧帝国）的所有犹太人。按照克里斯托弗·勃朗宁（Christopher Browning）的结论，事实上，到10月的最后一周，"从希特勒身边亲密的小圈子，渐渐地扩展到其他人，都已经知道希特勒期望他们去做什么，并且知道他们大致计划朝哪个方向前进"。11月初，第一个以制造死亡为唯一目的的灭绝营开始动工，这一事态发展鲜明地表明，在此前不久，希特勒就已经下达了命令或者表达了想在他的军队所能达到的范围内杀死欧洲所有犹太人的愿望。此外，近年来，历史学家指出，纳粹领导人在1941年12月12日举行了一次重要会议，这次会议发生在希特勒宣布对美国开战之后，对美宣战并不是与日本之间缔结的条约所要求采取的步骤。终于在那天世界大战爆发了，希特勒第一次"预言"（1939年1月30日）过犹太人将会遭遇什么的时刻到来了。他曾说过结果将"不是世界的布尔什维克化，不是犹太人的胜利，而是犹太人种在欧洲的灭绝"！

除了历史学家之间持续争论关于希特勒下令或决定大屠杀的可能的日子或时段之外，最近的研究还强调了"普通"德国人——即不属于纳粹党或者党卫队的男性（和一些女性）——的作用。他们自愿在警察队伍中服役，并很快发现自己身陷杀戮战场。国防军中的数百万人不仅目睹了这些事件，还经常与党卫军合作，有时还参与了杀戮。当然，德国占领军在东欧的杀戮中不必寻找合作者，因为在许多情况下，当地人都争相利用了这种形势。

战争期间，困扰希特勒的，很大程度上也困扰着武装部队的军官甚至其高层指挥官——就是害怕重演1918年"背后捅刀子"的悲剧。这种恐惧困扰着党卫队和纳粹党羽。据谣传，在第一次世界大战中，国内战线抛弃了作战前线，导致了一战中德军的战败。从某种意义上说，该政权在1933年以后的和平年代，特别是在战争期间所采取的许多措施，其中一部分是为了确保历史不再重演。因此，希特勒不想要求德国人去做出太多牺牲，导致戈培尔为了赢得对"全面战争"的支持而进行了艰难的斗争，等到他得到批准时，已经为时过晚。

为了避免敌人的宣传可能会瓦解己方士气，政府宣布收听外国电台（如BBC或莫斯科电台）为非法行为；警方会立即采取措施逮捕违反者和所有潜在的"内部敌人"；集中营的人口在不断增加。这场战争还造成了新的社会问题，其中最主要的是，迫使被抓来的数百万劳工去补上在武装部队服役的几百万德国人的空缺。他们中大多数人来自波兰和苏联西部。他们被打上标记，被当作奴隶对待，并被警告如果他们胆敢与德国人发生性关系，将被处以死刑，这种威胁经常被付诸行动。

在东部占领区建立的集中营帝国开始侵占国内阵线，特别是在1942年9月希特勒允许军备部长阿尔伯特·斯佩尔（Albert Speer）在现有工厂的房地上建立分营地时。希姆莱希望把工业搬进集中营，但在这种情况下，希特勒则偏爱私营企业，结果很快德国人就与被奴役的外国工人或集中营囚犯并肩工作。正如马克·布格伦（Marc Buggeln）在对汉堡集中营和分营的研究中指出的那样，这些机构不是与社会隔绝的独立自主的实验室，因为接触是不可避免的。那些在工作场所穿着条纹衣服的囚犯不正是以"劣等种族奴隶"的身份出现来证实"人民共同体"的存在吗？许多工人认同纳粹政权，并心甘情愿地支持对所有集中营囚犯的压迫，或者说他们至少是接受了奴隶制，只是冷漠地耸耸肩而已。

正如乌尔里希·赫伯特所提醒的，战争结束时，集中营里"不到5%"的囚犯是德国人，其中大多数是外国人，包括来自匈牙利和其他地方的犹太人，他们是在1944年至1945年全面紧急状态下被带到德国的。几乎没有一家公司对使用集中营囚犯表示担忧，市政府也是如此，甚至那些向军方提供基本物资的公司也没有为囚犯提供更好的待遇。比如，在战争结束时，他们都希望党卫军把囚犯带出汉堡市以防止骚乱发生，并避免将要到来的协约国有可能把该城市视为拥有奴隶制的城市，从而给城市形象抹黑。

德国以外的灭绝营是另外一回事。其中最糟糕的有三个：贝尔赛克、索比布尔、特雷布林卡，是莱因哈德行动（Operation Reinhardt）的一部分,这三个灭绝营一直开到1941年底或1942年初,1943年底之前才完全消失。这些灭绝营的目标是杀害波兰的两百多万犹太人。

奥斯维辛,是规模最大的、专门从事谋杀的集中营,其最后一次撤离始于1945年1月,当时许多幸存者和其他集中营的囚犯开始了所谓的死亡行军。在战争的最后几个月里,卫兵驱赶着虚弱的囚犯,穿越城镇和村庄,去往未知的地方。这时各家各户德国人肯定听到了集中营里虐囚事件的传言,灾难被披露出来。但在此情形之下,当地市民或纳粹党员还是帮助纳粹追捕任何逃跑的人。

苏联红军部队首先发现了灭绝营和纳粹所犯下的滔天战争罪行。在战争期间,克里姆林宫开始进行审判,还派遣了一个名字很长的"负责调查德国法西斯和他们的同伙在苏联领土所犯暴行的国家特殊委员会"(简称CHGK)前往。他们的报告提供了侵略者罪行丰富的细节,令人震惊,而这些罪行往往是在当地人协作下完成的。苏联政府当时选择性地使用了一些材料,然后将其中的大部分放入档案。直到1991年,这一证据才比较容易查到。今天,读者可以在《苏联犹太人黑皮书》(因为苏联审查机构的审查而推迟出版)中找到这份文件的精选译本。《未知黑皮书》(2008)中经常有戏剧性的个人证词。然而直到最近几年,学者们才开始将这一材料和苏联保存的其他文献纳入对希特勒政权和大屠杀更广泛的研究之中。许多工作尚待完成。

最后,值得强调的是,这本书参考了许多影像资料。它使用了照片、绘画、宣传图片和许多其他材料作为纪实性证据。我们基于各种不同的渠道,包括官方资料、电影,以及当代业余摄影爱好者、外国人和盟军所拍摄的照片,拍摄了这些不同种类的图像。战争期间,罪大恶极的场景转移到了东欧,德国当局下令全面禁止拍摄大规模处决的照片;禁止拍摄集中营和灭绝营的场景;禁止拍摄撤离或死亡游行以及战争回到德国本土后发生的类似事件。然而,一些士兵或平民,无论是犯罪者、旁观者,甚至是幸存者,都设法拍摄下这些罪行,使之"名垂青史"。"一些抵抗者或潜在受害者冒着生命危险拍下这些照片，记录了所发生的事实。"伊扎克·阿拉德（Yitzhak Arad）就是这么说的。他是一名犹太幸存者，后来逃了出来，在地下作战，最终成为以色列的一名将军，后来成为以色列著名的亚德·瓦谢姆博物馆（Yad Vashem Museum）的馆长。此后，他出版了几本极其重要的书，最近出版的是《苏联大屠杀》（*Holocaust in the Soviet Union*）。他最早于1990年出版的英文版《大屠杀画报》（*Pictorial History of the Holocaust*），现有许多版本。阿拉德指出，尽管就某些主题和事件而言，影像材料很丰富，但一旦涉及东欧的广大领域，我们却很少有照片证据。

本卷书书写了一部第三帝国的最新历史。随着最后的幸存者、目击者和他们的直系亲属的离世，在世界各地的博物馆展出的那些证据，变得越来越重要，越来越不可或缺。

| 第一章 |

魏玛共和国与国家社会主义的崛起

马修·斯蒂伯（Matthew Stibbe）

自1945年以来，历史学家通常试图从魏玛共和国固有的结构性弱点，或从德国历史上所谓的特殊独裁倾向来解释纳粹的崛起——这种独裁倾向可追溯到19世纪甚至更早的时间。他们认为魏玛共和国要么缺乏必要的宪法制约和有责任担当的治国方略，来抵御来自左翼和右翼的极端主义威胁；要么就是受到了1918年以前保守派精英代表的破坏，后者继续主导着军队、司法和行政部门等关键机构，并决心寻找替代议会统治的反民主方案。1914年至1918年四年多的战争，随之而来的1919年苛刻的和平解决方案，20世纪20年代初的极度通货膨胀以及20年代末对美国贷款的过度依赖又摧毁了国民经济，使魏玛共和国特别容易受到20世纪30年代初经济大萧条的影响。总之，魏玛共和国的"失败"导致了纳粹的成功。

尽管如此，仍有理由认为纳粹的崛起及其在1933年以后的日益成功和广受拥护，是不能仅仅从参照国家发展层面来界定和解释的历史话题。在地区层面，早期纳粹运动及其代表"真实"德国的主张，在很大程度上是由战后主导巴伐利亚的形势所构建的。在那里，各种各样的保守派、反共和派和极端民族主义团体在1919年至1923年间都在争夺霸权地位。与此同时，在20世纪二三十年代，许多德国国家社会主义工人党传达出来的核心信息，例如反布尔什维克主义和反犹太人阴谋论的信念，是整个欧洲的法西斯主义者和右翼人士对1917年俄国革命和1919年柏林、慕尼黑、布达佩斯以及其他地方掀起的左翼起义取得的暂时军事胜利的普遍回应的一部分。

在德国内政方面，国家社会主义常常被定性为军国主义极端主义运动、基于种族主义拒绝承认犹太人和其他少数民族为同胞、对魏玛"体制"毫不妥协的敌意以及对《凡尔赛条约》的暴力拒绝。当然，正如我们将在本章各节中更详细地看到的那样，所有这些事情都是问题所在，但还有更重要的问题：这场运动首先成功地引导了1914年至1918年第一次世界大战所引发的一系列矛盾情绪和文化焦虑，以及它对现有社会和性别秩序构成的诸多挑战，其次它成功地将这些焦虑转变为德国和整个欧洲新激进民族主义的愿景。

战后巴伐利亚的激进右翼与早期纳粹党

纳粹党，最初被称为德国工人党，后来又被称为德国国家社会主义工人党，由记者卡尔·哈雷尔（Karl Harrer）和铁路锁匠安东·德雷克斯勒（Anton Drexler）于1919年1月在慕尼黑创建，后者在战争期间曾参与了短命的右翼祖国党（Fatherland Party）活动。哈雷尔和德雷克斯勒都认为，德国工人党可以成为使工人远离马克思主义和左翼革命事业的一种手段。他们还与慕尼黑政治边缘的其他各种更阴暗的种族主义团体建立了联系，包括神秘主义者的极北之地（Thule Society）、由反对布尔什维克的俄罗斯移民团体组成的奥夫鲍集团（Aufbau）以及激进的反犹德意志骑士团（Germanenorden）。阿道夫·希特勒是奥地利出生的德国战争老兵，据说是巴伐利亚帝国军队情报处（Bavarian Reichswehr）的雇员。（一些历史学家认为）他本来是被上司卡尔·梅尔（Karl Mayr）派去刺探情报的，结果1919年9月加入了这个政党。巴伐利亚帝国军队富有同情心的军官们确实是（国家社会主义）德国工人党初期资金的重要来源，也是负责培训其准军事部门——冲锋队（Sturmabteilung，SA）的重要力量。

尽管主要是一个政治集团，但早期纳粹也得到了来自各独立武装民兵组织、民防协会以及1919年以后在巴伐利亚和德国各地仍致力于打击军事意义上的"马克思主义"的退伍军人团体的支持。最极端的是弗朗兹·里特尔·冯·埃普的追随者。弗朗兹是一位授勋的陆军上校，也是自由军团（Freikorps Epp）的指挥官。埃普自由军团是一支志愿旅，曾于1919年5月在哥达附近的奥尔德鲁夫基地充当先锋，对慕尼黑苏维埃共和国实行了残酷镇压。德国国家社会主义工人党的一些后来的成员（和领导人）也加入了非正规的军事组织，于1919年至1921年在德国东部边界上，特别是在波罗的海沿岸国家和上西里西亚，对波兰人、布尔什维克和其他的"敌人"作战。与此同时，希特勒、德雷克斯勒（Drexler）和经济学家戈特弗里德·费德（Gottfried Feder）一起，于1920年2月参与制订了该党的第一个方案，即所谓的"二十五点"（Twenty-Five Points）。在此之前，哈雷尔已经辞去了党内职务，德雷克斯勒很快发现自己被排挤到权力中心之外，到1921年希特勒就成了唯一的领袖。

对犹太人、自由主义者和社会主义者的仇恨；认为帝国军队在1918年11月被国内叛徒"背后捅了刀子"的信念；以及对含糊其词、所谓不分宗教派别的"正面基督教"（Positive Christianity）运动的献身，都是纳粹在战后几年里的主要宣传主题。例如早期加入奥夫鲍集团和纳粹党的波罗的海裔日耳曼宣传家阿尔弗雷德·罗森伯格负责在慕尼黑媒体上宣传反犹的、沙皇时代的伪造品《锡安长老会纪要》，希特勒对所谓的"犹太人–布尔什维克"威胁的新看法明显受到了其影响。后来，他成为党报《人民观察家报》（*Volkischer Beobachter*）的编辑，并一度被公认为纳粹党的"首席思想家"。富有的记者兼剧作家迪特里希·埃卡特（Dietrich Eckart）是希特勒最早的导师之一，曾在1920年12月帮助该党购买了《人民观察家报》。他认为德国的民族"觉醒"只会发生在反对他认为的"我们内部和周围的犹太唯物主义精神"的斗争中。历史学家德里克·黑斯廷斯（Derek Hastings）说，除了埃卡特，早期的纳粹党也受到了其他各种天主教种族主义思想家的影响，并被批评者贴上了"基督教民族主义反犹太主义教派"的标签，呼吁对犹太人进行新的清洗运动。这一情况直到1923年9月才有所改变，当时希特勒与坚决反天主教的德国战斗联盟（Germany Combat League）结盟。这是一个由"爱国"退伍军人团体、新教民族主义者和军国主义者在纽伦堡的德国日（Germany Day）组成的短命联盟，从此他疏远了最初的一些天主教同情者。

尽管天主教的宗教形式是否对早期纳粹思想形成有影响仍存在争议，但更广泛的共识是国家社会主义运动最初在观念上非常褊狭，局限于南德，即使它在1920年至1921年成功地在巴伐利亚州边界以外建立了几个分支。1920年8月，希特勒前往奥地利萨尔茨堡，参加德国中西部、奥地利、捷克斯洛伐克和波兰的国家社会党派发起的会议。所有这些党派赞同纳粹党纲领（"大德国区所有德国人联合起来"和"废除《凡尔赛条约》和《圣日耳曼条约》"[1]）的第一条和第三条。作为一个在战前的林茨和维也纳长大的年轻人，希特勒非常钦佩奥地利泛德国思想家乔治·里特·冯·舍纳尔（Georg Ritter von Schonerer）——后者把对犹太人、捷克人、政治天主教和多民族的哈布斯堡政权的仇恨同等程度地加在一起。现在，他试图使这些想法适应已经变化了的战后地缘政治环境。

至少在接下来的两年半时间里，他工作的重点是在地区范围内树立该党的形象，消除来自德国社会党等对立右翼集团的竞争。1922年10月，希特勒取得了一定的成功。他和他的800名支持者参加了在巴伐利亚以北

---

[1] 1919年9月，奥地利与协约国集团签署的《圣日耳曼条约》，禁止奥地利与德国联合，并承认波希米亚德语区和苏台德地区合并为捷克斯洛伐克。

的科堡举行的"德国日",并与来自相邻的图林根州的左派反对者进行了斗争,这些左派反对者支持了当地工会抗议该镇上的军国主义者。那天最后,希特勒与前萨克森-科堡-哥达公爵卡尔·爱德华(Carl Eduard)以及他的追随者一起畅饮了一番。卡尔·爱德华后来成为党内和党卫军中引人注目的官员,他是阿尔伯特亲王(Prince Albert)和维多利亚女王的孙子,昔日的英国皇室成员(直到1919年被剥夺了头衔)。他也曾是一名士兵,与各种反共准军事组织有联系,其中包括臭名昭著的埃哈特旅(Ehrhardt brigade)和自由军团(Freikorps Epp)。大概同一时间,德国国家社会主义工人党成功地说服了国家社会党纽伦堡分部的大部分人,包括反犹主义者、乌合之众的煽动者朱利叶斯·斯特雷彻(Julius Streicher),让他们任其支配。伊恩·克肖表示,此举成功地将该党的党员人数翻了一倍,达到了约2万人。与当时在德国"国家"层面存在的种族主义团体,比如泛德联盟(Pan-Germany League)和人民防卫与反抗联盟(German Volkisch Defence and Defiance League)相比,这个数字仍然很小,但足以在新教占主导地位的弗朗科尼亚以及更具天主教色彩的巴伐利亚地区的政治舞台上产生重大影响。

1923年危机

1923年期间,德国国家社会主义工人党员人数剧增。到1923年11月,这个数字已经达到55万,但其核心支撑部分仍然主要集中在慕尼黑。这一年初,因为此前德国拖欠了和平协议规定的应支付的赔款,法国和比利时占领了鲁尔工业区。入侵的军队打算没收制成品和原材料,以代替缺失的金马克存款、木材和煤炭货物。柏林的帝国政府这时得到了来自各个政治派别的支持,于是宣布一项被动抵抗政策,但这种打算部分落空了。在鲁尔的德国工人被指示进行罢工,而不是服从法国和比利时军事当局发布的交货命令。越来越多的钱被印刷出来用以支付他们待在家里的费用。反过来这又意味着，早在1922年夏天就已经开始恶性通胀，加之之前1914年至1922年创纪录的"普通"通胀，通货膨胀达到了灾难性的程度。到1923年秋，基本食品的价格每天都上涨几次，11月5日每公斤黑面包的价格达到780亿马克，11月19日达到骇人的2330亿马克。中产阶级的储蓄被冲洗一空，数百万家庭面临着贫困和饥饿，魏玛共和国的政治前途风雨飘摇。除了1923年11月在慕尼黑以失败告终的"啤酒馆政变"（本章本节会有更多关于此内容的讲述）之外，古斯塔夫·斯特雷斯曼（Gustav Stresemann）领导下的新帝国政府还面临着10月左翼在图林根州、萨克森州和汉堡发动的起义。因此，政府被迫动用紧急权力恢复国内秩序，并以协约国可以接受的条件结束鲁尔危机。

在巴伐利亚，入侵鲁尔引起的愤怒与德国的其他地方程度相当。根据《凡尔赛条约》关于协约国15年内可以在莱茵河以西的德国领土上驻扎军事力量的规定，作为巴伐利亚的一部分，普法尔茨（the Palatinate）从1920年起就有法国士兵在此驻扎。在国家和国际层面上，巴伐利亚人和其他人一起抗议法国使用北非和西非军队来充实其占领军（按照当代德国的说法，这是"莱茵地面上的黑色耻辱"）。对鲁尔的入侵虽然只涉及欧洲军队，并不影响到巴伐利亚领土，但这被视为另一次挑衅。然而有趣的是，希特勒运动针对德国的大多数其他民族主义团体采取了不同的做法，拒绝支持消极抵抗政策，反而呼吁首先进行反对柏林政府的全国起义，与法国的任何军事清算倒是排在其次。这也让纳粹党与德国北部的各种极右翼团体产生了冲突，这些团体为了对抗法国的"帝国主义"和西方的"金融资本主义"而与共产党结成了奇怪的临时联盟。他们中的恩斯特·祖·雷文特洛伯爵（Count Ernst Zu Reventlow）甚至撰文参与了关于"国家布尔什维克主义"主题的讨论，这些文章在鲁尔斗争最激烈的时候，发表在共产党的日报《红旗》（*Die Rote Fahne*）上。

虽然这些团体在一定程度上受到了1922年10月贝尼托·墨索里尼

（Benito Mussolini）的"进军罗马"（March on Roman）成功的鼓舞，希特勒极端反共和的立场却赢得了那时正在德国南部争夺霸权的、更广泛的右翼领导人和军国主义团体的同情。例如，通过参与上述战斗联盟，前战时陆军军需官上将埃里希·鲁登道夫（Erich Ludendorff）表示，他愿意与纳粹和其他阴谋活动组织合作，为新的准军事部队提供培训。这违反了《凡尔赛条约》的裁军条款。令他们厌恶的是，柏林的斯特雷斯曼政府似乎决心履行这些裁军条款。

更复杂的是目前巴伐利亚政治和军事当局（尤其是负责维护慕尼黑法律和秩序的"三巨头"）采取的立场。三巨头分别是巴伐利亚州州长古斯塔夫·里特·冯·卡尔（Gustav Ritter von Kahr），巴伐利亚州警察局局长汉斯·里特·冯·西瑟（Hans Ritter von Seisser）和驻巴伐利亚德国国防军（the Bavarian Reichswehr）司令奥托·冯·洛索（Otto von Lossow）。他们的态度对任何政变企图能否成功实现都至关重要。尽管他们都坚决反对共和制，但在政治上和国家社会主义有巨大分歧。尤其是卡尔，在他的社会民主党前任约翰尼斯·霍夫曼被罢免后，他在1920年至1921年期间担任巴伐利亚州长，与其说他是大德国民族主义者，不如说他是一个保守的君主主义者和巴伐利亚分裂主义者。尽管如此，他在任职期间一直拒绝将右翼极端分子移交给柏林，并在1921年至1923年担任巴伐利亚区长期间继续阻止引渡请求。1923年9月26日，作为巴伐利亚政府对柏林决定结束在鲁尔进行的斗争的初步回应，他被任命为握有紧急权力的国务委员。此后，他首先采取的行动之一是下令将100多名外国出生的犹太人驱逐出巴伐利亚——这显然是对极右翼观点的让步。

在1923年11月8日至9日发生的戏剧性事件中，卡尔和他的君主制伙伴西瑟和洛索动摇了，尽管起初他们仿佛是受到了胁迫，而同意了希特勒、鲁登道夫和战斗联盟共同策划的在慕尼黑发起"全国起义"的阴谋，但后来又改变了主意。在没有警察和德国国会支持的情况下，这场政变最终被证明是一个没有经过深思熟虑的计划，他们只想游行穿越慕尼黑市中心、夺取对巴伐利亚战争部大楼的控制权并抓捕一些市议会议员作为人质，因此注定会以失败告终。巴伐利亚王位继承人鲁普雷希特（Rupprecht）和慕尼黑大主教红衣主教迈克尔·冯·福哈伯（Michael von Faulhaber）均拒绝批准该政变。巴伐利亚州首府的大多数国防军（Reichswehr）军营和警察指挥所也拒绝交出武器或与阴谋者为伍。尽管如此，希特勒和鲁登道夫决心在11月9日的早晨执行他们的计划。在慕尼黑市中心统帅堂（Feldherrnhalle）前面的音乐厅广场（Odeonsplatz）上，14名叛乱分子在与武装警察和军事小分队激烈的枪战中丧生，4名警察也在枪战中身亡。希特勒逃离现场，因此招致鲁登道夫的不满，但几天后希特勒就被捕了。

接下来1924年2月至4月进行的审判成为国际和国内宣传中的重要事件。希特勒被判叛国罪，并被判处有期徒刑五年，而鲁登道夫被判无罪释放。希特勒以此审判为宣传平台，提出了他有些误导性的极端民族主义观点，声称自己是该阴谋的唯一政治领导人，从而把鲁登道夫的贡献边缘化。该判决出乎意料地宽大，反映出主审法官乔治·尼特哈特（Georg Neithardt）带有保守倾向的同情心，而且还拒绝考虑帝国政府官员关于在该纳粹领导人刑期结束时将其驱逐回他的祖国奥地利的要求，理由是保护国家免受外国出生的煽动者侵害的法律，"不适用于像希特勒这样特别具有典型的德国人思维方式的人"。

希特勒被囚禁在位于巴伐利亚首府以西约40英里处的兰德斯堡监狱（Landsberg Fortress），与他一起被囚禁的还有鲁道夫·赫斯（Rudolf Hess），赫斯随后于1933年成为该党的二把手。在判决宣布后的几天里，一份名为人民集团〔民族-种族主义者集团（Völkischer Block）〕，实际上就是当时已经被取缔的纳粹党的候选人名单，在4月6日的巴伐利亚州议会选举中赢得了17.1%的选票，在5月4日的德国国会选举中赢得了16%的巴伐利亚州地区选票。慕尼黑人民集团，在这两次选举中的支持率甚至更高，分别为34.9%和28.5%。这一出人意料的成功，加上在德国部分地区的非法夺权行动中未能获得警察和军事支持的教训,使得当时的希特勒确信,通往未来胜利之路须穿过投票箱,这也是他在自传《我的奋斗》中得出的结论。《我的奋斗》大部分是在兰德斯堡写就的,最终在1925年和1926年出版了两卷。

相对稳定

德特列夫·J. K. 佩克特(Detlev J. K. Peukert)等人曾将1924年9月描述为魏玛共和国的"欺骗性的稳定"时期。1923年10月至11月,一种新的货币,地租马克(the Rentenmark)被推出,尽管以数百万小储户和养老金持有者的损失为代价,但其使得恶性通货膨胀戛然而止。随后,根据1924年的《道威斯计划》(Dawes Plan)对赔款进行了修订,该计划还使得美国向德国提供了新的贷款。尽管斯特雷斯曼作为帝国总理于1923年11月下台,但此后他任数届联合政府的外交部长职务,直到1929年10月他突然去世。在他的主导下,德国于1925年签署了承认其与西方邻国边界的《洛迦诺公约》,于1926年加入国际联盟,就协约国1927年至1930年间分阶段从莱茵兰撤军进行了谈判,撤军比《凡尔赛条约》规定的时间表提前了5年。德国与西方的关系,特别是与法国的关系,得到了极大的改善,并在1929年至1930年,根据《杨格计划》(the Young Plan)完成了对赔款支付的进一步修订。

斯特雷斯曼围绕外交政策建立起来的一些共识也延伸到国内。在此期间,德国国内对极右翼政党的支持无疑明显减少了。例如在1924年12月的德国国会选举中,人民集团(Volkischer Block)在巴伐利亚州的得票率从16%降至5.1%,而在整个德国该集团的得票率仅为3%。在1925年3月的第一轮总统选举中,鲁登道夫作为该集团的候选人,只赢得了灾难性的1.1%选票,并且退出了竞选,这无疑让希特勒感到满意。希特勒在服刑仅

9个月后被释放，并于1925年2月正式对纳粹党进行重建，但该党一开始也很难在选举中取得任何进展。在1928年5月国会选举的第一次全国支持率测试中，它只获得了2.6%的选票，甚至在其巴伐利亚腹地，它的得票率也不到6.4%；在柏林，其结果只有微不足道的1.6%。诚然，其党员人数继续增加，到1928年底达到10万人左右，但纳粹党企图在工薪阶层生活的地区重建对它的支持却落空了。直到1927年，德国大部分地区禁止希特勒公开演讲，甚至在普鲁士这个最大的州禁令一直持续到1928年。

即便如此，也不能将这些"荒野年代"视为纳粹党完全失败的时期而对其不屑一顾。一方面，正如克肖所指出的那样，希特勒极力要做的是获得"对这次运动完全的掌控权"，在共同承诺消灭"马克思主义"和摧毁所谓的"犹太共和国"的基础上，既要留住老的支持者又要赢得新的追随者；另一方面，该党的结构得到了彻底改革，如今在民众中展开宣传，比进行准军事活动更受重视（尽管定期被禁止，偶尔也会有冲锋队各级内部的公开反抗，但准军事活动仍然很重要）。纳粹党在下巴伐利亚的前特工格里格·斯特拉瑟（Gregor Strasser）被带到慕尼黑，领导该党新的政治部。他的职责是在德国各地设立分支机构，并确保只有获得政治部正式批准的人才能代表党发言。然而他的权威却被地区高莱特（Gauleiter，地区党部部长或叫政党领导）的权威所制衡，后者被任命是因为他们对希特勒的绝对忠诚超越了他们对政策的考量。党的政治部和高莱特之间的紧张关系是不可避免的，但将该党所有成员团结在一起的是他们都相信德国在1918年因"内部敌人"的阴谋而被迫屈服，而实现国家复苏的唯一现实途径是在言论和行动上对左翼和犹太人采取无情打击的政策。

在这段时期，一个特别重要的党员是未来的帝国宣传部长约瑟夫·戈培尔，他是一个能够蛊惑人心的莱茵兰人、仇犹者和离经叛道的天主教徒。和斯特拉瑟一样，他最初希望更多地强调国家社会主义的反资产阶级和"社会主义"因素。1926年9月，他成为柏林的高莱特，在那里他多次组织与共产党的暴力冲突，并在1930年5月，成为纳粹党在慕尼黑的中央宣传处的负责人。与此同时，总体政治重心的变化并没有帮助纳粹党在全国范围内遍地开花。事实上，希特勒在1926年2月于班贝格（Bamberg）召开的一次党内高级官员会议上明确表示对这一举措不予考虑，他在会议上谴责布尔什维克主义是"犹太创造"，称意大利和英国为"天然盟友"，并重申他支持1920年的"二十五点"。纳粹党在全国影响力的建立倒是更多地得益于其他极右翼团体土崩瓦解、相互交战和群龙无首的局面。例如，上文提及的雷文特洛伯爵，于1927年退出了敌对的边缘政党，加入了纳粹。尽管他与戈培尔以及柏林的纳粹党其他主要人物关系紧张，但他们还是能一起共事。

当然，自1923年到1927年，德国的政治氛围已经发生了戏剧性的变化。在柏林联合政府频繁变化的背后，隐藏着一种更开明的意识，即可以让议会政府为人民服务。例如为新住房计划提供慷慨的公共融资，以及为大多数工薪阶层创建一个全国性的、由政府支持的失业保险计划。在这样的背景下，纳粹宣扬的讯息在很大程度上显得无关紧要。尽管如此，许多普通的中产阶级仍然没有被争取到共和制这边来。其中的一个早期迹象出现在1925年4月举行的第二轮总统选举期间。当时第一次世界大战期间的前武装部队总司令、贵族出身的陆军大元帅兴登堡出人意料地战胜了共和派主要派候选人、天主教中央党（Catholic Centre Party）的威廉·马克思（Wilhelm Marx）。更令人吃惊的是他甚至都没有参加第一轮竞选。

尽管保罗·冯·兴登堡本质上仍然是一个专制的君主主义者，但在最初担任总统的头五年里，他基本上不参与政治事务，似乎是接受了议会制度。在1928年5月的国会大选后，他甚至同意任命一个由社会民主党人赫尔曼·穆勒（Hermann Muller）领导的新政府。然而他支持了军队企图保护自身不受"毫无根据的"公众批评或者不接受对其活动进行民主监督，这方面他起到了至关重要的作用。这些做法偶尔会引发激烈的国内争议，比如左翼分子试图揭露国会在海外（特别是在苏联）使用秘密资金和关系，在违反《凡尔赛条约》限制的情况下，推行秘密重整军备的政策，但遭到了阻挠（或被谴责为"不爱国"）。1928年10月，穆勒政府是否会按照其前任制订的计划，着手建造一艘小型战舰装甲巡洋舰A（Panzerkreuzer A）这种相对来说的小事情再次突出表明，国会特别是在库尔特·冯·施莱彻（Kurt von Schleicher）将军领导下的国会，决心在多大程度上保持对国防政策的控制。

1925年的总统选举和兴登堡的胜利是在魏玛德国战争纪念这种钩心斗角的政治活动中具有标志性意义的重要事件，表现在"人民的候选人"马克思（共和国的黑红金）和帝国兴登堡的候选人（旧帝国的黑白红）使用了对立的颜色。像钢盔队（Steel Helmet）这样的右翼老兵团体（在20世纪20年代拥有30万至35万成员）早就接受了兴登堡于1919年首次提出的谎言（myth），即德国帝国军队战败是因为国内民主政客的"背叛"，而不是在战场上被打败。1924年3月后，（钢盔队）拒绝接纳犹太人，把重点放在纪念战场的丰功伟绩上，比如与自己有关的战役，1927年落成的巨大的坦能堡纪念碑（Tannenberg Memorial）修建在兴登堡（1914年9月在东普鲁士对决沙皇军队而大获全胜的著名战役地点）的附近。合伙反对他们的是拥护共和政体、反战和主要唯社会民主党人马首是瞻的"黑红金"国旗队（Reichsbanner Black-Red-Gold）。该组织成立于1924年，1925年至1926年期间其成员增加到90万人左右。最近本杰明·齐曼（Benjamin Ziemann）认为"国旗队"在魏玛共和国的纪念文化中有很强的影响力，但不足以确保压倒那些主张反共和、军国主义和复仇主义的观点，以及完全主导关于战争经历的民主叙事。因此，"战争记忆"仍然是支离破碎的，是政治斗争话语的场地，而不是建立民族团结意识的手段。

然而，"战争记忆"不仅仅是老兵及其家人的问题。正如历史学家迈克尔·威尔特（Michael Wildt）所说："对于德国的青少年来说，他们年龄不够，没有被征召入伍。然而他们毕竟长大了，不可能把那场战争只当成一个遥远的童年回忆。那场战争也成为他们的肉中刺，提醒他们错失了一个可以证明自己能力的机会。"尤其是相当一部分狂热的纳粹分子，都出生于1900年至1910年之间,他们后来在党卫军或党卫军的精锐安保组织黑衫队(schutzstaffel)中一路飞黄腾达,直至担任高级职务。海因里希·希姆莱(Heinrich Himmler)就是他们中的一个。他1923年加入纳粹党,1929年被希特勒任命为党卫军司令(Reichsftihrer SS),当时年仅29岁。战后德国海军军官莱因哈德·海德里希(Reinhard Heydrich)于1931年被任命为党卫军情报部门负责人,1939年升任党卫军安全总局局长,当时年仅35岁。这些更年轻、受教育程度更高的新兵加入了纳粹党及其警察和恐怖机构,他们属于一种特殊的社会环境,这种环境不是由共同的阶级利益意识,或对共同战争经历的记忆黏合在一起,而是由对国家社会主义这一意识形态世界观的坚定信念连成一体的。他们中的许多人都是从自由团老兵和冲锋队的黑衫军中招募来的,就像自由团老兵和冲锋队的黑衫军一样,他们也被纳粹党领导原则背后的军国主义价值观、男权意识所吸引。然而,吸引他们的还有其他东西,即纳粹竭力将战后世界描述成一个被政治动乱、性混乱和经济动荡永久统治的地方,"和平"即使在1924年至1929年的那些年里也只不过是海市蜃楼。由此看来,摆脱这种永久紧急状态的唯一出路在于由一场运动提供等级制度和纪律,这个运动比任何其他民族主义小团体更能够以建立激进的社会秩序的名义来使暴力合法化并动用暴力。

最后,从更为平淡的意义上看,"希特勒运动"在争取全国声望的运动中得到了新的推动力,这是由于在1928年5月选举中表现不佳的DNVP或称德国国家人民党(Germany National People's Party)所采取的激进的右翼运动所造成的。1928年间,德国国家人民党参加了各种"资产阶级"联盟,但拒绝为1928年6月上台的社会民主党领导的政府服务。相反,它选出了一位新的领导人——新闻大亨阿尔弗雷德·胡根堡(Alfred Hugenberg)。他决心利用自己庞大的媒体帝国暗中支持针对魏玛的"全国反对"阵线的重新结盟和巩固的进程。作为这一进程的一部分,也是在钢盔队、泛德联盟、国家乡村联盟和纳粹党的支持下,1929年7月胡根堡发起了一场反对《杨格计划》的全民公投运动,《杨格计划》是解决德国向协约国赔款事宜的修改方案。

公投最终在1929年12月22日举行。仅赢得580万张选票让其支持者明显感到失望,因为票数远低于迫使政府改变政策所需的2100万张选票。尽管如此,纳粹由于参与了这一民族主义的联合计划而成功地获得了知名度。在1929年至1930年冬季所举行的地方选举中,他们的表现略有改善。更重要的是,他们能够利用德国国家人民党内部的分歧和弱点。例如,纳粹党反复指出德国国家人民党在1924年批准了《道斯计划》;在竞选资料中加入对帝国总统兴登堡和穆勒政府的猛烈攻击;以及支持泛德联盟提出的、但遭到德国国家人民党温和派反对的建议:在公投中增加一项将使任何寻求批准《杨格计划》的政府部长都可能因叛国罪而受到刑事起诉的声明。这样从1930年开始,纳粹党就能够慢慢地智胜和取代德国国家人民党,成为所谓的"青年党"主要的和更活跃的右翼反对派。

大萧条及其后果

历史学家对于如何评价20世纪20年代后半期德国经济复苏的稳定或不稳定程度一直存在分歧。然而,尽管纳粹在《杨格计划》公投期间表现出坚持民族主义,并在1930年突然成为关键反对党,但成为许多人共识的是纳粹本身并不是1933年他们上台的主要决定因素,大萧条给德国带来的经济灾难,比纳粹党做没做什么事情重要得多。这首先是1929年10月底纽约证券交易所的崩溃引起的,并在1932年初达到最严重的程度。当时有600万德国男子失业,工业生产总值下降到1928年记录水平的58%。

从政治文化的角度来看,大萧条加速了上述右翼势力的重新结盟,在20世纪20年代"稳定"的表面下酝酿的一场更为普遍的"古典现代性危机"(Peukert),大萧条将其推向紧要关头。虽然魏玛时代的社会改革中的一些项目在1930年以前比其他项目更成功,但都戛然而止,国家支持的失业保险基金很快就在需求的重压下崩溃了。保守派经济学家和商人现在要求限制工会权力,认为工人的工资在经济繁荣时期太高了。面对自1924年以来食品价格持续下跌的局面,1929年经济紧缩更使之雪上加霜。农业专家预测,除非采取激进措施增加关税保护或政府补贴,再或者结合两种措施,否则农业部门将很快崩溃。教会和政治领袖,甚至一些工会老板联合起来反对所谓的双赚(Doppelverdiener),即将"自私"的已婚妇女留在工作岗位上,而不是让她们回到家中为男性或单身女性让路。最终,1932年5月国会通过了一项允许解雇在政府就业(stateemployment)的已婚妇女的法案。随着魏玛时期高等教育机会的增加,人们也开始呼吁寻找新的解决方案,以解决预测者提出的可能成为"过剩的一代"(永久失业毕业生)的问题。反犹太主义学生团体很快加入了这场辩论,他们寻求更直接的方式来提高自己的社会地位,办法是对上大学的犹太人人数加以限制。

与此同时,左翼人士加紧了他们针对废除《刑法典》第218条禁止堕胎的规定的长期运动,在此过程中,他们将妇女的生殖权利作为阶级斗争和改善普通工人生活斗争的一部分。为了影响政府的政策,许多"非政治"型专家也提出了激进的削减福利法案的新方法,例如通过推行"有遗传病的患者""自愿"绝育的方案(后来这一方案在1933年被纳粹强制执行);将城市长期失业者重新安置到农村土地安置点,以及为失业青年建立新的劳动服务计划。除了反对双赚运动的部分例外,很少有迹象表明保守派希望回到1914年以前。一些人把"危机"本身视为一种创造力,尤其是那些预言社会革命的发生和资本主义终结的共产党人,以及鼓吹民族革命以及"净化性"暴力和"行动"的新政治的国家社会主义者。

民主价值观也被体制本身的支持者大大削弱了。早在1930年3月27日,赫尔曼·穆勒领导的大联合政府因未能就未来失业福利水平达成妥协而垮台之前,联合政府中的中间党派和中右翼政党曾计划组建一个新的少数党政府，由同样的紧急状态下总统权力做支撑。兴登堡听从了他的军事和文职顾问圈子里的反共和分子的建议，拒绝把紧急状态下总统权力交给穆勒。[1]后者的继任总理，保守派天主教中央党（Catholic Central Party）政治家海因里希·布鲁宁（Heinrich Bruning）决定，无论有没有国会多数人的支持，都要大幅削减公共开支。但在这样做的过程中，他使自己变得越来越依赖兴登堡的恩宠，导致了议会统治的实际中止，取而代之的是更专制的总统政府。

新的政治气候使得纳粹受益，他们在1930年9月的选举中取得了第一次全国性的重大突破。选举是在兴登堡下令1928年议会提前解散时举行的，兴登堡的目的是为布鲁宁削减预算赢得某种多数人的赞同，但这是注定会失败的。相比之下，社会民主党、德国国家人民党和较小的中间党派发现自己在不同的时间和不同的问题上都陷入了尴尬的境地，不得不在国会为布鲁宁的经济措施提供战术支持，结果信誉扫地。事实上，唯一能在1930年9月增加选票份额的政党是共产党，尽管该党比纳粹温和得多。与此同时，由于国会代表未能尊重选民的反紧缩裁定，在没有任何其他可行方案可供选择的情况下继续"容忍"布鲁宁的少数派政府，议会体制变得更加声名狼藉。当在特定情况下不能再"容忍"时，兴登堡只是根据宪法第48条宣布停止立法，从而回避了议会批准的需要。

事实上，国会议员们聚集在一起的次数越来越少，开会的次数从1930年的94次减少到1931年的42次，到了1932年只开会13次。政治争论现在从议会转移到了街头，身着制服的对立派们，如冲锋队、钢盔队（Stahlhel）、国旗队和共产主义红色阵线战斗者联盟（the Communist Red Front Fighters' League）之间的武装冲突时有发生，特别是在选举期间。从1930年3月到1931年3月，出于政治动机的战斗已经夺去了多达300

---

[1] 根据《魏玛宪法》第48条规定，在"公共安全和秩序受到严重干扰或威胁"的情况下，帝国总统可以通过紧急状态法或者直接宣布进入紧急状态，而无须事先得到国会的批准。根据第25条规定，总统还可以下令解散国会，条件是在60天内举行新的选举。

人的生命，在接下来的一年以及更长的时间里，死亡人数进一步上升，另有数百人严重受伤。虽然纳粹有时会因为与这些暴力有明确的关系而受到负面宣传，但他们在声誉上也收获良多，成为最愿意与令人畏惧的共产党人较量的组织。1931年1月，冲锋队的成员为10万人，1932年1月为290 941人，1932年8月为445 279人，现在钢盔队远远落后了，但仍有约35万人。

与此同时，纳粹党更多在幕后耍的花招，不仅让议会也让整个魏玛政治体系在1932年夏天几乎陷入停顿。例如，当年5月12日，曾在穆勒和布鲁宁政府任职的高级军事将领威廉·格罗纳（Wilhelm Groener）被迫辞去了总理一职，原因是他多年来成功地与社会民主党合作，虽然他远未被说服，但他首先支持并随后在全国范围内实施了对冲锋队的禁令。军队中的一些人，特别是德国国防部（Reichswehr Ministry）国务秘书、军方和政党之间的关键调停人库尔特·冯·施莱彻，似乎担心格罗纳甚至还有布鲁宁仍然执着于凡尔赛体系及其裁军条款。在一劳永逸地推翻1919年强加给德国的所有军事枷锁的计划中，希特勒运动现在被视为一个可能的盟友，尽管职业军人也对冲锋队中要求将右翼准军事组织纳入国防军（the Reichswehr）的那些人深表怀疑，但还是喜欢假装相信冲锋队仍然是一个致力于"国家观念"而非"政治"的机构。

更糟糕的是，1932年7月，布鲁宁的继任者，时任总理、高度独裁和极端保守的弗朗兹·冯·帕彭（Franz von Papen），下令对在普鲁士社会民主党领导的普州政府发动非法政变，并立即将其部长和高级警察局长，特别是那些负责执行当时已被推翻的冲锋队禁令的人免职。这是一个极为重要的时刻，因为在那之前，普鲁士一直是德国民主宪政的大本营之一。11天后，纳粹从7月31日的国会选举中脱颖而出，成为最大的政党，赢得了37.3%的全国选票和230个席位，取得了重大成绩，但仍未达到绝对多数。到目前为止，问题已不再是魏玛共和国能否生存下去，而在于谁能取代它：是由希特勒领导、拥有全部总统权力的政府（即由希特勒支持、并在国会中占据多数席位的联盟),还是一个由军队支持的独裁政权。由于兴登堡仍然拒绝考虑第一个选择,而希特勒在1932年8月被提议担任帕彭领导的政府的副总理时拒绝了第二个选择,所以德国政府继续陷于瘫痪状态。军队方面对帕彭内阁口头支持德国重整军备做出了积极回应,却与施莱彻提出的计划保持了距离。施莱彻曾让自己担任帕彭政府的国防部长,招募冲锋队成员加入由政府支持的新民兵组织,接受未具体说明的军事化培训。

最后,大萧条加剧了已经非常严重的分歧,即温和的、支持共和的社会民主党(SPD)与更为左翼的、支持布尔什维克和(自1925年以来)支持斯大林的共产党(KPD)之间的分歧,回到了1914年至1919年的战争和革命时期。两党都公开宣称自己是反法西斯的,在20世纪30年代早期的选举中,两党继续获得36%至38%的全国选票。社会民主党代表的是那些仍有工作的工人,实际上,在布鲁宁的紧缩措施下,他们的实际工资随着食品和其他价格的下跌而略有上升。社会民主党几乎成功地保住了其作为有组织劳工的主要政党地位。然而,随着大萧条的加深,它失去了越来越多的年轻人、失业者和贫困化的城市选民的支持,把他们拱手让给了更为激进的共产党。社会民主党对布鲁宁的"容忍"令工人阶级大失所望,共产党也能够从这一点中获利。

看起来,这两个左翼政党都不愿意与对方合作共同反对纳粹主义。例如,共产党于1928年7月至8月在莫斯科举行的共产国际第六届世界大会上通过了严格的"阶级对立"政策。这导致它谴责钢铁阵线(Eiserne Front),称之为"社会法西斯"。钢铁阵线是一个新的共和国防御组织,由社会民主党于1931年12月建立,并得到了自由工会、工人体育协会和国旗队的支持。共产党与斯大林在国际问题上的想法一致,"钢铁阵线"的代表也被谴责为"德国资产阶级的党羽""法国和波兰帝国主义的志愿代理人",以及与资本主义西方结盟的德国有计划、有步骤地滑向"温和"的法西斯主义预兆。"钢铁阵线"也反过来批评了共产党对苏联的严重依赖及其对斯大林主义教条赤裸裸的信奉,还批评了共产党主导的红色阵线(Red Front)经常在德国各地城镇与冲锋队发生冲突时使用更暴力、更具对抗性的战术。更广泛地说,它拒绝左派和右派的极端主义,并拥护《魏玛宪法》和法律制度,认为这是工人权利的最佳保障。后来,在1933年8月于巴黎举行的劳工和社会主义国际(LSI)会议上,当遭到质问而对更有争议的政策——即为何"容忍"布鲁宁(从1930年10月到1932年5月)而不是对政府削减开支采取强硬立场——进行辩护时,社会民主党主席奥托·韦尔斯(Otto Wels)宣称:"在很大程度上,我们是受到了环境的驱使而不是任何其他国家社会民主党的影响……被迫选择了一种不那么邪恶的政策……我们最终屈服,是因为600万失业者造成的压力。"

德国的社会民主阵营和共产主义阵营之间的分歧在1932年初最为明显,当时社会民主党和其他中间派政党一起,在两轮总统选举中支持兴登堡,使之成为最有可能击败希特勒的人。而此时共产党则提名自己的领导人恩斯特·塔尔曼(Ernst Thälmann)为革命工人阶级的候选人。[1] 此外,在1932年夏天,冲锋队和红色阵线在激烈的街头战斗中反复攻击对方和警察。无可否认的是,在1932年底的某些地区,对立的工人党之间有了更多合作的迹象,包括试图建立一个"共同的反对法西斯主义的无产阶级阵线"。有一种观点认为,如果社会民主党和共产党在国家层面合作,纳粹本来是可以被阻止的,然而这一观点是站不住脚的,因为正如海因里希·奥古斯特·温克勒(Heinrich August Winkler)所说,它们之间存在着"不可逾越的"政治和意识形态分歧,而且社会民主党决心继续保持其最后一个权力堡垒,即在普鲁士统领州政府(和州警察)的地位。这就要求他们与中右翼的"资产阶级"政党达成某种形式的妥协。这是他们至少在7月20日帕彭政变之前(事实上,直到7月20日之后,社会民主党部长

---

[1] 在第二轮选举中,兴登堡的得票率为53.0%,而希特勒的得票率为36.8%,塔尔曼为10.2%。

在针对帕彭政府的法律诉讼中继续以合法统治者的身份出现）试图建立平衡的行为。

是谁在支持纳粹

正如我们所看到的，纳粹并没有创造出能够使他们在1933年掌权的社会环境，希特勒也不是以多数票当选的，而1932年社会民主党被非法驱逐出普鲁士政府的社会环境也不是其自身的责任。然而，纳粹除了从左翼阵营分裂中获利外，在20世纪30年代初的选举斗争中，对老牌中产阶级新教政党的选举支持几乎完全崩溃，纳粹也因此受益。这些政党在面对大萧条的灾难时未能紧紧抓住选民；而对布鲁宁采取的不得人心的通缩政策，也不愿提出可以替代它的其他经济方案。1930年9月，这一问题在国家层面上第一次表现得清清楚楚，当时纳粹党以及各种右翼地区特殊利益集团都从保守的德国国家人民党（DNVP）和中右翼的德国人民党（DVP）的失败中获益。1932年7月更是如此，当时由于政见不同而四分五裂的小政党的大批支持者也转变为国家社会主义者。

这在很大程度上反映了在保持稳固地位的德国北部和西北部农村新教地区，有一种脱离魏玛党（Weimar Party）的文化转向。在这些地区，选民长期以来感觉遭到柏林历届政府的忽视，甚至在1928年，德国国家人民党和德国人民党的支持率也出现下滑，而特别利益党派的支持率则高达14.1%。正如理查德·贝塞尔（Richard Bessel）所指出的，1929年8月之后，在民主德国，冲锋队的暴力也有助于在农民、农民的儿子和小商人中争取到新的支持。这一点在小城镇和农村地区尤为明显。在这些地区，如果遭到突然袭击，普鲁士警察或左翼反对派无法轻易派遣增援部队。在靠近波兰边境的地区也是如此，冲锋队偶尔还会与国防军的边防部队（Grenzschutz）进行非正式合作。在南部的巴伐利亚州弗兰肯行政区（Bavarian Franconia），新教城镇科堡于1929年6月选举出第一个纳粹占多数的地方委员会。但此后对纳粹的支持方面最惊人的突破出现在德国另一端的普鲁士的一些辖区，诸如石勒苏益格-荷尔斯泰因州和波美拉尼亚（Schleswig-Holstein and Pomerania），纳粹在1930年9月分别赢得了27%和24.3%的选票（全国平均得票率为18.3%），1932年7月分别上升到51.1%和48%。

纳粹党最初在北部地区获得了相当大一部分农村和辖区中下阶层的选票，1930年在东部地区略微缩小。但到1932年7月，纳粹党的选民人数增加了一倍多，而且很有可能成为泛民的政党，在所有社会阶层和全国各地都有大批追随者。将1932年7月的结果与1930年9月的结果进行比较，很难判断全国各地支持率的增加在多大程度上归功于纳粹宣传的成功，以及在多大程度上（仍然）归功于上文所提及的20世纪20年代以来魏玛德国社会和政治文化的变化。当然在这个时候，忏悔和阶级忠诚在德国仍然很重要，而新崛起的白领阶层和在早期高通胀危机中失去了许多传统金融安全的向下流动的中产阶级，则在一定程度上侵蚀着他们。在德国南部和西部的天主教地区，纳粹的表现明显较差，民众对中央党或相当于中央党的巴伐利亚人民党的支持仍然很强有力。同样，来自工业区和大城市的有组织的工人阶级社区的选民倾向于紧跟社会民主党或共产党。然而，就像蒂姆·梅森（Tim Mason）等马克思主义历史学家承认的那样，左翼政党大约有1300万稳定的支持者，最多只占德国无产阶级家庭成人总数的一半。天主教的工薪阶层通常支持中央党，而其余的则由数百万农村劳动者、工匠、手艺人、小商人、退休和半退休的战争伤残人士、失业的退伍军人和非工会成员组成。这些人与新教的中下阶层类似，与马克思主义、政治天主教或老式普鲁士保守主义等既定意识形态保持非常松散的联系。

随着危机的加深，（新教）中上阶层的成员，精英阶层的医生、牙医、律师和大学教授等人，也倾向于将对德国国家人民党或德国人民党的忠诚转向支持纳粹。但是这些人1932年，其他新的纳粹选民在这个阶段是否完全被国家社会主义所说服，仍然值得怀疑。事实上，在纳粹党的大部分选举宣传中，被认为是德国民族复兴"最后希望"的，不是国家社会主义，而是希特勒或"希特勒运动"。作为宣传部长的戈培尔，在这个时候还没有完全驾驭的挑战是，如何在只有三分之一多一点的选民愿意向国家社会主义者提供支持的基础上扩大该党的选举基础。在他的内心深处，念念不忘的还有600万张选票——这600万张选票曾在1932年4月的第二轮总统选举中让希特勒与成功的候选人兴登堡之间拉开了距离。这是一个沉重的打击，尽管纳粹党一跃成为国会和许多州议会中最大的反对党，事实上也是最大的政党。

在1933年之前，德国的电台不能用于政党政治广播。群众大会和公开集会，再加上大量散发海报和宣传传单，是选举时政治交流主要的和最有效的工具，并被纳粹党及其反对者广泛使用。继希特勒在1932年4月的第二轮总统选举中失败之后，该党还付出了相当大的努力来吸引女性选民加入纳粹的事业。一方面正如海伦·博克（Helen Boak）所表明的那样，至少在新教地区，这一战略取得了一些成功，因为在该党的支持者中，女性人数开始超过男性；另一方面，外交政策问题被悄悄搁置一边，因为它不可能为纳粹党赢得任何额外投票，特别是在1932年6月至7月洛桑会议取消赔款债务之后。

1932年选举期间，纳粹党使用最频繁也是最简单的口号是"面包和工作"，其次是尊重母亲和以家庭为中心的价值观。尽管这类主题也被诸如社会民主党、德国人民党和中央党等对立政党所采用，但事实上，让纳粹表现出众的不是他们所传达的信息内容，而是他们传达这些信息的方式。正如历史学家温克勒所指出的那样，1932年5月10日，该党的组织部门领导人格里格·斯特拉瑟在国会上公开承认，他从俄罗斯出生的社会民主党人、德国自由工会的首席统计学家弗拉基米尔·沃廷斯基（Wladimir Woytinski）提出的建议中，偷取了一些创造就业的想法。考虑到纳粹党与布鲁宁政府及"体制党派"（system parties）之间的政治距离更大，他自己的计划看起来似乎比沃廷斯基的计划更可信。

在地区和地方层面，纳粹也越来越擅长有的放矢地将他们的信息瞄准特定的选民群体，包括农民、工匠、小商人、农村工人、工厂工人、家庭主妇、教师、战争遗孀、退伍军人，甚至律师和警察。在某些特定的环境中，以前的政治归属和政治忠诚已经很薄弱，或者已经有了为保守、民族主义权利投票的传统，仅仅是一小撮组织良好的纳粹活动分子出面就足以胜券在握。这一现象最早发生在全国层面是在1931年7月，当时规模相对较小，但非常坚定的国家社会主义学生联盟（Nationalsozialistischer Deutscher Studentenbund）在激烈的选举后成功地接管了德国和奥地利的总学联（Allgithiner Studentenauschuss），该联盟于1926年才成立。1932年3月至7月，在德国北部和东部各省的城镇和农业区，甚至南部和西部的一些地区，这种现象再次发生。此外，被纳粹信息的"新鲜感"和活力所吸引的不仅仅是年轻选民或第一次投票的选民。正如于尔根·法特（Jurgen Falter）在20世纪90年代初进行的复杂统计研究所显示的那样，纳粹党是得到了所有其他政党的投票，尽管更多的是来自右翼而不是左翼。纳粹选民的平均年龄虽然很难完全精确地判断，但可能略高于其他政党的年龄标准，特别是在农村地区。

纳粹获得的支持仍然存在重大弱点。例如，彼得·朗格里奇（Peter Longerich）指出，相对而言，纳粹党在柏林就不那么成功。尽管1927年，戈培尔以高莱特的身份抵达柏林后不久就已经开始过早地鼓吹向帝国首都的"胜利"进发。事实上，纳粹在这里的得票持续低于全国平均水平；1932年7月到达顶峰，为28.7%。更令人震惊的是，在联邦德国莱茵-鲁尔地区的一些天主教城市，纳粹仍然居于第三或第四位，排在中央党、社会民主党和共产党之后。因此，在科隆和埃森，他们的得票率仅为24%，在盖尔森基兴（Gelsenkirchen）仅为23%，在多特蒙德（Dortmund）仅为20%。即使在"运动之都"慕尼黑，纳粹在1932年7月的得票率也仅是29%，远低于37.3%的全国平均得票率，还不如在北部，比如纳粹在一度是社会民主党大本营的布莱梅（Bremen）得票率达到30%，在汉堡的得票率为33%。正如我们所见，在德国南部和西部的大片地区，甚至在东部的上西里西亚，纳粹都无法超越天主教政党。因此，法尔特（Falter）等历史学家强调了德国政治中"公开声明的分裂"（the Confessional cleavage）在塑造支持纳粹方面存在的地区差异上发挥持续的重要性，因为新教徒投票给该党的可能性一直高于天主教徒，这一点不足为奇。

此外，希特勒和戈培尔都清楚地知道，凭借在全德国平均37.3%的支持率，想要赢得绝对多数是不够的。尽管他们将宣传的重点集中在希特勒身上而不是宣传整个政党，但近三分之二的德国人并没有投票支持纳粹党。如果往前推进的声势不够，可能会导致这场运动消解，特别是时下更多急躁的暴动者要求立即夺取权力，更多温和派则在考虑如何与其他政党结成联盟，而就像纯粹主义者戈培尔所担心的那样，这些政党会冲淡纳粹的信息（尽管他也曾在1932年中期短暂地有过与中央党结成"黑褐色"联盟的想法）。想不到更好的办法，又决心展示纳粹反对"反动的"德国国家人民党的激进的资历，在1932年11月，戈培尔在柏林与当地共产党人达成了一项短暂的协议，以支持针对由社会民主力量控制的市政交通当局而举行的罢工。然而没过多久，冲锋队和红色阵线就恢复了对街道的持续争夺战，前者故意把后者在像威丁（Wedding）和纽科伦（Neukolln）这样的无产阶级社区中的一些据点作为攻击的目标。

通往权力之路

1932年11月6日，在柏林运输罢工最终失败的前一天，德国举行了新的国会选举。这一次，尽管纳粹党仍然是最大的政党，但还是失去了200万张选票和34个席位。朗格里奇（Longerich）怀疑，部分原因是受到了戈培尔与共产党关系的影响（不用说，共产党在全国的得票率实际上从

14.3%上升到了16.9%；而在柏林，该党的得票率为31%，高居榜首。相比之下，社会民主党为23.3%，纳粹为26%）。就目前而言，帕彭完蛋了。当年12月2日，他的前盟友库尔特·冯·施莱彻接替他总理和议会部长（Reichswehr Minister）的职位。施莱彻从来没有参加过任何政党，尽管他曾在不同时期与除共产党外的几乎所有政党的领导人密谋过，但至少从书面材料上看，他在党内的支持率为零。如果他能说服国家人民党和少数较小的右翼政党支持他，他最多可以指望584名议员中有65～75名议员支持他。面对议会重开后立即对他进行不信任投票的可能性，事实上，他继续执政的最佳机会在于与国家社会党达成某种协议。另一种办法是要求总统再次解散议会，即使总统同意，他也只有60天时间，60天后新的选举又会举行。

纳粹党已经精疲力竭，他们在9个月的时间里参加了5次主要的选举，还有几次小规模的选举。该党的财政状况很糟糕，有迹象表明该运动可能四分五裂，形成对立的派系。在东普鲁士和下西里西亚，该党的"温和派"将纳粹党财富的显著减少归咎于8月初围绕冲锋队在不同地区恐怖活动的负面宣传。在国家层面，希特勒和斯特拉瑟在战术和政策上也出现了重大分歧，导致后者在12月8日发表破坏性声明，辞去其所有党内高级职务。过去历史学家曾将斯特拉瑟离开纳粹党与一个所谓的施莱彻的布局联系在一起，该布局旨在胡乱拼凑一个建立在工会、护国军（the Reichswehr）[1]和一些"左翼"纳粹分子支持基础上的联盟。然而最近，朗格里奇和小亨利·阿什比·特纳（Henry Ashby Turner, Jr）等学者将这种"跨党派阵线"（Querfront）的说法斥之为戈培尔凭空编造的谎言，其动机是破坏格里格·斯特拉瑟和施莱彻的名声（他们都是在1934年6月30日所谓的"长刀之夜"被党卫军杀害的），并凸显希特勒在争取总理职位方

---

[1] the Reichswehr，在不同的上下文中，中文的译文不同，以区分在纳粹上台前后德国的不同时期的对应译文。按照传统，一战后至希特勒上台之前译成"护国军"，上台后译为"国防军"。——译者注

面的智慧。

然而，正如结果所表明的那样，即使斯特拉瑟没有和施莱彻策划过任何分裂纳粹运动的具体计划，他与兴登堡、希特勒以及内阁的大多数部长的关系也处理得非常糟糕。这使得帕彭——这位曾经是他的盟友、现在是他最主要的政治对手，在背着他进行协商想让希特勒担任总理，而他本人则担任副总理。在这一潜在集团的背后，主要的企业和土地利益集团都被动员起来，或者至少是支持除掉施莱彻。当时他们认为施莱彻与工会的关系过从甚密，甚是可疑，或者在土地问题上太不值得信任。然而，也不能像一些更粗劣的版本阐释的那样，错误地认为新的希特勒-帕彭政府只是一个为资本和旧的地主精英提供资金的工具。相反，关键的决定是在兴登堡狭隘的顾问圈子中做出的，他们现在看到了一个机会，即通过"从上面"重新调整右翼势力，永久地将中间和温和的左翼政党排除在权力之外。

要扫除的最后一个障碍是总统本人。他长期以来一直反对任命"奥地利下士"担任总理职位，并在1932年8月宣布，"如果他将政府的全部权力交给一个政党，而且这个政党对持不同观点的人采取如此不宽容的态度，他在上帝、良心和祖国面前都无法交代"。即便如此，兴登堡也不是民主主义者，而且是反其道而行之。在1932年3月至4月的总统选举中，他非自愿地依靠中央党和社会民主党的选票赢得了多数，这加强了他的独裁倾向。他意识到要保持自己的公众形象就要与他现在所看到的布鲁宁和帕彭时代失败的政治实践保持距离，为了实现这一目标，成立一个稳定的右翼和极右翼政府是必要的。很显然，施莱彻这样的老军事阴谋家就无法实现这样的目标。

1932年底的国际联盟似乎也将支持向新政府转变，新政府将在重整军备问题上采取更坚定的立场。尽管不应夸大纳粹对国防军（护国军）军官团的渗透程度很重要，因为希特勒担心军队仍会被用来对付他，并且会奉命开枪，而他的这种担心可能是对的。然而，有一种看法是，纳

第一章 | 魏玛共和国与国家社会主义的崛起

粹领导的政府将能够意识到"重整军备的巨大可能性",引起这种可能性一方面是由于国际联盟未能阻止日本在1931年对满洲的军事侵略,另一方面则是由于1932年6月至7月的洛桑会议上英法德签订协议、取消德国所有未偿还的赔款引发的。协约国未能继续削减自己的军备开支(日内瓦召开的世界裁军会议上关于德国的关键主题)也让德国谈判者占了便宜。1932年12月11日,英法两国在原则上承认了德国谈判人员在军事安全问题上"权利平等"的要求。然而消极的一面是,到1933年1月底,护国军领导层担心,除了选择希特勒领导的政府之外,任何其他选择都会削弱由德国脆弱的国际地位得到些许改善所带来的优势,而这种优势非常明显地是通过继续分裂、挫伤那些支持积极地重整军备计划的国内政治力量的士气来获得的。就连过去曾多次警告过兴登堡要小心防范希特勒的护国军司令库尔特·冯·哈默斯坦-艾克多(Kurt von Hammerstein-Equord)将军也改变了心态,开始悲观地认为,另一个少数人的帕彭政府将是一个更糟糕的选择,因为它"如果不带来内战,就会带来大罢工,从而导致用军队去对付国家社会主义者和左翼这一完全不得人心的举措"。

最后,经过许多秘密的幕后谈判,兴登堡在拒绝了施莱彻解散国会的请求后,于1月28日首先免了施莱彻的职,然后于1933年1月30日任命希特勒接替他的职位。在这一决定之前,是帕彭再次带头说服年迈的总统,希特勒一旦任职是可以被掌控的。事实上,1月30日或在不久后,由兴登堡任命的11名内阁成员中,只有3名是纳粹:希特勒、担任帝国内务部长的威廉·弗里克(Wilhelm Fric)和作为议会议长和普鲁士内政部长的赫尔曼·戈林。曾在东普鲁士担任军队指挥官、被兴登堡认为"极其可靠"和"完全不关心政治"的沃纳·冯·布隆伯格(Werner von Bloomberg)——当时正在世界裁军会议上履行为德国代表团提供建议的岗位职责——却被即刻召回,在希特勒被任命为总理几小时前宣誓就任国防部长。兴登堡对他的指示是"履行他的职责……还有让国防军远离政治",这指的是在柏林流传的虚假谣言,即施莱彻在前一天晚上策划了军事政变,但对兴登堡来说,一方面这也是一种保护护国军免受新政府无端纳粹化或政治干涉的手段;另一方面,显然兴登堡不打算推翻帕彭在1932年7月的非法政变,也不打算允许社会民主党重新成为普鲁士的合法统治者。然而这个州的内部治安,以及随后整个德国的内部治安,现在都掌握在国家社会主义者手中。

这样就形成了国内恐怖统治的局面,恐怖统治的最初目标是反对左翼,而对外部世界则造成了(执政上的)连续性和可敬的假象,尤其是当帕彭和施莱彻领导下的外交部长康斯坦丁·冯·诺拉特(Konstantin von Neurath)被重新任命担任同一职务时。财政部长卢茨·史威林·冯·克罗西格克伯爵(Count Lutz Schwerin von Krosigk)和交通部长保罗·冯·埃尔兹-里贝纳赫(Paul von Eltz-Riibenach)也曾在之前任职过的前两个内阁继续任职。在经历了短暂的不确定之后,弗朗兹·古特纳(Franz Gurtner)也被确认为司法部长。的确,并不是所有的国际评论员都对柏林的新政府充满信心,许多人怀疑2月底的夜间纵火烧毁国会大厦是谋杀罪行。纳粹曾一度成功地将此事归咎于共产党,但不久之后的1933年3月4日,世界被维也纳事件的消息分散了注意力,基督教社会总理恩格伯特·多夫斯(Engelbert Dollfuss)关闭了奥地利议会,并取得了紧急权力,目的是镇压左翼和极右翼。独裁似乎正在成为欧洲的常态,不管是传统的保守专制还是赤裸裸的专制,各地的民主派都处于守势。

纳粹是迄今为止最暴力、最残忍的法西斯独裁者。他们在选举中既没有夺权,也没有赢得政权,这在某种意义上是不寻常的。尽管后来将纳粹对德国的胜利"征服"进行了神化,包括为争夺在慕尼黑和著名的"红色"城堡(如柏林、汉堡和萨克森)的霸权而进行的英勇战斗——但事实上,他们是按照宪法被任命入职的,而此时其声望却处于下降期。尽管如此,他们上台的环境也反映出欧洲政治和军事精英未能找到解决自1914年以来困扰世界的经济混乱、政治不稳定、军事侵略和边境不安全等诸多更大挑战的答案。到了20世纪30年代末，随着充分就业的恢复、空军的建立、莱茵兰无可争议的重整军备，以及对奥地利和苏台德地区几乎不流血的兼并，希特勒在德国的声望一路飙升，那些解决方案似乎比以往任何时候都更加遥远了。

| 第二章 |

纳粹"夺权"

赫尔曼·贝克（Hermann Beck）

1933年1月30日星期一上午11时30分，希特勒成为兴登堡总统内阁的德国总理。与其前任不同的是，这是一个由德国国家社会主义工人党和保守的德国国家人民党组成的联合政府。自1930年3月以来，围绕在年迈的总统保罗·冯·兴登堡（出生于1847年10月）身边的一小群顾问一直在议会的微弱支持下，通过他们选定的人选来管理共和国。然而，根据1932年11月6日的选举，有超过40%的代表支持希特勒的联合政府。在该政府的10名成员中，只有3名成员属于德国国家社会主义工人党，其中希特勒担任总理，威廉·弗里克担任帝国内务部长，赫尔曼·戈林担任议会议长和普鲁士内政部长。其他成员包括德国国家领导人阿尔弗雷德·胡根堡、退伍军人组织钢盔队负责人弗朗兹·塞尔德（Franz Seldte），以及无党派背景的保守派人士，如外交部长康斯坦丁·冯·诺拉特和财政部长卢茨·史威林·冯·克罗西格克伯爵，两人都曾在前几届政府任职。这不仅表明内阁中保守力量的连续性，而且也说明3名纳粹成员力量的相对薄弱；而希特勒只能在总统充分信任的副总理弗朗兹·冯·帕彭在场的情况下才与兴登堡进行磋商的事实,则进一步证明了这一点。

因此,在德国保守派看来,他们能够利用国家社会主义群众运动为他们自己的目的服务,这一看法在国外得到了广泛的认同。在2月的头几个星期里,人们并未立即产生不祥的预感。战后精力充沛的德国社会民主党(Germany Social Democracy)领导人库尔特·舒马赫(Kurt Schumacher),这位当时37岁前程似锦的议员,在2月初以嘲讽的口气对希特勒的角色评价道:"以前他是一名装潢师,现在他是一件装饰品。内阁有他的名字,但幕后的实权派是阿尔弗雷德·胡根堡。希特勒能说话,但阿尔弗雷德·胡根堡会行动。"社会民主党报纸《前进报》(Vorwards)以同样的论调刊登了一幅漫画,画中的希特勒热切而专注地驾驶着一辆汽车,却不知道后座的帕彭和胡根堡正在用第二个方向盘操控着汽车行驶的方向。

所有这些都有助于减轻迫在眉睫的危机感,并将一些担忧引向其保守党盟友,而这些担忧本来可以使人们更加敏锐地对付纳粹的威胁。纳粹和保守党之间的关系并不好,甚至在内阁宣誓就职之前,希特勒坚持要进行新的选举,因此引发了他和胡根堡之间激烈的争论。但当胡根堡发现这一点时已经为时过晚,因为帕彭担心如果胡根堡拒绝接受新选举,联合协议可能会破裂,因此他谨慎地对胡根堡隐瞒了希特勒有可能会掀起轩然大波的选举要求,但帕彭的担心是正确的。这位德国国家领导人担心,在政府的支持下,国家社会主义的力量将进一步增强。两党领导人之间的争论确实增加了联合会谈在最后一刻失败的可能性,特别是在希特勒保证选举结果不会改变内阁的组成、胡根堡仍然固执己见的情况下。直到兴登堡的工作班子负责人奥托·迈斯纳(Otto Meissner)突然闯入内阁会议,痛斥内阁成员说让帝国总统久等是不合适的,当时是上午11点15分,仪式原定于上午11点举行的,胡根堡才最终让步了。希特勒取得了第一次重大胜利。然而,1月30日上午发生的事情仅仅是权力的转移,真正夺取权力的时刻还没有到来。它将发生在1933年1月30日至1934年8月1日之间的

18个月内,到那时,帝国总理的职位与总统的职位合二为一,集于希特勒一身。一天之后,即1934年8月2日,久病不愈的兴登堡与世长辞。

独裁开始成形

1933年2月头几天的平静只是一种假象。尽管最初的政治暴力并未超过前三年的水平,但希特勒明确表示,他的政府代表着一个激进的全新开始。2月1日,在他领导的政府第一次发布的公告中,他指责魏玛共和国政府完全不善于管理,破坏了国家团结。用他的话说是让国家四分五裂,陷入了"一团自私自利的政治观点、经济利益和意识形态对抗"的混乱之中。他现在发誓要恢复失去的民族团结。在2月10日柏林体育场举行的选举动员活动开幕词中,他首先谈到了一个主题——这个主题将在1933年成为纳粹宣传的主旨——他倡导的运动延续了德国过去的伟大遗产:"我知道,如果今天坟墓打开,过去那些曾经为德国战斗、受苦和牺牲的伟大的智者,将起死回生,加入我们的行列。"这些旨在感动全国的讲话,都是经过精心编排的,由新的媒体无线电收音机(魏玛政府没有好好利用过这些媒体)进行传播,经过约瑟夫·戈培尔的频频介绍,他成功地传递了一种令人振奋、焕然一新的气氛。

尽管纳粹党头几个星期的步伐受到了限制,但削弱反对派力量的必要手段已经到位。2月4日,公开会议通过了《保护德国人民法令》允许取缔报纸和解散"滥用或蔑视国家主要官员所属的部门、机构和机关"的规定,助长了对新闻和集会自由的侵犯。该法令甚至对"预防性拘留"做出了规定,并为取缔倾向于批评新政府的措施和方法的报纸提供了便利。尽管对报纸的禁令常常会在接到法院禁令后就被解除,但在经济不稳定的时期,即使是暂时的中止也可能导致其破产。具有讽刺意味的是,这一法令是由希特勒的前任起草的,他们曾希望由此更好地控制

第二章 | 纳粹"夺权"

即将到来的内战。

自1932年7月20日帕彭政变以来，一直由第三帝国（the Reich）管理的普鲁士曾经是魏玛民主的大本营，社会民主党、中间派和自由左翼德国民主党在整个共和国时期掌管政府，但现在成为纳粹主义大肆扩张的一个州。赫尔曼·戈林首先担任内政部长，而后在4月2日之后担任州长。自1871年以来，普鲁士一直是德国最重要的州。虽然由于《凡尔赛条约》在西里西亚和上西里西亚的领土损失削弱了它的影响力，但它仍然占德国领土的62.5%；而且根据1933年的人口普查，其人口占德国人口的61.2%。2月7日，戈林用毫不含糊的语言指示普鲁士警察与全国性组织冲锋队、党卫队和钢盔队建立密切关系，对他们的罪行睁一只眼闭一只眼，同时大力反击左翼的行动，并恢复自由地使用火器。5天后，戈林将5万名冲锋队员和钢盔队员纳入警察部队，作为"辅助警察"，手枪和橡胶警棍配备齐全，这成为一个引领潮流的举措，德国其他各州快速仿效，采取了类似的行动。在1933年冬季和1934年春季为推进纳粹接管而采取的所有实际措施中，让冲锋队暴徒穿上警服是最有效的措施之一。后来，在达到了他们的目的之后，辅警部队1933年8月在普鲁士逐渐解散，而其在巴伐利亚的解散，则到1934年春才完成。

对普鲁士政府的清洗，特别是针对最高级别的州（provincial）层面和地区层面的管理者的清洗，在帕彭担任总理期间就已经开始了，当时的受害者主要是社会民主党人。现在戈林继续将其他民主党的官员赶下台，仅在1933年2月，就有十几名普鲁士大城市的警察局长和其他高级官员被迫退休，由与新政府关系密切的专家接替。这与1932年帕彭接管后的早期清洗一起，使得普鲁士的行政结构在面对3月和4月间纳粹采取的措施时，毫无招架之力。

关于"保护人民和国家"这一具有决定性的法令，是在1933年2月27日至28日晚上国会大厦发生火灾之后颁布的。不管谁最终要对这场大火负责，它都为希特勒政府提供了一个宣布进入紧急状态的可接受的借口，也提供了一个建立独裁政权的手段。现在大众普遍认为是荷兰共产党马里努斯·范德·卢贝（Marinus van der Lubbe）干的，而在20世纪30年代至60年代大家普遍认为是纳粹自己干的。《国会纵火案裁决令》为镇压共产主义和社会民主党、确立"保护性拘留"、集中营以及暂停基本公民权利和自由等措施提供了法律基础。从那时开始，信件可以被打开，电话交谈可以被监听，会议可以被解散，嫌疑人可以未经审讯就被拘留。该法令可以对企图暗杀政府成员、在公共建筑纵火、煽动"严重骚乱"和武装抵抗该法令的人处以死刑或长期监禁。它还授权帝国政府接管那些未能维护"公共秩序和安全"的德国各州的权力。没有任何指导方针规定如何实施该法律，第三帝国这一未得到承认的基本法在其整个存续期间一直有效，并赋予了当局在处理或捏造嫌疑人时想要的一切自由空间。

对共产主义的恐惧和即将到来的政变企图，此时已经甚嚣尘上，因为二者已经被纳粹和保守党人煽动到狂热的极点，他们中的许多人真心相信他们不断唤起的共产主义幽灵真真切切地存在。1933年2月28日上午，戈林告诉内阁，共产党人打算"组建恐怖小组，放火焚烧公共建筑，在公共厨房下毒……绑架内阁部长和其他知名人士的妻子和孩子作为人质"。3月1日，副总理弗朗兹·冯·帕彭对慕尼黑大主教福哈伯主教（Cardinal Faulhaber）说，共产党革命者的意图是"消耗人民的体力，同时在100个地方放火，烧毁农田，毁坏铁轨，抓走上学路上官员的孩子，在罢工时把他们当作盾牌，在食物中下毒，私闯民宅，射杀门卫和服务员"。红衣大主教把这些写下来并信以为真。

因为这一切发生在选举前的五天，人们普遍认为共产主义真的带来了威胁，而纳粹这种看似有效的应对威胁的措施，极大地增强了公众对国家社会主义及其处理国家所面临问题的能力与信心。国会纵火案引起的德国政治氛围的巨大变化，再加上对民主党政客的残酷骚扰，促成了纳粹选票的显著增加。

在1933年3月5日的选举中，德国国家社会主义工人党获得1727.7万张选票（占43.9%），比1932年11月的选举结果增加了554万张选票。选民投票率从80.6%上升到88.8%，增加了390万张选票。在3月7日举行的内阁会议上，希特勒认为3月5日的投票结果是一场"革命"。鉴于他的政党在1932年的4次全国选举中从未获得超过37.3%的选票，甚至在7月31日至11月6日期间从37.3%下降到33.1%，他现在确实有理由感到心满意足了。不过在3965.4万张选票中，有56%投给了非纳粹党，地区差异仍然很大。例如在东普鲁士、波美拉尼亚、西里西亚部分地区和石勒苏益格-荷尔斯泰因州，纳粹党得票率远远超过50%，而在柏林、科隆和亚琛周围的天主教地区以及威斯特伐利亚部分地区，其得票率仅为33%。在总共647名当选代表中，纳粹有288人（43.9%），共产党有81人（12.3%），社会民主党几乎保持不变，有120人（18.3%），天主教中央党及其较为保守的巴伐利亚分支巴伐利亚人民党（Bavarian People Party）分别有74人（11.2%）和18人（2.7%）。而早就被边缘化的自由党，总共才获得不到80万张选票。

选举明显使纳粹党的力量超越了其保守派盟友，后者拥有略高于300万张选票，占总数的8%，勉强维持之前的成绩。因此相对而言，德国国家人民党的重要性降低了。充满生机、充满活力、能量四射的纳粹党似乎完全有理由宣称自己拥有未来。到3月底，地方国家人民党领导人已经考虑与该党更成功的联盟伙伴合并。这次选举带来了另一个明显的优势，由于共产党被取缔，其81名民选代表要么藏起来，要么被监禁，因此仅288名纳粹代表就构成了剩下的566名代表中的一半以上；加上52名德国国家代表，他们就占了60%。

"革命"与暴力

在选举后的几个月里,第三帝国发现自己卷入了纳粹自称的"革命"之中。这个词很快就被朋友和敌人共同使用,从流亡的阿尔伯特·爱因斯坦(Albert Einstein)到新教领袖,再到约瑟夫·戈林本人。那年的晚春,最初的"民族"革命变成了"民族社会主义"革命,最后变成了"日耳曼"革命。

在实现全面夺权的道路上,一个关键的事件是接管那些尚未被纳粹党控制的各州(länder),即汉堡、不来梅、吕贝克、萨克森、巴登、黑森、符腾堡和巴伐利亚。在任何地方采取的都是基本相似的方法:纳粹普通士兵挑起混战让柏林有机会进行干预,并派遣一名"帝国委员"(Reich Commissar)来恢复秩序。一群魁梧的党卫军和冲锋队员已经准备好随时与任何妨碍他们的人开战。暴力,尤其是在夺取巴伐利亚政权期间到处泛滥的暴力,成了革命引擎的润滑油。

在一些更为重要的州政府,即巴伐利亚州、符腾堡州、黑森州、萨克森州和汉堡州都在扮演或看守着少数派政府,因而在自我捍卫方面处于弱势地位,这为纳粹夺权提供了便利。虽然冲锋队表面上保留了合法性,但许多冲锋队支队都是肆意妄为,却没有承受任何法律后果。为控制日耳曼各州而进行的斗争,本来应该是那些有能力反击的反对派显示其英勇的时刻,但从已知的一些当地情况来看,似乎是普通士兵本来愿意抵制暴力入侵,但事实上,领导层极不喜欢对那些可能在兴登堡和德国人民面前反对合法行使政府权力的非法起义负责。对左翼领导人来说,似乎不言自明的是,在发生起义的情况下,不仅帝国和州官僚机构,而且规模小而高效的德国陆军和包括兴登堡在内的保守党机构都会支持纳粹党。因此,武装抵抗不仅不可能成功地打击在数量上更强大、组织更完善的纳粹组织,而且很可能因为反对一个表面上合法的国家政府,背上叛国罪(Hochverrat)的污名而引起公愤。因为从所有的表象来看,这是一个追求合法过渡的国家政府，除了反对任何反对派的强大到让人畏惧的国家力量外，公众的情绪似乎也偏爱这位新主人，他生命的激情（elan vital）似乎不容抵抗。考虑到权力的配比，因此而谴责左翼和民主反对派的懦弱似乎是不公平的。

另一个防止武装反对派的强有力因素是普鲁士警察和纳粹组织在国会纵火案后先发制人，主动出击。共产党领导人和成员被逮捕，工会、社会民主党和国旗队（Reichsbanner，共和国的准军事组织）的官员经常遭遇同样的命运。在国会纵火案后的极度兴奋中，在对共产主义政变的广泛预期中，疯狂地搜寻非法武器的行动开始了，连很小的场所也不放过，这在很大程度上解除了潜在抵抗者的武装。在整个3月至5月的下半月，针对左翼的恐怖活动势头集聚。"保护性拘留"的大部分人员是左翼组织的成员（1933年7月31日为2.7万人），还包括约10万的临时关押在冲锋队法外"野营地"和酷刑室的被拘留者，还有被杀害了的政治反对派。地区恐怖活动因地方冲锋队、纳粹党官员和警察局长的残暴程度而异，1933年3月和4月，共有421人被"保护性拘留"在东普鲁士的三个管辖区；在莱茵省（the Rhine province）杜塞尔多夫区这个数字几乎高达10倍（3818人）。对共产党的镇压尤其彻底，在柏林和鲁尔，大部分成员被逮捕；在巴伐利亚州的一些城市发生了大规模逮捕，整个城市被封锁，并进行了系统的搜查。到1933年夏天，几乎所有奥格斯堡的共产党活跃分子都被关进了监狱和集中营。对左翼的恐怖行为的公开程度远远大于对其他群体，因为左翼作家由此可以得到民众的广泛支持。盖世太保的第一头目鲁道夫·狄尔斯（Rudolf Diels）形象地描述受害者被囚禁在冲锋队的酷刑牢房和监狱中的痛苦，道：

> 我现在可以和警察小分队一起进入刑讯室了。在那里，刑讯逼供者使用的几个空房间的地板被稻草覆盖着。我们遇到的受害者被饿得奄奄一息。数日来，他们一直站立着被锁在狭小的空间里，以逼出"供词"。"刑讯逼供"开始和结束的时

候,十来个暴徒每隔一小时就用铁棍、橡胶棍和鞭子殴打受害者。被打得牙齿脱落、骨头断裂,是这种痛苦的见证。当我们进去的时候,这些活着的骷髅一排排地躺在腐烂的稻草上,伤口在感染化脓。没有一个人的身体不是伤痕累累,从头到脚布满了蓝色、黄色和绿色的瘀伤,证明了他们所受到的非人拷打。

接管州权、对左翼的暴力浪潮与对纳粹主义的宿敌和政敌的清算同时进行。即使一个人在社会和政治方面声名赫赫,也不能因此免于被攻击。过去曾与纳粹有过纠葛的人现在都处于危险之中,比如著名政客、前议会副主席齐格弗里德·冯·卡多夫(Siegfried von Kardorff)和前总统弗里德里希·埃伯特(Friedrich Ebert)遗孀的家被搜查;而冲锋队则洗劫了阿尔伯特·爱因斯坦(Albert Einstein)的房子,寻找爆炸物。与此同时,银行、保险公司和私人企业也受到了大量侵害,比如敲诈勒索店主(大部分是犹太人);经济受到了破坏,比如强迫关闭零售店和骚扰店主;此外冲锋队威胁要关闭柏林证券交易所。市长和地方高级官员被强行撤职,受到人身羞辱,在某些情况下甚至遭到粗暴对待。例如,1933年3月10日,杜塞尔多夫市的保守派市长罗伯特·莱尔(Robert Lehr)勋爵在自己的办公室里遭到了一群冲锋队暴徒的袭击。他的一名市政顾问当着他的面被鞭打。

这并不意味着整个国家陷入混乱无序的局面。冲锋队肆无忌惮的恐怖行为与公共生活的其他领域法治继续顺利运作并行不悖。尽管情况对现任政权的敌人来说很糟糕,但大部分中产阶级认为,在共和国最后几年,数百人被杀,数千人受伤,相比之下,1933年的冬末和春天没有那么充满暴力。希特勒的德国国家盟友以及大部分爱国的德国人都支持对左翼的残酷镇压,经常达到这样的程度:纳粹恐怖活动与其说是一种镇压手段,不如说是一种非常规但有效的恢复秩序的手段。虽然纳粹受害者、反对者和世界其他大部分国家都认为纳粹革命是暴力革命,它非法推翻了宪法体系,同时破坏了法治，但保守和有民族观念的德国人却为其辩护，认为这是一场有序的权力的合法转移，它将国家从混乱和共产主义统治中拯救了出来。

1933年从3月5日到夏天的反犹暴力浪潮在很大程度上被历史研究者所忽视了。对犹太人的袭击在整个德国都很猖獗，地区焦点集中在普鲁士，特别是柏林和莱茵省，在萨克森、慕尼黑等大城市和巴伐利亚乡村。最初的目标是德国境内的外国犹太人，特别是所谓的"东方犹太人"（Ostjuden），即自19世纪70年代末以来从东欧移民过来的犹太人。大多数受害者是波兰犹太人，他们约占居住在德国的外国犹太人的60%。仅波兰大使馆的投诉和抗议记录就有数以百计的针对个人的暴力袭击，对酒吧的突然袭击，全副武装的抢劫，随便敲诈、勒索、绑架以及其他形式的折磨。

人身袭击与抢劫相结合往往是最常见的攻击形式。仅举一个例子：3月23日，8名冲锋队男子在丝绸商人所罗门·罗森施特劳奇（Salomon Rosenstrauch）位于威斯巴登的商店里袭击了他，将他毒打一顿，毁坏了昂贵的家具，并要求他立即关闭商店，否则他们就会回来杀了他。罗森施特劳奇受了重伤，几根肋骨断了。但几个星期后他重新开了店，而袭击者之前发出的威胁是认真的。4月22日，两名男子强行进入罗森施特劳奇的公寓，杀死了他。其他形式的暴力袭击包括武装抢劫、强行取消债务、毁坏财产或农产品以及各种形式的羞辱仪式，如身穿辅警制服的冲锋队队员袭击犹太教堂，破坏教堂的家具和设备，将礼拜者的胡子剪掉，强迫他们唱民族主义歌曲，用警棍殴打那些不愿加入的人。

在记录中针对非德国犹太人的袭击还算有好的一面，因为受害者至少可以向他们的大使馆和领事馆申诉。但鉴于记录在案的案件数量众多，实事求是地说，在1933年3月初至夏天之间发生的暴力袭击事件，保守估计也得有一千多起。很少有袭击被记录下来，因为警方大多拒绝将其记录在案。据大使馆报道，受害者往往害怕报案，因为他们预计自己可能会被身穿辅警制服的冲锋队员殴打。无论如何，执法官员通常不会在接到警报时去现场，受害者被告知"保护犹太人不是警察的职责"，或者"外国人无权获得警察保护"。

德国犹太人的情况则不同，未知案件的估计更多，因为除非受害者在受到攻击、人身袭击和恐吓或勒索后，成功地向警察报告攻击者并得到了保护，否则将无法追究。对于谋杀案，检察院必须展开调查；然而，即使知道凶手是谁，1933年也没有通过任何判决，因为根据1933年7月25日的特赦，罪犯因"在国家社会主义革命期间犯下的罪行"被释放。对德国犹太人所犯的罪行范围更广。4月1日全国范围内展开的对犹太人商店、律师和医生的抵制尽管总体来说不受德国民众的欢迎，但这些只是冰山一角。1933年4月1日以后，在许多地方这种情况持续了几个星期。1933年夏天，很多地方颁布了禁令，通过了禁止在犹太商店为公务员和纳粹党成员购买商品的禁令。那些违反禁令的买家的名字有被刊载在当地报纸上或张贴在市政厅的公告栏上的危险。

另一个广泛实行但鲜为人知的反犹罪行是绑架犹太商人、医生和其他专业人员，还有严重虐待和谋杀威胁。受害者被袭击、绑架，并经常被关押在冲锋队的刑讯室中达数日之久。随后他们被释放，条件是立即离开德国，否则就有被谋杀的危险，其目的是将他们驱逐出德国。例如柏林神经科医生弗里茨·弗兰克尔（Fritz Frankel），他于3月23日在柏林凯撒拉里做手术的过程中被一群冲锋队男子逮捕，被带到一个冲锋队刑讯室，受到严重折磨，最后被释放，条件是立即离开德国。他带着妻子和孩子逃到瑞士，在那里向德国驻伯尔尼大使馆递交了一份报告，详细讲述了他所遭受的痛苦。

1933年还有一种常见但基本被遗忘的阴险暴力形式是所谓的游街示众（Prangermarsch）和各种形式的"示众"。就像它中世纪的原型一样，它的作用是打击受害者尊严，同时以一种羞辱的方式在全镇示众。将所有这些曾经属于私人的东西无情地拖入公共领域，是开始独裁的标志，也是一种镇压异己的手段。这种非常公开的污名化有两个目的：一是在社会上抹黑那些违反政权政治准则的人，让他们在自己的社区里成为受蔑视的人;二是迫使他们同意政府的目标。另一种污名化可以在报纸文章中找到,其中列出了与犹太人关系密切的公民的姓名、地址和职业,每个人都可以看到,使它成为公开羞辱的理由。

最后还是发生了频繁的谋杀。没有关于被杀的犹太人的确切数据,估计数字是不可靠的,因为它们完全是基于口口相传、道听途说或推断。没有任何当局或机构、德国行政部门或外国记者有关于在纳粹夺取政权的初期阶段被杀害的犹太人的总数(或哪怕是准确估计的数字)的文件。德国当局对找出真相不感兴趣。他们淡化了有关反犹太主义罪行的报道,称其为"残暴的宣传",与第一次世界大战中所谓的协约国的"诽谤宣传"等同,并对其真实性进行了中伤。

纳粹并不只袭击犹太人和左翼成员。国家社会主义(NS)组织的目标还包括联合政府的伙伴,即保守的德国国家人民党成员。1933年3月和4月,德国全国的市长们被冲锋队领导人强行取代,纳粹组织还经常对其保守党盟友发出人身暴力威胁。冲锋队和德国国家准军事组织之间也进行了多次激战,激战中保守派通常数量远远不及冲锋队,输得很惨,受伤严重,如牙齿脱落、头部受伤和偶尔的枪伤。即使是著名的保守派政治家也未能幸免。德国全国工人运动领袖保罗·鲁弗(Paul Rüffer)被打倒在地,险些被从楼梯上扔下去。从心理上讲,这些攻击是有理由的,因为普通的冲锋队士兵对上层保守分子的怨恨日益加深。1933年春,全国社会主义运动表现为一场革命的、社会平等主义运动,致力于废除特权,实现社会公平,决心奖励生育,打破教育制度中的障碍,为应该得到帮助的农场男孩或年轻工人开辟道路。有人试图摧毁现有的等级制度,例如在奥斯纳布鲁克法院设立了一个申诉办公室,经常得到纳粹同情的中低层官员在那里可以投诉上级,而上级往往是和德国国家人民党关系密切的人。

国家社会主义对保守体制的厌恶具有明显的意识形态成分。这一点表现在他们在报纸上发表的文章、他们的演讲和小册子之中,针对已被社会承认的资产阶级(Bürgertum)。德国资产阶级被描述为优柔寡断的群体，应对1918年的大灾难负有责任（因为其成员未能与左翼革命抗争），还应对长期存在的阶级林立、充斥着骄傲自大心理的社会负责（因为这些东西剥夺了这个国家数百万最优秀的劳动人民对国家的忠诚，致使这些被疏远的劳动人民漂泊到国际社会主义阵营。相比之下，国家社会主义者则把他们的运动描绘成包罗万象的运动）。他们争辩道，未来所需要的是创造一个国家社会主义的"新人"，以确保他们的革命成果能够持久保存下去。这个新人，没有阶级的自负，充满了高尚的价值观：毫不利己，关心更广大的福祉，有"品格"，诚实，有"境界"，以及最具讽刺意味的是，"随时准备拯救他人"将会及时地取代资产阶级。实际上，他们几乎并没有采取什么具体措施，但1933年上半年主导国家社会主义运动和宣传的平等主义论调，成功地在民众对政权的看法上留下了印记。这种人人平等的诉求在很大程度上解释了当时该政权为何备受欢迎。

诱惑力

除了用暴力引起恐惧、从而扼杀潜在的反对派并使怀疑者就范之外，该政权还有它的诱人之处，即那些所有阶层的德国爱国人士普遍认为它拥有能使人民的生活比共和国时期有明显改善的积极因素。首先，许多人确信这个国家已经被从共产主义的致命危险中解救出来了——这种危险所带来的威胁，在当时看起来已经足够真实地存在着。不到15年前，数十万俄罗斯难民在穿越欧洲的途中涌入德国，他们讲述了共产主义统治的残酷和可怕的暴行故事；而现在，这个陌生的东方庞然大物从此永久地体现了共产主义统治的残酷和暴行。早在1932年11月，近600万德国人投了共产党的票，当时共产党是国会中的第三大党。德国经济大萧条带来的生灵涂炭极其令人沮丧的贫困氛围，听天由命的痛苦，以及接近40%的失业率，为这种恐惧提供了令人信服的背景。

然后新缔造的民族社区（Volksgemeinschaft）令人振奋，让人想起1914年8月国内的团结精神。当时在敌人的汪洋大海面前，三军已经关闭。在4月4日对美国听众发表广播讲话时，并不是现政权的支持者的新教主教奥托·迪贝柳斯（Otto Dibelius）说："今天，德意志帝国团结在了一起，紧紧地团结在一起，这是我们历史上前所未有的。"这一消息中流露出的充足的力量和自信，溢于言表，而这些成就被认为是国家社会主义带来的。该运动及其领导人因为振兴国家，并因其决心在必要时与战争时期的西方敌人进行斗争，从而捍卫国家而获得了赞誉——魏玛共和国政府显然缺乏这种决心。该政权早期的宣传巧妙地强调了建立一个内部团结并实现复兴的国家，后来反而成为加速德国政党的分裂和灭亡的因素，原因是它认为多个政党只不过是实现国家统一意愿这一道路上的障碍。

与推动实现一党制的运动自然连接在一起的是，人们普遍感激德国再次拥有强大的国家政府。在德国人看来，这将结束国家利益被出卖的局面。4月底，梅克伦堡（Mecklenburg）的新教主教海因里希·冯·伦托夫（Heinrich von Rendtorff）在一次教会领袖会议上捕捉到了这种普遍的感觉，当时他如释重负地谈道，在德国终于有了一个"奥布里基特"（Obrigkeit），这个词意味着一个强大而果断的政府，德国民众应该对此心存感激，它偶尔的革命的"过激行为"应该被忽略。

没有一件事比1933年3月21日，即所谓的波茨坦纪念日更能让保守和有民族主义意识的德国人接受这个政权。在波茨坦这个象征着普鲁士军事和政治传统的地方，国家社会主义通过巧妙的舞台设计成功地标榜自己与普鲁士的过去一脉相承。生机勃勃的新运动连贯流畅地融入了普鲁士的传统。在这一天要敬献花圈（兴登堡在腓特烈大帝的坟墓旁）、阅兵式（国防军、冲锋队、党卫队和钢盔队）和教堂礼拜（到处都是穿着制服的人），所有这些都旨在表明纳粹离开"魏玛精神"、转向被复兴的"波茨坦精神"。国会正式开幕，所选的这一天恰恰是1871年德意志帝国第一届议会开幕的日子——3月21日。

新当选国会（共产党和社会民主主义者除外）代表中的大多数人、军事领导人、前王储（为皇帝留了一把庄严的空位扶手椅）、外交使团、纳粹领导人和希特勒，都出席了这场华而不实的盛会。希特勒穿着显眼的平民燕尾服，恭敬地向老陆军元帅致敬。元帅体现了该事件所唤起的品质，简朴、严肃、庄重和秩序。在波茨坦，国家社会主义者给人的印象是被驯服了，这显然证明了老精英们的算盘：驯服希特勒的企图最终成功了。新教教会的领导人尤其使人印象深刻，他们在内部备忘录中一再强调，波茨坦纪念日是使他们相信国家社会主义总体上将对德国的未来产生有益影响的关键事件。

波茨坦事件引发的广泛热情为引入修改宪法的《授权法案》（*Enabling Act*，3月23日）开辟了道路，该法案以议会三分之二的多数通过，并将赋予希特勒政府在四年任期内立法和与外国缔结条约的权力，而无须和帝国议院（The Reichstag）、帝国众议院（Reichsrat）或总统商议。该法案在最后时刻试图增加一项修正案，以保障公民和政治自由，从而削弱希特勒即将获得的权力，结果无疾而终。中间派、巴伐利亚人民党，还有两个自由党以及纳粹党和德国国家人民党的赞成票，确保了该法案顺利通过；出席的社会民主党代表一共94名（之前20多名已经被捕或逃离德国）全部投了反对票。柏林克罗尔歌剧院内外（就在烧毁的国会大楼的正对面）聚集着数百名气势汹汹、面带嘲笑和奸笑的冲锋队士兵，尽管有外国外交官在场，但他们还是营造了一个充满威胁和胁迫的气氛。

为什么一些反对国家社会主义的政党投票支持《授权法案》？中间派的代表和自由党后来为他们的赞成票辩解道，不接受只会导致纳粹进一步的暴力和流血。促使天主教中心和自由党代表投票赞成该法案的一个强有力的因素是3月下半月大众要求接受该法案的情绪。毕竟《授权法案》只是正式批准了一个已经存在的政治现实，因为"自下而上的党的革命"已经彻底改变了最高层的权力。二战后不久，当人们仍然对1933年春天的激情记忆犹新时，一些中间派和自由派代表承认了公众舆论施加的无形压力,并坦率地宣布"人民已经厌倦了国会各党派之间的争吵"。他们辩称,他们从未因投票支持《授权法案》而受到批评;事实上,他们以前从未"经历过这种如此招摇的表示同意的行为"。

希特勒在讨论《授权法案》时宣布,他打算尊重教会的地位,他在基督教中看到了"我国人民伦理道德生活的不可动摇的基础",这使他的政权更加巩固。3月28日,天主教主教宣布,他们以前的立场发生了翻天覆地的变化,他们以前对国家社会主义运动的警告和反对现在已经没有必要。该月底,《州与帝国协调预备法》(Preliminary Law for the Co-Ordination of the Lander with the Reich)颁布,该法律将各政党在州议会的力量分别进行了调整,以符合3月5日的选举结果。当时柏林的联合政府在全国各地都占据了主导地位。4月7日,该法得到了《帝国总督法》(Reichsstatthaltergesetz)的进一步补充,规定了任命州长的权力,而州长的任务是使州的政策与中央政府的政策相一致。希特勒这样大笔一挥,就废除了具有百年历史的各州的权利和特权,也废除了在德国历史上根深蒂固的联邦原则。在希特勒继承总理一周年的纪念日上,《州与帝国协调预备法》彻底废除了州议会,联邦制被彻底埋葬。各州被降格,主权被移交给帝国,仅仅作为一级行政单位,类似法国的部委(尽管比法国的部委大)。从现在到第三帝国垮台,德国将是一个高度集权的国家。然而,这并不是事态发展到行政混乱以及平民、政党和党卫军官僚机构职能重叠的前奏。

因此,在许多方面,3月都是决定性的月份。3月5日以后,国家社会主义一路凯歌,接管了各州,镇压了左派,举办了波茨坦纪念日,最后通过了《授权法案》。3月,民众对现政权的态度也发生了重大变化。虽然有些人是被恐惧吓呆了,认为抵抗是徒劳的,但当时大多数人似乎真心对在一个更加奉行平等主义的社会拥有更美好的未来的承诺满腔热忱,这种感觉一度被弗里茨·斯特恩(Fritz Stern)称为"国家社会主义的诱惑"。诱惑是一个恰当的概念,因为在某些情况下,特别是在对德国和外国犹太人肆无忌惮的施暴和对左翼的残酷镇压中,希特勒及其运动已经闪现出这一承诺危险的迹象,也预示了等待德国和欧洲的将会是什么。

抵制、审查和舆论一律(Gleichschaltung)

德国的反犹风暴引发了西方媒体的抗议,英国上议院提出了质询,英国和美国爆发了游行示威,坎特伯雷大主教也发起了抗议。持续不断的反犹暴行引发了1933年春季的抵制德货运动,导致德国的商品出口量急剧下降。汉堡商人们在5月4日给商会的一封信中描绘了抵制德货影响下的残酷画面:北非、叙利亚、巴勒斯坦、南非、西班牙和中东部欧洲,从波兰到捷克斯洛伐克和罗马尼亚,以及法国、比利时、英国和美国,都受到了反德情绪的影响。在许多地方,德国旅行推销员不再被接待,德国商品被退回。7月,德国旅游统计数据显示,与1931年相比,德国几乎损失了一半的外国游客。很明显,这个国家已经丧失了魏玛政府和古斯塔夫·斯特雷斯曼的外交政策辛苦建立起来的信任和声誉。

为了回应外国的反应,希特勒决定让德国犹太人对国外的抗议活动负责,发起了全国性的抵制活动。与同时代者和后来的历史学家的评价相反,4月1日及其之前的日子仍然很不平静。档案中列举了许多绑架事件、受害者在生命和肢体受到威胁的情况下被迫移民,受到勒索、殴打和其他形式的羞辱。在国内,外国抗议活动遇到了几乎团结一致的国内阵线的抵抗,与1914年关闭军队的做法如出一辙。德国当局和以赫尔曼·戈林为首的纳粹政客强烈否认虐待指控,并声称"革命"是以堪称楷模的方式进行的。即使是那些可以自由发声的组织,比如拥有近4000万信徒的新教教会,也支持政府,声称外国的批评只是另一场反德国运动,这让人想起了第一次世界大战宣传中各种捏造的谎言。用第一次世界大战的"恐怖宣传"来平衡外国的批评,也主导了接受全面审查的德国媒体的报道。在上文提到的4月4日对美国听众发表的广播讲话中，后来勇敢反抗了纳粹政权的著名新教主教、非纳粹人士奥托·迪贝留斯（Otto Dibelius），将这种抵制行动描述为纯粹的防御措施。他承认这个政权曾经有过失，但它把德国从布尔什维克主义中拯救出来，而且根据虚假报道："全世界的犹太人社区现在已经在几个国家开始了反对德国的运动。"迪贝留斯并不是唯一在反对纳粹主义的同时又怀有很强的反犹主义的保守派领导人。

反犹主义风暴持续到春天，直到夏天才逐渐减弱，随后在4月通过了一系列反犹主义法律。首先通过《雅利安条款》（Aryan clause）将德国犹太人排除在公务员制度之外（任何祖父母是犹太人的人都被排除在外），然后禁止他们从事法律工作，不能在法院担任法官和检察官。犹太医生被禁止参加健康保险机构，对相关人士来说，这很可能是经济末日。4月25日，对犹太大学和完全中学（Gymnasium）[1]的学生实行了严格的配额制度，这一限制可能使其无法获得在德国上大学所必需的完中文凭（Abitur）。在兴登堡的干预下，立法进行了修改，使那些在第一次世界大战中积极参与德国一方的作战、其子女或父亲在战斗中阵亡的德国犹太人和那些在1914年8月1日已经就职的人获得暂时缓刑。与国家社会主义者认为德国犹太人避开了前线服务的说法相反，60%以上的犹太律师仍然留任，这一事实证明了他们为德国提供了积极的战时服务。

对反犹暴力、抵制和4月立法的反应是不祥的预兆。那些在那之前一直支持56.8万的犹太少数群体（根据1925年的人口普查数据）的德国政党因自身的问题焦头烂额，例如，自由左翼德国民主党（DDP）和社会民主党（SPD）要么被削弱到无足轻重，要么经历了内部变革——就像德国民

---

[1] 译者注：关于Gymnasium的译法，需要结合德国的教育体制。德国"小学"4年，之后的"中学"分三类：5年、6年、9年的，没有初中高中之分。9年的叫"Gymnasium"。中国参照的是美国六、三、三（小学、初中、高中）学制，因此有人认为，德国前两种学制仅有共9年或10年，相当于我们的小学加初中；第三种学制（"小学"加Gymnasium）共13年，就把它的最后文凭（Abitur）称为"高中文凭"，进而称"Gymnasium"为"高中"。有鉴于此，更适合的译法是，Gymnasium是完全中学，Abitur是完全中学文凭或完中文凭。

主党（DDP）在转变为国家党（Staatspartei）时的情况一样。在1933年春天，社会民主党为它的现实生存而奋战，因此，无法指望他们提供任何帮助。希特勒的联盟伙伴，德国国家人民党，比其他人有更多的回旋余地和言论自由，但由于其过去也有反犹主义色彩，他们也不太可能提供什么帮助。德国军队中只有几十名犹太军官和士兵，军队领导人也表示对这一问题不感兴趣。战后，当被问及他们不喜欢国家社会主义的原因时，几十位高级将领中只有两位提到了"种族问题"。军队的主要政治人物，战争部长沃纳·冯·布隆伯格和他的参谋总长沃尔特·冯·莱彻诺（Walter von Reichenau），急切地想讨好政府当局，与其建立良好的关系——因为政府承诺向军队提供的东西比魏玛历届政府提供的都要多。1933年6月布隆伯格在高级官员面前宣布，军队不能无视《雅利安条款》，8月7日国防军的成员被禁止与"非雅利安人"结婚；1934年2月，《雅利安条款》被引入了国防军。

　　自从外国的大使馆和领事馆不断地提交受到冲锋队攻击的外国犹太人提出的申诉以来，帝国和政府官僚机构都对反犹攻击再熟悉不过了。因此柏林内政部的官员和各州的部长们都很清楚发生了什么。从他们部门间的通信表明，官员们发现，按照规定与犯罪者结成民族团结的大局，但当这个大局和他们自己的是非观念之间发生冲突时，以国家利益为重的理由占了上风。在给外国外交使团的报告中，官员们对袭击轻描淡写，歪曲真相，为袭击者找到了各种借口和开脱的理由，不惜一切来解释对犹太人的侵害并使之合理化。为了弱化犯罪者的罪行，受害者往往被控告莫须有的罪名，一位名叫伍珀塔尔（Wuppertal）的牙医和一位名叫威斯巴登（Wiesbaden）的乳业商人被谋杀，原因是他们被指称为"共产主义者"；一名富裕的波兰商人被殴打，原因是他是一位"有名的共产主义者"；另一名受害者则是因为他大喊"所有德国人都是猪猡"。然而一个人被六个全副武装的冲锋队队员包围着的情况下，是不可能说出这种话的。当其他借口用尽时，报告里偶尔会说，袭击发生在"国家最兴奋的时候"。总之，反犹攻击的受害者不可能指望得到官僚机构的帮助。官僚们的报告给读者留下的印象是，袭击事件的责任在于受害者。

在抵制活动的前一天，布雷斯劳（Breslau）天主教大主教阿道夫·贝特拉姆（Adolf Bertram）——也是德国的五位大主教中最德高望重的人（primus inter pares）——问他的同僚，插手政府的事务是否合适。贝特拉姆明确表示，他本人认为不合适，因为这一举措可以被视为"干涉与教会无关的领域"；他断言这一举措可能不会成功，实际上纸里包不住火，还可能会损害教会，"而且整个德国肯定会把这件事情往最糟糕的方面理解"。最后他提到，在过去，"当不同国家的天主教徒受到迫害时，以犹太人主导的媒体不也是一直保持沉默吗？"对于这个问题，阿道夫·贝特拉姆显然疑虑重重，面对这种情况，其他大主教都达成一致意见，天主教会应保持沉默。

新教教会的回应则更进了一步，不但否认发生了大量袭击事件，实际上还支持这些法律措施。4月26日教会领导人开会讨论这一问题时，与会者强调犹太人完全垄断了某些职业，因此教会官员发现自己无法反对"依法解决这一问题"。新教最高执行委员会主席赫尔曼·卡普勒（Hermann Kapler）坚持认为，鉴于犹太人自1918年以来取得的进步，国家采取保护措施是"理所应当的"。还有，新教教会明显地对国家政府感到心满意足并且害怕疏远新主人，仅凭谨慎这一点，就必须保持沉默。

政党、军队、官僚机构和教会的领导人都非常清楚发生了什么。出于各种动机他们做出相应的反应，其中包括国防军将军们的漠不关心，教会的谨慎恐惧和公然反犹主义，以及心甘情愿与官僚机构沆瀣一气，各种动机混合在一起，正是1933年很大一部分德国社会的特色。

除了2月4日颁布的法令开始了对新闻界的审查之外，钳制公开和半公开的言论也早早就开始了。在《三月授权法案》签署两天前，兴登堡签署了《背信弃义法令》（Perfidy Ordinance，有时也被称为《恶意法令》）。根据该法令，"明显歪曲真相的断言"可能会诋毁"该帝国的福祉或政府、国家社会党或其组织的名声",可以被判处两年监禁。该法令开放性的措辞允许任何形式的解释。即使是只谈事实,如果有批评该政权的迹象,也可能遭到起诉。该法令是一种有效的镇压手段,因为即使无害的政治对话也可能招来致命后果。仅在1933年,就有3744项违反法令的行为在特别法庭受到起诉——这样就无法对它们提出上诉。即使是"非公开恶意言论"也可能受到惩罚。因此《背信弃义法令》激发了人性中最糟糕的一面。它助长了恶意指控,挑起不信任,迫使每个人都不合人情地保密和谨小慎微地生活,从而造成人际关系的障碍,而这种障碍在独裁统治消亡很久后还依然存在。纳粹德国的生活中总是充斥着一种强烈的恐惧心理,人人自危,唯恐自己多说了一个字。

1933年春,在高度紧张的气氛中,大多数谈话本身都是政治性的。该法令也抑制了社会交往,改变了社交模式。出于自我保护的原因,那些了解谈话内容的人很可能会被迫报告"可能对国家有害的评论",因为沉默可能意味着共谋。威廉·S.艾伦(William S. Allen)在对北部小镇诺特海姆(Northeim)的研究中提到了一位名叫库诺·鲁曼(Kuno Ruhmann)的医生的例子,他在一次晚会上喝了太多酒,就模仿希特勒的讲话方式逗在场的客人开心。第二天早上,他的女房东把他报告给了镇上的纳粹总部。正如艾伦所写到的,这一消息迅速传播开来,社交生活急剧减少,因为人们意识到他们不能再相信任何人。

对该法令的随意解释也为当局提供了机会,将敌视纳粹政权的团体,如共产主义者、社会民主主义者和犹太人作为攻击目标。引人注目的是,同样的违法行为,犹太人比非犹太人受到更严厉的惩罚。在德国南部凯尔(Kehl)附近的村庄里有一位犹太老年店主米娜·布洛赫(Minna Bloch),因告诉她的清洁女工(1933年5月)她不明白希特勒为什么对犹太人如此恶劣,尤其是他本人有犹太背景——结果被判处6个月监禁。尽管布洛赫的心脏很不好,经常疾病缠身,而且她的兄弟在第一次世界大战中为德国战死沙场,但检察官拒绝了任何对她宽大处理的请求。无独有偶，1933年4月，来自黑森州弗兰肯堡（Frankenberg in Hesse）的牲畜经销商迈尔·布赫海姆（Meier Buchheim）也遇到了麻烦。他曾在与鞋匠的一次谈话中提到"各种犹太人被绞死在莱茵兰普法尔茨"（Rheinpfalz）。由于在沃姆斯（Worms）周围地区发生了多次暴力反犹袭击事件，布赫海姆的说法是与事实相符的。而且他曾在第一次世界大战中为德国作战甚至受伤，作为一种可以减轻处罚的条件被提出来过，但并没有改变8个月监禁的严厉判决。法院认为布赫海姆的观点损害了"德意志帝国的福祉"，因为它暗示"德意志帝国目前处于无法无天的状态，而当局没有采取应对措施"。

非犹太裔被告的情况就好很多。当失业的新教徒装修师威廉·迪茨（Wilhelm Dietz）被指控时，他得到了宽大处理。迪茨曾讲过吉森（Giessen）地区袭击犹太人的事，其中包括游街示众和其他羞辱性的恶劣行径。尽管他的妻子证实了指控的内容是真实的，但他还是被无罪释放了。1933年6月，来自法兰克福的女裁缝卡塔琳娜·沃尔夫（Katharina Wolff）在她的美发院里讲述了一件事：在慕尼黑，一名犹太人被杀，另一个人受了重伤，德国国会大厦（Reichstag）是被纳粹自己纵火焚烧的，还有其他一些有损政府声誉的言论，但她以相对轻微的四个月刑期逃脱了严厉惩罚。

在1933年4月22日成为普鲁士州长的戈林，于6月22日通过了一项法令：反对所谓的悲惨论调（Miesmachertum，由危言耸听者、抱怨者和发牢骚者引起的悲观情绪），该法令专门针对在部委和其他政府部门工作的官员和雇员。因此，宣称对政府的措施怀有不满、失败主义和绝望情绪的，明确被视为"马克思主义煽动宣传的延续"；而抱怨者则被认为是纳粹政权的马克思主义敌人，并据此予以处理。与之相反的是公务员，特别是上层公务员将受到教育，以便按照7月15日内务部长弗里克颁布的国家社会主义原则行事。

与此同时，文学和小说也像口头言论一样遭到无情的彻底审查。5月

10日，在爱国旋律和军事游行等声音的包围下，柏林和其他大学城的书籍被烧毁。在这场反对"非德国精神"的游行示威之前，就已对公共阅览室和外借图书馆[1]进行了清洗。在焚书之后的几天和几周里，更多当代作家被列入了不受欢迎和被禁作家的名单。由于担心他们的书在第三帝国里卖不出去，一些作家克制住自己对该政权的批评，例如托马斯·曼（Thomas Mann）一直拖到1936年。

据称，那些被付之一炬的书的作者违反了"德国精神"。被视为危害到德国实力和战斗精神内在本质的，属于违反"德国精神"这一范畴的包括：任何可能触犯传统道德标准的、贬低德国伟人的、通过对战争所有肮脏和苦难的真实描述来玷污一战英雄记忆的，或暴露出对德国历史和政治持怀疑和探究态度的。犯法的作者包括社会主义者，如卡尔·考茨基（Karl Kautsky）、海因里希·曼（Heinrich Mann）和库尔特·图科尔斯基（Kurt Tucholsky），以及传记畅销书作家埃米尔·路德维希（Emil Ludwig）、小说家埃里希-玛丽亚·雷马克（Erich-Maria Remarque）、《柏林日报》（*The Berliner Tageblattt*）著名主编西奥多·沃尔夫（Theodor Wolff）、评论家阿尔弗雷德·克尔（Alfred Kerr）和西格蒙德·弗洛伊德（Sigmund Freud）。这些批评、审视和讽刺的声音中有许多是犹太人。

不久，焚书和审查变成自我审查，为了不让非法书籍被窥探到，就把它们转移到第二排的书柜上并藏于那些能被该政权容忍的作者的书后。同样，出于自我保护的原因，人们主动迅速地筛选和删除他们的口头和书面言论，因为正如历史学家所证明的那样，那些找上门的谴责非常之多。

国家社会主义革命的中心部分是"舆论一律"（一个模糊的，不可翻译的术语，由纳粹挪用），字面意义是协调，从工会、专业协会、手工艺行会和公务员组织，到零售商人协会，再到体育和休闲俱乐部，所有

---

[1] 书籍可以外借的图书馆。——译者注

社会组织齐头并进,步调一致。最终,甚至连右翼学生击剑协会也被禁止了。在安抚性地将劳动节提升为全国性节日之后,工会于5月2日被禁止,并与白领工会一道最终被迫加入新成立的德国劳工阵线。之前的专业团体被吸收到现有的国家社会主义组织中,如国家社会主义医生联盟,而在以前没有国家社会主义组织的地方,纳粹党员肯定总是会在执行委员会中占大多数,接管领导权。在德国北部小镇诺特海姆,如同帝国的其他地方为类似功能,如为体育活动服务的俱乐部和协会,都被混在一起并进行了合并。例如,在诺特海姆,十几个体育俱乐部被压缩为一个。

社会和业余爱好的俱乐部,例如合唱社团,经常反映出城镇的阶级结构,因为这里分别有工人、中产阶级和上层社会的歌唱社团。将众多的俱乐部打散并重新融合在一起,也是对阶级林立的德国社会的一种打击,因为资产阶级的俱乐部被迫为减少社会差异这一受欢迎的目的服务,放弃其特权。在新德国,社会地位应该是无关紧要的。1933年春季,所有纳粹组织都大声宣称要实现这一目标。作为"协调"的结果,到1933年夏,各种独立的社会团体,甚至象棋俱乐部和集邮社都已经不复存在。那时每当人们聚集在协会、社团和组织中时,党员也将会在场。从政府的角度来看,这不仅意味着德国人现在不再能够在公共领域联合起来了,消除了传播不满情绪的机会,还加强了对人民的控制和监视,并为灌输思想提供了基准体系。之后专业人士和其他机构频繁组织的"教学之夜"(instruction evenings)很快就说明这一点。

从那时开始,迫使公民成为当时基本上属于纳粹性质的组织的成员,从而获得大众的支持,仅仅是一小步。加入新的纳粹团体,不管是商业行会还是专业协会,并不总是强制性的,尽管证明自己是"人民的好同志"的潜在社会压力使人很难置身事外,特别是在经济生存受到威胁的情况下。在1993年3月至夏末之间进行的这一巨大的社会结构改革进程一旦完成,就消灭了任何有组织的抵抗的可能性。在对纳粹政权的宣传中,表明了当时舆论一律新赢得的国家团结和焕发出的活力。

革命的终结

在希特勒就任总理仅仅5个月后,1933年7月6日,他便宣布革命不应该是永久性的,而应逐渐转变为一种"演变"。宣布这一消息的目的是为了终止冲锋队对银行,私营企业和行政办公室的"革命性"的干预。7月14日,《禁止(政治)党派成立法》使一党专政合法化,所有其他政党都在6月22日至7月5日期间被取缔或解散。这些措施,连同一系列旨在巩固该政权的相关立法,例如使丧失公民身份合法化,没收该政权的假定敌人和真正敌人的财产,以及强制德国超过两百万的公务员行纳粹致敬礼,一起使纳粹夺权的第一个阶段成功收官。

7月,希特勒和他的政府受欢迎的程度达到了第一个高峰,一切似乎都朝着利于纳粹的方向发展,就连教会似乎也要顺从了。7月20日,天主教会的任何潜在抵抗都被第三帝国和梵蒂冈之间的宗教协定所压制,纳粹政权承诺保证天主教文化和慈善组织的完整、天主教自由行使宗教权力和信仰自由。作为回报,梵蒂冈承诺教会将避免任何形式的政治介入。三天后,希特勒推举的竞选德国新教教会领袖的候选人路德维希·穆勒(Ludwig Muller)在当天的教会选举中取得了胜利,并当选为尚未成立的联合新教教会的领袖。虽然统一新教教会的计划被证明是难以实现的,在年底前,希特勒建立一个遍及全国的统一新教教会的计划明显落空了,但这次选举标志着希特勒又一次惊人的成功。到了1933年仲夏,国内反对派似乎完全被制伏了。

民主政府已被废除,政治左派以及其他纳粹的反对者都被如此成功地镇压下去,以至于连保守派都小心翼翼地不敢公开反对纳粹的措施。社会上所有独立的组织要么已经被解散,要么已经被迫"与当前流行的政治潮流保持一致"。自宗教改革以来,具有百年历史,已成为德语地区的中欧特征的联邦制,让位给一个以柏林为中心统治的中央集权政府。过去不管是民主制度还是其他制度,都在自1913年8月初以来从未出现过的民族狂热和无比兴奋的高昂情绪中被急切地、热情地彻底摧毁、瓦解和抛弃了。与1914年一样，1933年给人的感觉是那种根深蒂固的寄予厚望，但结果证明在现实中无以维系。到那年秋天，全国人民的热情和激情普遍被流行的宿醉所取代。尽管如此，国家社会主义的"诱惑"依然深入人心。在1933年6月，就连托马斯·曼都揣测"这场德国运动的核心可能是正确的"，后来被现政权处决的社会民主党领导人朱利叶斯·莱伯（Julius Leber）也在冥想国家社会主义的"伟大实验"，"缓解数百万德国人的存在焦虑"。大多数对这个政权持赞同态度的知识分子选择留在这个国家，其中包括演员和导演古斯塔夫·格伦德根斯（Gustav Gründgens）、海因里希·乔治（Heinrich George）和埃米尔·詹宁斯（Emil Jannings）；音乐界的知名人物包括理查德·施特劳斯（Richard Strauss）和威廉·富特威格勒（Wilhelm Furtwiingler）；剧作家格哈特·豪普特曼（Gerhart Hauptmann）和哲学家马丁·海德格尔（Martin Heidegger）。但并不是所有人都同等程度地热衷于新的信条，在某些情况下，对纳粹主义的逢场作戏是短暂的，例如海德格尔和卡尔·施密特（Carl Schmitt）。所有人都错误地判断和一场根本上反知识分子的运动结成联盟的后果，从而不得不咽下妥协和屈辱。但是他们决定留下来，尽管他们足够有名，且移民是可行的选择。

那些不得不离开的人中包括最精英的德国科学家。正如汉斯·乌尔里希·塔默（Hans Ulrich Thamer）曾经指出的那样，1933年以前，十几位诺贝尔奖得主住在柏林-达勒姆（Berlin-Dahlem），位于威廉皇帝公会（Wilhelm Gesell Schaft）的研究所周围一平方英里的土地上。但一年后德国遭遇了人才外流，而这个国家再也没能从这场人才外流中恢复过来。这批流亡海外的移民中几乎四分之一来自大学和研究机构，其中包括德国著名的犹太科学家，如阿尔伯特·爱因斯坦、弗里茨·哈伯（Fritz Haber）、詹姆斯·弗兰克（James Franck）、马克斯·伯恩（Max Born）和奥托·斯特恩（Otto Stern）。此外，移民还包括许多德国人文社会界最具创造力的科学家和学者。尽管一些人在二战后从他们所流亡的国家（主要是美国）回国。但随着他们的离去，德国的大学自19世纪30年代以来所享有的卓越地位将永远消失。1932年，德国出版了4703份日报和周报，比其他任何国家都多，但到1933年底，作为工业化国家中识字率最高的国家和人均报纸密度最高的国家，德国损失了三分之一以上的报纸。在许多方面，希特勒的统治一开始就已经意味着德国传统的终结。

因为被寄予厚望的决定性变化并没有实现，革命期间的那几个月极度亢奋的状态和振奋人心的期望一旦过去，幻灭感就会大规模地出现。这往往是由于经济因素、食品价格的上涨没有与相应的工资上涨相匹配，在短期创造就业方案（通常是建筑业）取得第一波成功之后，在1933年和1934年的冬季，建筑活动陷入停顿，对失业挥之不去的恐惧重新燃起，第一次挫折到来了。尽管纳粹政权通过积极的、不停歇的宣传活动和征召义务"劳动服务"，尽力向每个人保证就业是其议程上的首要问题，但在1934年的冬季和次年早春，就业情况似乎停滞不前。小手工艺品商店的老板们很不高兴，因为与早先的承诺相反，政府没有关闭百货商店。农民们也在《国家世袭农庄法》（*the Reichserbhofgesetz*）强加给他们的各种束缚下感到痛苦不堪。1933年9月底通过的该法规定，面积在7.5至125公顷之间的耕地，传给下一个继承人时不得分割继承、不得抵押——这严重限制了农民的经济自由和流动。不仅是工匠、工人和农民有理由感到不满，家庭主妇们还抱怨从肉类到奶制品，许多食品都供应不足。国家社会主义组织在经济（管理）中矛盾、考虑欠周和破坏性的干预，常常被人们认为是在为人民供给必要品时出现障碍的原因。因此，对经济的不满具有明显的政治性。

胎死腹中的二次革命与政权的巩固

在期望值最高的地方，幻灭感也最强，说的就是纳粹冲锋队的普通士兵。随着1933年7月革命的宣告结束，冲锋队失去了它的职能。1933年夏秋期间，冲锋队领导人常常被从他们之前担任的银行、保险公司和行政办公室的职位上以"特别专员"或"特别全权代表"的名义撤职。因此在国家社会主义运动历史上最成功的一年结束时，冲锋队的普通士兵往往空手而归，没有得到任何东西来证明他们为"奋斗的岁月"所做出的牺牲。

1933年5月1日，纳粹党在经历了前所未有的170万左右的新党员涌入后，对新来者关闭了大门。新成员中的许多人在1933年3月和4月的重大事件中发现，在内心深处他们一直是国家社会主义者。相比之下，冲锋队则保持开放，在1934年的头几个月里，其队员数量突破了300万大关。在他们的队伍中，1933年春天席卷整个运动的革命平均主义和吵吵嚷嚷的反资本主义继续存在。与之相关的还有对二次革命喧闹嘈杂的讨论，似乎越发来势凶猛、越发真诚，因为它根源于对现实的沮丧和被辜负了的希望。1934年春，二次革命的威胁看起来很危险，特别是当时民众的不满与国际形势的不稳定同时发生。国防军的高级军官们对冲锋队领导人恩斯特·罗姆（Ernst Rohm）宣称的，在冲锋队的基础上建立一支棕色民兵，并将"国防军的灰色岩石淹没在棕色洪水中"的计划感到担忧。希特勒强烈反对罗姆的计划，因为他需要利用专业军队的专业知识和技术来实现自己的外交政策目标。他很早就表示，任何二次革命的尝试都将"淹没在鲜血中"。

事情终于到了紧要关头。来自长期被称为"帝国投诉办公室"（Reich Conflicts Office）的帕彭副总理官署内部的公开批评，汇入了冲锋队慢慢酝酿的不满情绪。1934年6月17日，帕彭在马尔堡大学（Marburg University）的一次演讲中对政府的攻击，最终迫使本不情愿动手的希特勒采取了行动。希特勒与党卫军的莱因哈德·海德里希和海因里希·希姆莱，以及罗姆在党领导层中的老对手赫尔曼·戈林和约瑟夫·戈培尔在后勤和串通一气的陆军领导层的支持下，准备了最后的镇压。罗姆于6月25日被德国军官帝国协会（the Reich Association of German Officers）开除，他不应该对此感到惊讶。6月30日星期六上午，愤怒的希特勒带着武装警察和党卫军人员将他逮捕。在接下来的几天里，罗姆和其他几十名冲锋队领导人都被连珠炮式地击毙。与此同时，希特勒趁机摆脱了宿敌，比如巴伐利亚州政府专员古斯塔夫·冯·卡尔，他于1923年11月因为啤酒馆政变惹恼了希特勒，还有他的前副司令格里格·斯特拉瑟，以及他在总理办公室的前任库尔特·冯·施莱彻和施莱彻的亲密助手冯·布雷多（von Bredow）将军。施莱彻和斯特拉瑟被指控与罗姆串通密谋反对政府。与此同时，帕彭周围的保守派反对派也被消灭了。撰写了帕彭讲话的埃德加·荣格（Edgar Jung）、为其撰稿的埃里希·克劳斯纳（Erich Klausner），以及帕彭的参谋长赫伯特·冯·博斯（Herbert von Bose）皆被枪杀，而帕彭本人则先是被软禁，然后被派往奥地利担任特使，后来又担任大使。1934年7月3日的一项法律将针对罗姆的诉讼定为国家自卫行为（Staatsnotwehr）。在常被称为"长刀之夜"的事件中，近100人丧生。在这个时候，希特勒露出了真面目，恰好符合剧作家贝特霍尔德·布莱希特（Berthold Brecht）对他的描述：一个强盗团伙的头目。

这种针对冲锋队二次革命的威胁和来自保守阵营的批评的双重目标而发起的攻击，先发制人，巩固了纳粹政权。希特勒心甘情愿地承担了处决罗姆和其他冲锋队领导人的全部责任，因为他是"德国人民的最高仲裁者"，他很清楚针对冲锋队的行动将得到很大一部分人的强烈支持，这些人长期以来一直受到无法无天的冲锋队暴徒的折磨。虽然杀害荣格、克劳斯纳和其他与之没有直接关系的人遭到了公众谴责，但陆军（与清洗有牵连，并从中获利）和教会都没有提出抗议。8月1日，总理和总统的办公室合并一处；8月2日，久病缠身的兴登堡离世；同一天，军队向希特勒本人宣誓——希特勒作为"元首和总理"的权力现已完全制度化了。这些政治变革在1934年8月19日举行的公民投票中获得了接近90%的赞成票。纳粹政权已经度过了最初的不稳定阶段,现在已经大权在握、稳操胜券了。

| 第三章 |

选举、公民投票与节日

海德薇·里克特（Hedwig Richter）
拉尔夫·杰森（Ralph Jessen）

纳粹组织在1936年举行了春季选举，其场面甚为壮观，是一场盛大的活动。3月29日（星期日），德国举国上下似乎都在户外奔走、欢呼、庆祝，当然也包括投票。白天，两艘齐柏林飞艇（Zeppelins）飞过帝国上空并抛撒传单，上写："投票给元首。"到了黎明时分，"从东方飞来"的这两艘飞艇抵达莱茵兰。早在几周前，帝国就应该通过这样的选举使莱茵兰的军事化合法化。飞艇上的一名电台记者描述称，飞艇飞过"古老的帝国之城"亚琛（Aachen）和科隆（Cologne）上空时，挂在降落伞上的国旗飘向地面。而下方，正是科布伦茨（Koblenz）的"德意志之角"（Deutsches Eck）纪念碑。当时，年轻人正在那里围成一个圆圈，并在中间摆出一个叉号造型，代表投票给希特勒。接着，飞艇来到法兰克福（Frankfurt），继续飞行，经过"一段高速公路，它就像一条白色丝带一样穿过美丽的风景"。飞艇上的气氛很轻松，机组人员都已投票：一切都做得合法合规。选举委员会成员握手宣誓就职；与此同时，为了确保投票的保密性，他们专门设了一间投票室和一个投票箱："这是有史以来第一次在地面与空中之间进行空中飞行投票。"

这些城镇在黑、白、红三色旗帜的海洋中闪耀着光芒。次日，报纸就报道了火炬游行、歌唱、焰火和游行活动。一位美国记者写道："帝国的每一支乐队都让柏林和其他中心喧嚣不断。"在柏林，民众一整天都聚集在帝国总理府前欢呼呐喊。戈培尔说："整个德国都沉浸在喜悦之中。"还有报纸报道称："在这喜庆的日子里，阳光普照德国人。"尽管所有人都认为投票率会达到95%，但令人惊讶的是，仍有众多选民在选票上画叉号反对"自由与和平的德国国会"。根据官方数据，投票率为99%，其中98.8%的人在选票上画了叉号，而他们只有这一个选择。只有50万选民没有这样做。

纳粹党的要员们很难重获出路，"国家已经崛起了"，戈培尔在他的日记中写道，"元首统一了国家，我们做梦也没想到会发生这样的事。我们都很茫然。"毫无疑问，纳粹的领导者们都筋疲力尽了。在这场疯狂的竞选活动中，他们大肆宣扬和平并赞扬德国莱茵兰军事化。就连其他国家也被吸引了。《纽约时报》刊登大量文章描述此次选举活动，还特别提到了齐柏林飞艇："对政府来说，那两艘巨大的飞艇形成的壮观场面，是象征一个拥有主权的强大民族的骄傲感的最好标志。"

纳粹为什么要举行这样的选举？选举不是从根本上违背了独裁的"领导原则"和独掌大权的要求吗？为什么即使是在独裁的背景下，他们还要冒险选举呢？1933年1月希特勒夺取政权后，德国先后举行了四次国会选举和五次全民公投。原因似乎显而易见，纳粹需要利用选举进行宣传，这与他们利用公众节日的目的一样：既可以作为盛况奇观调动民众，同时又能向国外的观察者传递信息。正如纳粹进行的群众庆祝活动一样，选举活动精心设计了各种典礼和仪式，目的是营造一种崇高的氛围，使民众从日常生活中解脱出来。

然而，对于纳粹专门通过选举来扩大宣传这一事实，仍需进一步的解释。因为，民众有理由认为这些事件的影响在于它们能提供一种全世界公认的合法形式。在大众和民主的时代，"人民"的参与和支持对于合法化而言不可或缺，并且没有哪种形式比这更合适了。如果反对派中绝大多数人持反对意见，他们如何为自己的反对意见提供正当理由？如果"阿道夫·希特勒的人民"支持他、拥护他，与他一道宣扬他们的和平愿景，那么英国、法国或国际联盟有什么理由反对希特勒呢？纳粹确实想要争取到每位选民的选票，而且如果认识不到纳粹党在动员选民方面的有效性，就无法理解它的成功。尽管事实确实如此，但将纳粹党的胜利主要归结于欺诈和操纵，或者归结于宣传机器都有失妥当。它基本上遵循了魏玛共和国的选举制度，所以保密措施（统一选票、投票室和投票箱）仍然正式有效。即便是放眼全世界，这些方法也被认为是合法选举的先决条件。

1933年7月14日通过的《公民投票法》，不仅是纳粹独裁政权的新发明，也是纳粹政权强有力的政治工具。《魏玛宪法》第73条已经设想到了公民投票的重要作用。然而，"领袖型国家"基本上消除了"制衡"机制。但根据《魏玛宪法》，公民或议会可以发起全民公决；而根据1933年7月通过的新法，只有"政府"才有这项权力。此外，在纳粹国家中，可以通过公民投票终止宪法或议会法令，这比在魏玛共和国容易得多。

如今，"第三帝国"的公民投票和选举研究经常被忽视，这是因为"民主合法性"处于独裁统治下这种逻辑似乎没有意义。一战之后，岌岌可危的民主国家受到了法西斯主义的威胁，甚至在某些情况下遭到摧毁。然而，并非只有英国、法国或美国才承认人民广泛参与的民主是一种古老的传统。纳粹极尽所能利用这种传统为自己提供民主合法性。1936年，流亡的社会民主党领导人在谈到德国的民主传统时称："这是一个伟大而智慧的国家……毕竟，它经历了一个多世纪的广泛自治……而新的统治者聪明地认识到他们必须提供民主传统的某种替代品。"

由上级操纵选举并非纳粹政权首创，自20世纪20年代起，类似情形在意大利和南美洲就已经存在了。从1937年开始，苏联也跨入"独裁民主国家"之列，其决定性因素是"人民"明确的支持。由此可见，选举不仅是一种正式的程序,而且通常是一种象征性的行为。选举的作用不仅在于选举一个人担任某个职务,它还被用于界定选民的作用,并强调社会秩序的合法性。如果选民默默地参与每一次选举活动,就表明他们认可现有的政治秩序。

为了探寻纳粹统治合法化中具体的"民主"和"公民投票"逻辑,接下来我们将更详细地剖析选举与节日。

独裁政权中的参与性传统

纳粹认为自己才是唯一真正的民主主义者,并对此毫不掩饰。他们敌视议会民主,认为自己才是国际主流的一部分。这不仅在极权主义国家如此,那些有着悠久议会传统的国家也是如此——在这些国家也很流行批判议会。然而,在20世纪,就像选举一样,也不可能轻易废除议会制度。事实上,一旦纳粹掌权,他们的目标可能不仅仅是像他们在1933年之前强硬要求的那样,仅仅废除议会和选举制度。他们有更大的野心,消除民主中的自由与竞争元素,从中移除所有"制衡"、解除对少数群体的保护、废除两院制以及对宪法的承诺。他们的愿景是实现"民众统治"——这是卢梭共识理论激进化版本。纳粹政权之所以选择这样做,是为了利用民主的阴暗面。因为,就民主本身而言,除了自由平等的开明统治之外,往往还包含着它的对立面,即煽动行为、民粹主义和多数人暴政的可能性。希特勒在1936年的一次竞选演讲中宣称:"我没有废除民主,而是简化了民主。因为我宣布我不是对47个政党负责,而是对德国人民负责。"

一般来说,纳粹主义并没有提出有关选举和公民投票重要性的一致理论。对投票的评估不仅在纳粹统治过程中发生了变化,而且也因相关人员和机构的不同而有所不同。因此,至少有一部分权力精英认为,1933年3月将是最后一次选举——这表明,政权在一次又一次的选举中是即兴发挥、没有任何的章程计划。"第三帝国"一流的法律理论家为"领袖型国家"的参与性合法化提供哲学理由：卡尔·施密特（Carl Schmitt）曾认为魏玛选举是"腐朽的"，主张彻底废除"以前那些无意义的投票残余"，否认权力更迭后的选举具有议会选举的特点。即使1933年3月5日的国会选举，"从法理事实上说"，也是一场公民投票，一场德国人民（承认）阿道夫·希特勒为政治领袖的公民投票。1939年，法律专家恩斯特·鲁道夫·胡伯（Ernst Rudolf Huber）宣称："让人民投票是为了加强元首对外的地位，也是为了清楚地展示民族团结。可是，正是元首在不断将国家的真正意志融合在一起。"因此，无论投票结果如何，希特勒都不受约束。官方的法律周刊称："人民的呼吁表明，德国领袖型国家是真正的民主形式，这与主导世界其他地区的多党制议会国家形成了鲜明的对比。"一位政府消息人士的声明强调了选举的重要性，称国家不应该"只是简单地发表评论"，人民的决定应代表一种"法律行为"。

然而，在任何情况下，国家都必须遵从"人民的意志"。卡尔·施密特甚至称这是"公认的、基本的国家社会主义原则"之一："帝国政府将其听取的人民的意志视为权威。"恩斯特·鲁道夫·胡伯认为，只有在国家社会主义中，"人民的意志"才能通过元首"以一种纯粹的形式被揭示出来"。但同时，他也强调，"领袖型国家"并非传统意义上的民主："德国……是一个民族主义的元首型国家（völkisch），政治统一体现在人民身上，而国家的意志是由元首制定的。"

纳粹一直声称"真正的民主""改良的民主"（戈培尔）"更好的、更简单的民主"（希特勒）或"真实的民主"。在1934年的公民投票中，内政部长威廉·弗里克问道："世界上还有哪个国家能够实现像德国一样的民主呢？"希特勒最喜欢在外国人面前吹嘘，"四千万德国人民""团结一致站在他身后"；他不准备"在没有取得人民信任的情况下采取任何行动"。1934年8月，他告诉外国记者："每年我都抓住机会将我的权力交给德国人民批准。……我们'野蛮'的德国人比其他国家的人更民主。"1933年7月14日通过的《公民投票法》旨在促进"征求人民意见",官方对此的解释是,这只是一个基于"古老的日耳曼法律形式"的程序。这一切都是为了表明群众对纳粹领导的赞同,这在纳粹统治期间发生的选举变化中得到了进一步的证明,尤其是对投票程序的广泛操纵。各党派都可以参加1933年3月5日的德国国会选举。尽管反对党——特别是共产党和社会民主党此前受到残酷的压迫,许多候选人被逮捕并遭受折磨——纳粹仍然只获得了43%的选票。在这之后,1933年11月12日,德国举行了另外一次国会选举,其目的是使选举结果没有反对票。因为其他政党都被禁止参选,选民只有两种选择,要么投票给纳粹党,要么投无效选票。这个国家期望向全世界表明,它"赞同"元首的政策。1934年,德国人批准元首接管总统职位,该批准具有追溯效力。1935年1月13日,萨尔(Saar)人民根据《凡尔赛条约》举行了萨尔公投,这是萨尔人民选择加入法国或德国或者保持现状的公民投票。1936年3月7日,一党制议会举行了第二次投票,涉及莱茵兰再军事化全民投票,而针对全部两个问题,选票上只有一个叉号选项供选择。结果,国会选举实际上变成了公民投票。因此,作家维尔纳·伯马尔堡(Werner Beumelburg)说:"我们选择投票箱的过程……不是选举,也不是投票,而是对我们所服务的使命以及承担这些使命的人做出的承诺。这些承诺严肃、庄严、不可动摇。"纳粹认为,1938年4月10日的选举也是如此,选民要投票表决"奥地利与德意志帝国的重新整合",还要表决"我们的元首阿道夫·希特勒名单",尽管这一次,选票上提供了"反对"选项。

因此,德国国会的选举制度并未被废除,而是变成了无人反对的选举。出于同样的原因,议会得以保留。显然,希特勒认识到议会所提供的合法化大有裨益。1933年2月底,德国国会大厦被纵火烧毁,这可能是人为造成的。希特勒不仅坚持保留这座建筑(不顾他的明星建筑师阿尔伯特·斯佩尔的建议),甚至还坚持扩建。但由于种种原因,翻修工程直至1938年才正式动工,然而战争的爆发使得该工程在不久之后又停工了。在

1933年11月大选前的一次采访中，戈培尔指出了可以解释国会具有"持续重要性"的两个因素：首先，政府需要一个代表整个国家的权威机构，可以支持它颁布立法；其次，"元首"需要一个机构来"向世界展示人民和国家的团结"。显然，他们在利用国会的传统来加强这种宣传效果。因此，不应低估国会继续存在的象征意义，即便国会实际上主要是作为希特勒登场的舞台，或是作为一致通过特别是具有象征性的法律的平台。在1933年3月24日通过《授权法案》之后，国会在1942年4月24日最后一次会议前只举行了19次会议，而且只通过了7部法律。

在1933年3月21日"波茨坦日"（Potsdam Day），当纳粹宣称帝国的所有合法性都来源于纳粹组织时，议会在其中发挥了核心作用。因为这个时期涉及的不只是"第三帝国"和恺撒帝国的庄严握手，即穿着旧帝国元帅制服的兴登堡，或在波茨坦举行仪式的象征性姿态，还有3月5日举行的德国国会的开幕仪式。因为在1871年3月21日，德国国会第一次开会。它是根据当时最盛行的选举法之一选举产生的，其中包括对24岁以上的人实行男性普选。尽管他们对议会和党派提出了种种批评，但它获得了德国人所珍视的传统地位。因此，毫不奇怪，纳粹也很重视一个议会席位所带来的声望。党内最重要的官员，纳粹冲锋队或党卫军，都或多或少自动获得了一个席位；其他的纳粹要员，如阿尔伯特·斯佩尔和弗里茨·托德特，都曾试图得到一个席位，却始终未能如愿。

纳粹政权在其他领域也利用了这种参与性传统。例如，在1939年庆祝"夺取政权"的周年纪念日时，希特勒在国会发表了演讲。根据戈培尔的说法，该演讲的"主题"是："德国将永远是一个元首共和国，再不会有君主统治了！"在演讲中，希特勒大谈过去的著名人物，赞扬德国的和平愿景，并攻击了犹太人。他认为合法性最主要来自"德国人民"。他反复谈到"民族共同体"，并向听众提起威尔逊总统14条宣言中"关于民族自决的根本命题"。希特勒说道，其他国家拒绝给予"高度文明的德国人民"这项权利；而他，希特勒，现在又赢回了这项权利。"元首"提醒议员们，他们有"神圣的、永恒的职责"："你们不是某个地区或某个区域组织的代表，你们也不是特定利益的代表，首先也是最重要的是，你们是整个德意志民族的民选代表。"

与此同时，希特勒在国会演讲中明确表示，他反对1933年以前德国即已存在的"外来民主"。"所谓伟大的民主国家"（在演讲的其他部分，他称其为"资本主义民主国家"）应该反思一个问题："归根结底，一个得到99%民众支持的政权，和那些采用最可疑的舞弊选举方法才能维持统治地位的国家，难道不是完全不同的民主吗？""就民众统治而言，我们已经有了一种更透明、更优越的形式，他们怎么敢试图把某种东西强加给我们呢？"从国会议员的反应就可以看出国会"民众统治"形式的实际含义，他们的国会活动仅限于用"欢声笑语"来回应元首的讽刺性言论，用"雷鸣般的掌声"来回应每一个威胁姿态。

选举技巧

单纯靠鼓掌并不足以维持民主的假象，这一点可从纳粹的选举制度中得以印证。他们想要一种国际公认的合法形式。为此，他们需要一种符合国际标准的选举制度。

因此，根据法律，纳粹选举具有"全民参与性"。在1933年和1934年期间，甚至犹太公民也可以参与投票。1933年，内政部长弗里克斥责当地一名政党领袖，称将犹太人排除在竞选名单之外是"违法的"，并声称要严格禁止这种行为。然而，犹太人中央协会（Central Association for Jews）建议其成员在1933年11月的选举中投"赞同"票的事实表明，当时他们已经承受了很大压力。直至1935年《德意志公民法》颁布〔这是纽伦堡（Nuremberg）的法律之一〕，犹太人被剥夺了投票权，然而"犹太混血"（"二分之一"和"四分之一"混血犹太人）仍享有投票权。值得注意的是,"德意志公民"的权利首先是根据他们的投票权来界定的:"在政治事务中行使投票权仅限于拥有完全'政治权利'的德意志公民,犹太人不能成为德意志公民,在政治事务中不享有投票权。"

至少在第一次选举中,集中营的囚犯还可以投票,而且由于实行了匿名制度,他们能够表达自己的反对意见。1933年11月大选后,一名集中营指挥官抱怨道:"根据投票结果来看,处于保护性拘留的囚犯中约三分之一的人还没有理解甚至不会理解当前的情况。不幸的是,我们找不出那些屡教不改的人是谁。"1933年11月,在施瓦本阿尔卑斯山脉的霍伊贝格(Heuberg)集中营,约有一半的囚犯投票反对纳粹政权。

令纳粹士兵们非常恼火的是,尽管他们要求公开谴责"叛国者",但政府却坚持选举保密,并于1933年宣布,要想尽"一切办法"防止对选民的"骚扰",这份声明通过媒体广为流传。在另一份声明中,内政部长弗里克下令"不惜一切代价维护选举自由和投票保密"。有一次,因为没有做好保密工作,选举委员会宣布一个投票中心的投票结果无效。

尽管如此,操纵和欺诈事件也一再发生,投弃权票者和投反对票者一再遭受纳粹的政治恐吓。有个别报告称,在投票站内都印着"卐"字符和希特勒的画像,纳粹党成员在那些被认为是"不可靠"的人的选票上做标记,近乎公然地监视着投票站。狂热的希特勒支持者公开拒绝使用投票站,也进一步破坏了选举的保密性。而且,在计票时,许多选举委员会直接忽略"反对票",这样他们就可以上报政权所期望的结果。然而,还有很多值得一说的地方。如果排除1936年的选举,舞弊和操纵行为还没有普遍到能从根本上扭曲选举结果的程度。对实际选举程序的区域研究和个人记录研究一再证实了这一点。英国大使在1933年秋季选举时称,"投票本身无疑是保密的"。《纽约时报》在1938年4月选举结束后报道:"正如中立的观察者看到的,从信封里取出的选票显示,确实有超过97%或98%的选民支持希特勒,支持德国与奥地利合并。"对纳粹来说,1934年8月总统大选的公投结果相对有些令人失望,但也表明了选举的相对自由。尽管他们在选举中占据了绝对优势,且施加了政治压力,但纳粹"只"获得了90%的选票。这意味着,实际上有700多万有投票权的选民没有投票或投了"反对"票。在公民投票后的第二天,情绪低落的政治领袖加入希特勒的阵营时,他们试图找出"出了什么问题"。在1936年举行的下一次选举中,当局吸取了上次的教训,下令将所有没有在唯一的"赞成"选项上画叉的选票,都算作"赞成"票。如果忽略掉一个事实,即这些选举根本没有给人民提供选择的机会,那么,这可能是纳粹选举舞弊最明显的例子。

纳粹之所以禁止选举舞弊,是因为他们担心这会使选举丧失合法性。他们对此不抱任何幻想。在1936年的选举中,将"反对票"变为"赞成票"的做法,以及不能投"反对票"的事实,都受到外国媒体的严厉抨击。纳粹在1938年纠正了这一错误:选票上再次出现了"反对"选项,空白或错误标记的选票不再被算作"赞成"票。

因此,总的来说,选举会产生显著的影响。例如,犹太浪漫主义学者维克多·克莱姆佩勒(Viktor Klemperer)认为,1933年11月的公民投票无疑是希特勒的胜利。他写道:"我也开始相信希特勒的权力,相信他会留下来。"根据社会民主党流亡委员会的说法,在这些选举之后,社会民主党也不得不"克服极度抑郁的情绪"。纳粹认为选举结果也必须在国外产生预期的效果。例如,1933年3月大选后,伦敦的《泰晤士报》在其选举分析中加入了赞扬的字眼:"在英格兰,从来没有任何反对奥地利和德国联合的公众情绪,这本身丝毫不妨碍大不列颠与德意志之间达成谅解。"1938年德国国会选举后,《纽约时报》评论道:"阿道夫·希特勒的日耳曼帝国昨日通过了投票的严峻考验,当时新德国有近5000万选民赞同吞并奥地利。"甚至在1934年因无数"反对"票和弃权票令纳粹备受打击的总统大选后,《纽约时报》阐明了现实情况:"阿道夫·希特勒是帝国的元首,以近90%德国人的选票获得了绝对权力。"甚至在1936年,当国外批评无效选票被算作"赞成"票时,《纽约时报》的一名记者仍在粉饰这种声音:"尽管存在这种混乱,希特勒还是赢得了压倒性的选举胜利，这是毋庸置疑的。"在1938年的德奥合并公投事件中，《纽约时报》的记者对质疑和批评不以为然。不管外国人说了什么，就一个已经决定的问题（与奥地利的合并）进行的所谓毫无意义的全民公投是"对希特勒的一种致敬，不亚于对民族和种族团结的狂热表白"。除了1933年3月的选举外，外国记者几乎没有提到对反对派使用的恐吓手段。

动员与现代化

宣传机器无情地操控着公众的思想。希特勒青年团（Hitler youth）成员、学生、普通纳粹党员都被动员了起来。选举的准备工作在投票前几周就开始了，在投票前的最后几个小时里，他们狂热地动员民众：公共建筑和教堂里悬挂着旗帜；纳粹工厂在民众的工作场所举行会议；他们做出最后安排，使德国侨民能够在船上投票；男性选民的火炬游行；还有大规模唱诗班，教堂的钟声在投票前夕敲响。纳粹政权利用一切技术手段展示它的现代化和对进步的乐观信念，从空中的齐柏林飞艇到地铁站扩音器都在播放希特勒的演讲。选举日当天，柏林的街道人群涌动，声嘶力竭地呼喊希特勒；全国各地的德国人都聚集在一起，通过收音机收听选举结果，对投"反对票"的消息发出唏嘘声。1938年，在维也纳，成千上万兴高采烈的市民沿着环城大道游行，高唱《霍斯特威塞尔之歌》和《德意志之歌》等爱国歌曲，并高呼："我们想见元首！"在乡村地区，军乐队为乡村演奏小夜曲。在1933年的选举中，民众涌向教堂做礼拜。在一些乡村地区，冲锋队人员被认为特别虔诚，他们的棕色制服在前往教堂的人群中尤为显眼。当选举结果宣布时，全国的公告上写着："创纪录的胜利：票数如下……"

纳粹的反精英主义、反男权制和现代宣传，他们对工人的口头呼吁，以及他们的强硬行为，吸引了那些在魏玛共和国被边缘化的人群，他们很乐意参与到这种抗议情绪中来。最重要的是，很多年轻人被吸引了——冲锋队内部全是一群年轻人。纳粹通过其全面的社会动员，使世界上许多人站了起来，在此过程中羞辱了曾经的名人。他们让社会党部长和犹太百万富翁在大街上被追赶，或者让他们穿着袜子和内衣遭受嘲笑。德国人从该政权的掠夺欲望中获利，以谋杀同胞为代价而致富。在某些方面，大肆宣扬的人民和政权的统一被证明是正确的，并在选举中得到了显著的象征性表现。1933年的选票使用熟悉的你"是否愿意"形式，与婚姻誓言相呼应，上面写了这样的问题："作为德国人，你是否愿意支持帝国政府的政策？你是否愿意声明，帝国政府表达了你的观点和愿望？你是否愿意郑重承诺忠于帝国政府？"

尽管纳粹倾向于男性形式的表演、男性参与的活动和仪式，但有大量证据表明，他们实际想要同时吸引男性和女性："德国的男性和女性！"纳粹定然不希望女性仅在厨房里活动。相反，在20世纪20年代，纳粹党已经认识到群众党赢得并维系女性支持的重要性。因此，许多选举呼吁是专门针对女性的。在1933年11月的选举中，"为了避免误解"，纳粹甚至觉得有必要澄清一下，"在11月12日的德国国会选举和公民投票中，与以往所有选举一样，女性享有与男性相同的投票权"。

为了彰显人民与领袖的团结，必须进行全面动员。在选举期间的每个清晨，通常天都还没亮，希特勒青年团的男孩和德国少女联盟（BDM）的女孩就已经在街上喧闹地游行了，他们吹着喇叭、敲着鼓，提醒德国人他们的"责任"。而且在柏林工人阶级居住的地区，甚至在投票站开放之前，民众就已经排起了长队。在1934年的选举中，几乎所有拥有投票资格的选民都已经在11点前完成投票。由于选举的目的是要给民众留下更深刻的印象，所以本周日上午的选举活动变得更加复杂。1938年的德奥合并选举期间，冲锋队队员、纳粹机动部队和空军部队、消防队，以及其他任何能组织起来并能制造巨大噪音的人群四处走动以叫醒民众。而在有些地方，刚到中午，就已经有80%的选民进行了投票。纳粹党员们用汽车把年老体弱的人送到投票站,并在医院设立了专门的投票站。如果哪些公民没有投票,纳粹党员一定会再次探访,并提醒他们履行应尽的"义务"。

动员支持选举的任务主要落在纳粹党员身上。在选举日前的几个星期里,他们一直忙个不停,骑着自行车穿梭在乡村宣传选举活动,骑着摩托车或列着车队四处宣传选举信息。而在选举日当天,他们不知疲倦地把自己的同胞送到投票站。与斯大林的做法如出一辙,希特勒利用选举来控制他的特工,并甄别组织中存在的问题。

没有法律规定选民必须投票,但到处都有党员、报纸、广播和热心的公民提醒他们绝对有必要投票,以及"对元首表达忠诚和感激的义务"。1934年公民投票的前一天,戈林告诉德国人:"任何人都不能离开,否则就证明他们不值得元首信任。"我们必须"作为一个强有力的示范展示给全世界,这个示范将扫除关于新德国的所有谎言和歪曲的事实。我们必须表明,阿道夫·希特勒已经和德国人民在所有的思想、行动和情感中融为一体"。

由于魏玛选举法(包括无记名投票)仍然有效,所以没有人因为拒绝投票或错误投票而被送上法庭。然而,也存在一些公务员因没有投票而受到纪律处分的情况——尽管内政部长不允许对这个问题进行过多讨论。由于内政部长明令禁止骚扰非选民,为了施加更大的压力,纳粹想出一个办法——标记那些已经投过票的人。因此,在整个帝国,游说者到处分发徽章来确定谁投过票。有报纸报道称:"每个人都佩戴着'赞成徽章'并引以为傲。"在一些地方,游说者还会分发"履行选举义务证书"。

纪律处分、共谋、反抗

一位美国记者分析了1938年的公民投票。据他分析,纳粹用暴力的方式吞并奥地利,从本质上说,并不能算是胜利。"国家社会主义法规定举行全民投票,以这样的方式,才能使合格的选民牢记其在决定国家命运方面所承担的责任"。这一观察相当敏锐。1933年11月选举的前几天,老牌自由派报纸《福斯日报》(*Vossische Zeitung*)刊登了一篇对戈培尔的采访。在采访中,记者不断提问,如果只有一个政党,不再有任何反对党,那么议会选举存在的意义是什么呢?最后,这位记者一针见血地总结道:"既然如此,国会选举就必须是一项针对德国选民有正确思想和内在纪律的考验。"于是,宣传部长回答说:"没错。"

通过投票,每个公民都可以表明自己对该政权的认可。民众前往投票站的过程变成了一种服从表现,甚至是同谋行为。必须保留自由投票,以提高服从仪式的重要性。这不仅涉及缺乏相关的法律规定的投票,而且还涉及选举日的提前投票,这在每个独裁政权中都被视为特别忠诚的证明。欢庆的气氛也为选举增添了具有忠诚特点的色彩。纳粹党报纸《国民日报》(*Nationalzeitung*)就对1936年3月的选举写道:"这不是一个简单的选举活动,这是一个庄严的庆祝活动,每个人都很荣幸能够通过投票来感谢元首做出的所有伟大功绩和成就。"

抵制这种宣传、不投票、投"反对"票或破坏选票到底多么困难?一般而言,即使投票是保密的,民众也不得不考虑反对的声音。游说者施加的压力较为温和:中午过后,为了让那些还没有投票的选民投票,希特勒青年团的成员和众多纳粹党员会去这些选民的家里。在更极端的情况下,冲锋队成员会在街上呼喊着追赶那些没有投票的人,一群人在旁边大喊:"把他们捆起来!"

选举期间的压力可能更大:1936年3月29日,在萨尔州的一个村庄,一名助理牧师和他的管家在投票站投票。结果,一个纳粹分子开始怀疑他们，然后悄悄地在两张选票上标记上墨点。在统计选票时，发现两张选票都投了"反对"。村民们就聚集在牧师门前，并把这两名天主教徒拖到外面，在街上追赶、嘲笑他们。同样的事情也发生在下萨克森州（Lower Saxony）的一名工厂老板身上，他被迫参加投票，然后被关押起来并受到虐待，直到第二天才被释放。此外，还有人在街上被人追赶，脖子上挂着一块牌子，上面写着："我没有投票，因为我并不关心德国的荣誉与和平。"尽管这些可能只是个例，但它们确实揭示了普遍存在的压抑和恐惧氛围，这足以迫使大多数选民服从。

在选举之前，大部分选民获准在家乡以外的地区投票——这表明了一些选民在试图逃避压力。据推测，许多人之所以这样做，是为了在选举日不受骚扰——要么根本不投票，要么在更匿名的环境中投"反对"票。政府对这一事态做出的反应是，规定投票站应开放到18点，以使每个选民都有机会投票。

成千上万的选民要么拒绝投票，要么投了"反对"票，这一事实表明，在纳粹主义统治下的选举和公民投票不仅仅是认可和服从的仪式，同时可能也是民众疏远或反对该政权最重要的机会。这仅仅不适用于1933年3月的选举，因为尽管纳粹施加了巨大压力，但仍有56%以上的选民投票反对希特勒成为独裁者。1933年11月的选举结果更值得人们注意，当时独裁政权已经完全建立，但仍有210万张"反对"票；而在1934年的公民投票中，更有430万张"反对"票。然而，有人反对这一点，认为反对派的大量投票表明，选举期间对政敌使用恐怖手段属于例外情况，但是提出反对意见是有可能的。

第三章 | 选举、公民投票与节日

"第三帝国"的政治节日

在今天看来，1933年至1939年和平时期的政治节日对纳粹统治的重大意义很容易被低估。纳粹德国对民主的破坏以及该政权对其认定为国家和"雅利安人种"（Aryan race）的"敌人"所使用的残酷武力，最终以"大屠杀"收尾，有力地塑造了我们对纳粹德国的看法。欢乐的节日和热情的民众为希特勒欢呼的景象，与这段充满压迫、暴力和恐怖的历史并不相符。然而，节日和恐怖融入到自我庆祝的"民族共同体"——这与暴力排斥"共同体异类"并不矛盾，二者是密切相关的。一些特别狠毒的镇压措施与壮观的庆典密切相关就能证明这一点。1933年3月21日，普鲁士历史与"第三帝国"之间精彩地上演了所谓连续性的一幕——后被称为波茨坦日。两天后，《授权法案》的通过摧毁了民主。就在100多万人在柏林庆祝5月1日全国劳动节仅仅一天之后，纳粹政权就摧毁了自由工会。在1935年纳粹党帝国党代会期间，在密室中起草了臭名昭著的《纽伦堡法》，目的是剥夺犹太人的权利，这是纳粹党"年度政治仪式"中最复杂的活动。在纪念1923年纳粹党慕尼黑暴动失败期间，希特勒和戈培尔发动了恐怖行动，致使数百名犹太人于1938年11月9日死亡。有时，暴力和压迫甚至被伪装成一种庄严的仪式，就像1933年5月的"柏林焚书"事件一样。

然而，如果将"第三帝国"举行的众多节日仅仅看作准备实行暴行的平台或转移民众对压迫措施注意力的策略，那就是大错特错。在面向本国和外国人民时，政治节日也有助于纳粹政权进行形象管理。参加大型群众集会的民众可以感受到他们是情感共同体的一部分，毫无疑问，他们正在体验无阶级的"民族共同体"的现实生活。政治节日以其高涨的情感和精心设计的场景提供了一个场所——在那里，纳粹主义和法西斯主义典型的政治审美可以产生直接有效的影响。与此同时，这些节日的仪式和象征为政治领域营造了一种神圣的气氛。如果纳粹主义被描述为一种政治宗教形式，那么公共仪式就是其礼拜仪式的核心。在政治节日中，"元首"和"人民"之间的直接接触既是魅力型统治的工具，也是魅力型统治的表现，是"希特勒神话"的重要基础（伊恩·克肖，1987），大量德国人的忠诚都基于这一点。在选举期间，群众活动不仅展示了"新德国"的实力和现代化程度，也恐吓了国内外的反对者。经过出色的后勤和技术手段安排，游行、示威和阅兵把德意志帝国描述成一个高效的现代化国家、一个未来充满希望的国家，尤其是能够为本国民众提供精彩的表演：乐队和穿着制服的年轻英俊男子，火炬游行、烟花和"光明大教堂"，一起乘坐专列参加活动的经历，在帐篷里过夜，活动结束后的狂欢酒会，所有这些都为民众带来了巨大的欢乐。

就像选举和公民投票一样，政治节日也是将德国人民融入纳粹政权的一种手段，但却不能影响纳粹的政策。这样的节日有精心设计的场景，假设所有参与者都在同一个地方，那么这样的活动一次可以持续几个小时或几天。如同选举一样，仪式性的节目使民众从日常生活中解脱出来。尽管演讲者、在场的政治家、参加游行队伍的人以及正在观看的"群众"扮演着不同的角色，但是，作为节日共同体的一员，他们形成了一个整体，其中，"群众"本身也变成了演员。所有参与者同时出现，他们进行互动，参与象征性的活动，这些都能使民众产生强烈的情感共鸣，进而影响他们的政治态度和政治行为。政治节日是情感和情绪的媒介，是现实世界和象征世界的融合。纳粹通过各种方式利用这些节日，目的是让人民融入他们的政权。

纳粹的"节日日历"

政治节日一开始就在纳粹统治的自我投射和展现"人民"与元首的团结方面发挥着关键作用。这一点在"第三帝国"第一年的简要叙述中就可以看出来。1933年1月30日之后，希特勒和纳粹党开始摧毁魏玛民主，并迫害他们的政治对手，取缔其他党派，同时"整合"所有的独立组织。独裁之路充满了名副其实的"节日焰火"。在帝国的城镇和乡村，纳粹精心策划了一系列大规模的公共活动，以及许多小规模游行、集会和仪式。在这些活动中，当地文化的传统元素与纳粹运动的象征和仪式被结合在一起。1933年举行的许多小规模的节日活动，为我们提供了一个特别有启发性的视角，这份期待混合了机会主义、希望和热情等，最终许多德国人将这份感情寄托于希特勒身上。他们也表明了自己的决心，纳粹党、冲锋队、希特勒青年团的成员开始征服公共领域，并用他们的标志和仪式占领公共领域。主要节日及其在各省的多方效仿，不仅有助于塑造有吸引力的形象，还可以作为外部装饰，掩盖国家的残酷征服行为。这种"社会仪式"是建立独裁统治过程中的重要一步。

第一件大事是1933年3月21日的波茨坦日。如前所述，3月5日当选的议会在邻近的波茨坦开幕，而不是在柏林。波茨坦有兵营、宫殿，还有"腓特烈大帝"（Frederick the Great）的陵墓，是普鲁士国家神话中最重要的纪念地。

虽然必须在短时间内临时制作很多东西，但在戈培尔的带领下，组织者还是成功打造了一场令人印象深刻的演出。这场演出旨在展示"革命性"的纳粹运动和"普鲁士传统"之间的协调。纳粹政权希望这个地方的传奇能赋予它历史的合法性。然而事实上，直到后来希特勒与年迈的德国总统冯·兴登堡握手的照片才成为一个时代与另一个时代权力移交最著名的象征。直接的情感作用来自波茨坦仪式的"普鲁士"氛围，以及整个民族都参与到伟大的权力移交仪式中。在波茨坦，成千上万的人们站在街道两旁，除此之外，纳粹号召全国各地的德国人在房子上悬挂旧帝国的黑白红三色旗或纳粹的"卐"字符旗帜。当天晚上，民众举行了无数次火炬游行和"自由仪式"来庆祝"国家的重生"。

仅仅几周后，1933年，5月1日被定为"全国劳动节"，象征着工人阶级融入了"民族共同体"——这是德国历史上第一次把工人运动的传统抗议日定为公共假日。此明智之举是对工人的一种象征性认可。即使在全球经济危机引发大规模失业之前，工人也认为他们是现代资本主义的受害者。然而，这种象征性的认可却意义重大。在1933年的"全国劳动节"当天，没有举行大规模集会和游行，而工会和左翼政党成员本可以借此机会支持工人阶级的利益。相反，"五一"节庆祝活动的核心是由国家组织的群众大会。超过一百万人在柏林的"滕珀尔霍夫公园"（Tempelhofer Feld）参加了会议。在这里，年轻的阿尔伯特·斯佩尔赢得了声望，因为他创造了一个让希特勒组织得以兴盛的舞台。斯佩尔对这一事件的策划涵盖了许多后来群众活动的典型元素：希特勒面对群众讲话的讲台背后是巨大的"卐"字符旗帜，现代的扩音器把演讲内容传达给聚集在希特勒面前的数百万人，一名电台记者在城市上空的飞艇上进行了现场直播。火炬游行和焰火为这难忘的一天画上了句号。庆祝活动结束后，接踵而来的就是暴力镇压。5月2日，自由工会遭到取缔，其财产被没收。工人阶级和阶级斗争的劳动节已经转变为"民族共同体"的劳动节。在某些方面，比如波茨坦日，这个群众性的节日是从魏玛共和国的自由公共领域到独裁政权的公共行为空间的一种过渡仪式，其中每个参与者都扮演一个固定的角色。接下来的几年里，纳粹的劳动节与其在劳工运动中的起源含义迥然不用。从20世纪30年代中期开始，民众把这一天当作一个非政治性的春天的节日来庆祝，这一天有诸如"五月树"之类的新传统，也有工厂或办公室等"工作场所共同体"准备的娱乐活动。德国劳工阵线领袖罗伯特·莱伊博士（Dr. Robert Ley），在1936年5月的庆典上提出了"享受生活"的非政治性口号。

1933年庆典的下一个活动是"纳粹党的帝国党代会"，该会议于8月30日至9月3日期间在纽伦堡举行。

事实上，这只是一次名义上的党代会。最重要的是，这是希特勒"纳粹运动"和"德国人民"之间魅力关系的仪式性展示。纳粹党及其众多附属组织的数十万官员、成员和支持者每年都会聚集在纽伦堡参加各种活动，此类活动通常会持续几天。它很少受到政治演讲内容的影响，而更多地取决于作为共同体的一部分的经验。20世纪20年代，纳粹党发起纽伦堡集会，但直到1933年以后，这些集会才被列为重要场合，也变得日益复杂。受希特勒本人委托，由莱妮·里芬斯塔尔（Leni Riefenstahl）执导的1934年党代会电影《意志的胜利》大获成功。事实上，这部电影不是纪录片，而是极具暗示性的宣传片，这一事实清楚地表明了党代会想要传达的信息。在电影中，许多热情的民众在各种不同的场合为希特勒欢呼。电影的另一个主题是，在华丽的背景下，身着制服的纵队根据严格的编排，列队穿过巨大的阅兵场，这一幕被视为完美纪律的典范。毫无疑问，希特勒在这一场景中扮演了核心角色，但这实际上是"纳粹运动"的自我写照，其焦点不断地集中在忠诚且纪律严明的支持者和忠诚的"人民"身上。为此，纽伦堡纳粹党的伟大节日及其在电影中的集中表现，最重要的是庆祝"人民"和"元首"的团结。此外，这些仪式表演的重要作用是向参与者展示纳粹运动及其"元首"的特殊性和"神圣性"。希特勒乘飞机抵达就是一个例子，夜晚纽伦堡的火炬游行以及新党旗的"献礼"也是如此。"献礼"采取的形式是希特勒用所谓的"血旗"来感染人民。据说，这面旗是由党员的血浸透过的，这些党员在1923年失败的慕尼黑暴动中被警察射杀。这种阴郁的仪式是一个最好的例证，说明党代会的礼拜仪式借鉴了基督教殉道者的传统。最后，纳粹全力在纽伦堡修建建筑，目的是为纳粹党的节日提供合适的场所。军队游行穿过中世纪古城是为了展示该党与德国历史的渊源，而帝国党代会会址上那些巨大的新建筑（实际上从未完工），及其看台、体育场、街道、大厅和阅兵场，则为表现"民族共同体"与元首之间的密切关系提供了背景。这是一种权力建筑,这座建筑内的人从来不被允许将自己视为个体,他们只能在一个纪律严明的集体中行动,并将自己视为这个"群体"的一部分。

党代会结束一个月后,"帝国丰收节"于1933年10月2日在德国北部城镇哈梅林(Hamelin)附近的比克伯格(Bückeberg)举行了首演。尽管"五一"劳动节的目的是将工人纳入"民族共同体",但50万人聚集在下萨克森州是为了庆祝德国乡村与"新德国"的联系。

尽管这个节日的名字让人联想到教会传统和农民文化,但它完全是一个被创造出来的节日。尽管比克伯格的群众大会邀请了穿着传统服装的表演团体,并使用粗糙的木质平台,从而试图营造一种乡村氛围,但在许多方面,它都与5月1日的柏林活动很相似。此外,1933年至1937年庆祝"帝国丰收节"的地点,与自然和乡村生活的联系并不大。纳粹斥巨资将比克伯格平坦的高地改造成了可容纳一百万人的阅兵场,参加阅兵的人乘坐公共汽车从四面八方赶来。建造阅兵场是为了让参与者能感受群众大会的氛围,同时向下也能看到谷地中进行的军事游行和演习——就好像他们也在舞台上,能够身临其境。然而,归根结底,这里的节日活动和空间布局首先是为了安排"元首"和他的"人民"会面。节日舞台的中央是所谓的通往山上的"元首之路"。希特勒及其随从在数十万人的欢呼声中在这条路上"穿过"人群。据估计,1933年这段"穿过人群"的行程足足花了45分钟。希特勒和"人民"之间这一充满魅力的亲密时刻反复出现在"丰收节"的照片中。虽然每年都会举行政治"丰收节",且仪式愈加隆重,直到1937年停办,但它并不是比克伯格独有的重大活动。正如"五一"劳动节作为重申"民族共同体"的日子,不仅在柏林,而且在许多其他地方和工厂都有庆祝活动,全国各地的村庄和小镇都会举行"帝国丰收节"的庆祝活动。在那里,民众关注的焦点不是与元首的魅力邂逅,相反,这些地方性的庆祝活动结合了乡村节日文化的传统元素,用新的政治符号表现当地的特征,以及当地纳粹组织和官员声势浩大的参与。这些小规模活动能否站稳脚跟并赢得当地群众的喜爱、是否会沦为政治例行公事，在很大程度上取决于它们能否成功地将意识形态信息融入当地流行的节日文化之中。

1933年的最后一次盛大庆典于11月9日在慕尼黑举行。自1925年以来，纳粹党一直将这一天作为1923年希特勒政变失败的纪念日——忠诚的巴伐利亚警察毫不费力地镇压了这次政变，但纳粹党却将其转变为纳粹运动的核心根基事件。特别是在1933年以后，民众越来越重视那些与被枪杀的反叛者有关的殉道仪式。就此，纳粹党甚至比"帝国党代会"更受关注。纳粹党利用希特勒在"市民啤酒馆"（Bürgerbraukeller）的年度纪念演讲，反动派城市游行的重演以及日益浮夸的死亡崇拜，创造了一个有关英雄主义和牺牲的神话，从而有助于塑造纳粹党的形象。因此，11月9日的庆祝活动主要不是关于有魅力的"元首"和"民族共同体"之间的联系，民众所颂扬并赋予传奇地位的是所谓的"斗争共同体"——与纳粹党早期所说的"斗争年代"有关。每年11月9日，慕尼黑都会进行一场精心设计的传统仪式，在这一传统仪式中，纳粹运动的"老战士"们不断在脑海中确认，他们是发誓效忠元首的团体，代表"第三帝国"的精英。尤其是这个原因，在政权的所有仪式中，这个节日包含了最多的政治宗教仪式元素：年复一年，1923年"血旗"已经变成了纳粹党的遗物，在整个城市举行隆重的仪式。1923年牺牲的16人获得了政治烈士的身份，在1935年的盛大仪式上，他们被重新安葬在国王广场（Königslatz）新建造的两座"荣誉神殿"里。他们的名字每年都会以"点名"的形式被充满感情地宣读出来，每念完一个名字，一群人就会齐声高喊："到！"从而营造出"倒下的英雄"和活着的运动支持者之间的神秘团结。

尽管波茨坦日仍然是一项独特的事件，但到1939年，其他节日也都按照同样的年度节奏在纳粹日历中确立了自己的固定地位。1934年，在纳粹日历上又增加了一些不太隆重的节日。纪念一战死难者的"全国哀悼日"变成了"英雄纪念日"，这就把对战争的纪念融入到了激进的英雄故事中。此外，迄今为止具有纯商业性质的"母亲节"被赋予了更重要的地位，成为"纪念和尊敬德国母亲的日子"。这些年度节日在二战爆发前一直是纳粹政治仪式的一部分，除此之外，还有一些大型仪式来纪念特定的节日。其中包括"波茨坦日"，1933年焚书仪式，1936年奥运会，慕尼黑不定期举行的德国艺术日，以及1939年4月20日希特勒的生日庆祝活动。

在20世纪30年代，纳粹节日风俗发展成为四种不同的趋势：第一，朝着经典发展迈进。因此，尽管活动、符号和仪式不断改变，但总体上是朝着标准化的方向迈进。例如，1933年，当地的节日游行在5月1日举行，而且丰收节的活动包含了许多源于地方传统的元素，后来的趋势是模仿集中组织的活动。第二，大型政治庆祝活动变得更加隆重、壮观。参与者的人数持续增加，活动变得更加宏大，建筑则多数是为党代会和丰收节而修建的场地和建筑物。第三，重整军备和备战意味着军事变得日益重要。在纽伦堡党代会上，阅兵式和现代武器的展示成为节目的一部分。在1937年的"帝国丰收节"上，100万名观众观看了长达一小时的军事演习，演习中有10 000名士兵，还有坦克和轰炸机。1939年，希特勒在庆祝自己50岁生日时，举行了一场持续4个半小时的游行，40 000多名士兵，5000辆机动车和600辆坦克参与了此次游行。第四，现代大众传媒变得越来越重要。为了取得成功并产生影响，节日依赖于所有实际出席的参与者以及他们之间的互动交流，但节日只能影响出席和参与活动的民众。因此，在早期，戈培尔试图用最现代的媒体技术来烘托政治节日的气氛，以便影响更多的民众。从一开始，无线电广播就是宣传工具的一部分，同时也运用了新颖的现场报道技术。通过提供简短的电影报道，电影新闻短片至少可以给人一种"整体艺术作品"（Gesamtkunstwerk）的表面印象，而这正是节日所追求的效果。但是，莱妮·里芬斯塔尔精心制作的关于1934年党代会和1936年柏林奥运会的电影，其在技术上极具革命性并且给人留下深刻印象。从1936年开始，纳粹也尝试了电视广播，但是由于其技术原始，这种方式只能涵盖少数观众。

元首神话与"民族共同体":政治节日的作用

直到第二次世界大战爆发前,纳粹还维持并不断发展他们的节日活动,这需要做大量的工作和耗费大量资源。数百万人被动员起来,成千上万的党内工作人员和公务员参与组织这些活动。纳粹斥巨资举行仪式,并修建柏林、纽伦堡和比克伯格的巨大建筑。为什么要组织这么多盛大的演出呢?这些政治节日对纳粹独裁统治起到了什么作用呢?关于该政权的性质和它在德国人民中受欢迎的原因,这些节日能告诉我们什么呢?在1936年发表的一篇著名文章中,哲学家沃尔特·本杰明(Walter Benjamin)提到了法西斯主义下的"政治生活审美化"。他说,把政治转变成一场精彩的表演,有助于组织和吸引人民,使其与该政权捆绑在一起,但同时又无视人民的真正利益。确实,这种分析貌似合理,但它没有解释纳粹节日文化的重要性,因为节日不仅仅是一种转移注意力和操纵人民的方法,最重要的是,"五一"劳动节、纽伦堡党代会、"帝国丰收节"和11月9日的慕尼黑死亡崇拜等重大仪式,都是"人民"和"元首"面对面相遇的舞台。在仪式中,希特勒亲自出席,面对面交流的可能性,偶像与崇拜者的接近,以及会面的严格规范和仪式化,是创建和维持魅力型团体和"元首"神话的重要前提。

此外,国家和政党的重大节日以及各省的小型活动,包括游行、群众集会和示威,在这些场合中,参与者可以将自己视为同类"民族共同体"的成员。作为一种特殊的社交场合,节日的本质是使民众产生情感和情绪。纳粹节日试图在视觉、听觉和表演上征服参与者。标准化的符号和政治修辞旨在将参与者纳入进来,以排除所谓的"人民公敌",这为建立一个感情色彩浓厚的共同体奠定了基础。参与节日同时意味着参加重要的政治活动。这种成为共识一部分的集体意识和参与感,要比演讲者所做的实际政治宣传重要得多。

最后,在1933年至1939年,纳粹节日成为重要工具,通过仪式、表演和符号，该政权可以控制和压制在魏玛时期纳粹党的权力"斗争"中发展起来的革命动力。在德国民主的危机年代，冲锋队和德国纳粹党发展了一种长期的行动和动员方式，以此获得并保持势头。街头示威，选举之战，啤酒馆里的斗殴都是常见行为。许多纳粹活动人士曾预计，这种革命动力将在权力接管后继续存在。随着独裁统治的建立，官僚主义的"协调"以及重新重视军事，纳粹党领袖开始通过国家机构、纳粹党卫军和盖世太保有组织的恐怖活动来行使权力，而不是通过动员冲锋队或来自下层的压力。

政治节日还有助于增进"人民"和"元首"之间的魅力关系，确保人民在情感上能体验"民族共同体"，并保持这样一种感觉：这是一个充满活力的政权。政治节日能否实现这一目的取决于其能否有效进行形象管理，以满足德国人对认同感和方向感的需要。为了实现这一目标，政治节日一方面回归到熟悉的主题，另一方面，它从现代大众文化和娱乐产业的角度提出创新的想法。

创造传统是用来确保信誉和聚焦共同期望的机制（霍布斯鲍姆），通过这一机制，纳粹党为自己及其节日提供了历史合法性。从特定节日的选择理由中，可以清楚地看到这些被创造出来的传统。5月1日指的是劳工运动的传统，丰收节借鉴了基督教的传统，"母亲节"也是已经确立的传统，而11月9日则与殉道者崇拜有关。在这种情况下，纳粹运动实际上是在创造自己的传统。这种创造传统的策略，体现在对节日进行精心设计的各方面。年复一年，节日的节目都遵循着同样的顺序，就像基督教的日历一样。历史感、节奏和重复都给节日的节目带来了连续性和真实性的氛围。

第二，对于重大节日，纳粹节日的负责人选择具有象征意义和历史意义的场地。场地本身特有的光环有助于传统的发扬，以使节日更加可信。纽伦堡是一座风景如画的古城，有着重要的中世纪历史。作为党代会城市，它展现了纳粹的主张，即体现"真正的"德国历史。类似的传统联系还有下萨克森州的比克堡，它的卖点是德国农民的象征。

第三章｜选举、公民投票与节日

第三，戈培尔和其他纳粹节日管理者毫不顾忌地利用各种完全不同的节日传统。基督教的习俗和仪式（如游行、对殉道者和圣物的崇拜）与19世纪的节日传统完全一样，他们也热衷于游行和打上爱国标签。正如5月1日的社会主义劳工运动一样，青年运动以其对自然的浪漫化和对真实性的崇拜而做出了贡献。有选择性地采用不同的形式和做法，使纳粹能够在冲突环境中吸引众多民众，同时抹除这些做法的原始意义。这种传统的动员或发明与明显的现代元素结合在一起。

这些还包括（第四点）举行节日的公共空间的设计。的确，一方面，在地方层面，他们使用了许多传统文化的元素，例如在节日气氛浓烈的城镇中游行，或用因丰收节而被华丽装饰的农场马车游行。然而，另一方面，纽伦堡或比克伯格的节日建筑是相当新的，柏林的滕珀尔霍夫公园的设计也是如此。帝国党代会广场上的巨大建筑，以及为容纳一百万人而改造的比克伯格斜坡，促成了一种全新的大规模编排和集体体验的形式。它的首要目的是将个人纳入构想的共同体。与这些新空间相关的主导建筑为大型节日提供了合适的舞台，如果没有极权主义的大规模编排，这将毫无意义。

第五，纳粹的节日是现代活动管理的范例，它巧妙地利用了最新技术提供的所有可能性。能够把几十万甚至一百万人带到下萨克森州的偏远地区或纽伦堡的省城，并在短时间内供养他们，这本身就是一项非常了不起的后勤成就。使用最现代的扩音器，高效的灯光布置，飞艇和飞机的部署，数千名士兵的阅兵式，最新的武器展示，所有这些因素结合在一起，使1933年至1939年间的政治节日成为最受欢迎的科技和军事现代化演示。

第六，大众媒体。纳粹节日的目的是让参与者尽可能地"完全"融入活动，并让"政治"尽可能全面地成为一种情感体验。理性的争论和政治辩论是不相关的。为了确保这种体验不局限于参与者，从一开始纳粹就打算将仪式传送给全国的广大公众。报纸报道、照片、广播和电影都是为了把当地的重大活动变成整个国家的体验。虽然纳粹利用电台报道来实现全国的同步体验，而且许多德国人看过里芬斯塔尔拍的1934年党代会的电影，但这种媒体策略成功与否仍不得而知。因为节日共同体的特殊性质恰恰在于需要所有的参与者在场。考虑到当时的技术状况，越是有关情感、体验和共同体的问题，就越难通过媒体传达这种体验。这无疑限制了纳粹节日文化的有效性。

民众需要继续积极领会"元首"和"纳粹运动"之间的关系，这对这个魅力政权的合法化具有决定性意义。与选举一样，这些仪式可以明确展示该政权的"民主"性质。即使已经成为僵化的仪式，但选举和节日维持着群众运动的假象。同时，它们又蕴含着纳粹运动的潜在动力。除此之外，希特勒和戈培尔在1938年11月9日，轻易地对德国犹太人发动了一场前所未有的恐怖浪潮。而当天，纳粹党致力于激起民众对"斗争时期"和"陨落的英雄"的记忆，这两件事息息相关。20世纪30年代，面对外国和本国人民，纳粹政权的自信不断增强。这不仅是选举和公民投票的结果，还与那些表明同意和排斥的展示仪式有关——它们似乎阐明了群众的意见，也显示出了反对派的无力。

| 第四章 |

建筑与艺术

乔纳森·彼得罗普洛斯（Jonathan Petropoulos）

1945年3月，阿道夫·希特勒坐在他柏林地堡（Berlin Bunker）的样品间里，面前是为他的第二故乡林茨（Linz）专门设计的以元首博物馆（Führer Museum）为核心的文化中心模型。希特勒转头对帝国安全办公室主任恩斯特·卡尔滕布伦纳（Ernst Kaltenbrunner）说："亲爱的卡尔滕布伦纳，如果你我都不相信我们在战争胜利后会一起建设这个新林茨，我今天就饮弹自尽。"将战争和文化中心建设相提并论虽然代表着对广阔前景的幻想和对军事形势的错误理解，但也表明，即便是在危急关头，希特勒也非常关注艺术品和其他文化问题。这位独裁者会花好几个小时的时间，摆弄模型，整理画册。他甚至亲自挑选了一些装饰地堡的艺术品，其中包括腓特烈大帝（Frederick the Great）的肖像（意在祈祷能像七年战争结束时的普鲁士及其国王那样奇迹般幸存下来）。其他的纳粹领导人对艺术也很感兴趣，也会理解希特勒充满象征意义的沟通方式。柏林地堡容易让人联想到故事的结局，但事实是，建筑和艺术从一开始就在纳粹德国的演变中扮演了重要角色。

自1920年国家社会主义兴起之初，艺术就被证明是纳粹意识形态的核心。根据其创始人安东·德雷克斯勒、戈特弗里德·费德尔（Gottfried Feder）、迪特里希·埃卡特，当然还有阿道夫·希特勒的说法，雅利安人是文化的承载者，他们培育了崇高的艺术。犹太人颠覆和利用文化，大量生产欺骗他人的劣质作品。此外，因为希特勒自认为是个艺术家，纳粹副官们虽然有时也显得力不从心，但鉴于"元首原则"（Führerprinzip），他们期望能够追随希特勒，培养对文化的兴趣。由建筑师转行当帝国军备部长的阿尔伯特·斯佩尔回忆说，喝得酩酊大醉的高莱特在纽伦堡看瓦格纳（Wagner）歌剧时竟然睡着了。但事实证明，这些领导人努力参加文化活动并摆出赞助人的姿态本身就意义重大。纳粹"舆论一律"的意识形态原则和创建诸如帝国文化商会这样的庞大机构的共同努力，也使得艺术在纳粹德国历史上起到举足轻重的作用。总的来说，艺术成为谋杀政策合理化的工具。许多人认为，德国文化的优越性为随之而来的意识形态战争提供了理由，他们认为，"我们是有文化的人，不是野蛮人，因此我们在进行一场高尚的战斗"。简而言之，艺术是纳粹世界观传播的核心。

在1933年1月纳粹夺取政权后，艺术在政府的经济计划中发挥了重要作用。增加艺术项目支出也被纳入旨在刺激经济的公共工程项目中。希特勒最早委托建造的建筑之一是慕尼黑的德国艺术之家（the House of German Art）。纳粹随后在1934年5月22日通过了一项法律，要求至少2%的建筑预算用于艺术和装饰项目。纳粹领导人在文化上投入了史无前例的巨额资金，许多艺术家都从纳粹政府及其官员处获得收入，这些领导人被许多艺术家视为赞助人或顾客。后来，纳粹雄心勃勃的艺术计划中的部分资金来自战利品和其他掠夺行动，尤其是来自战争期间的被占领地区。掠夺的收益使纳粹国家富裕起来，并为艺术项目提供了资金支持。位于林茨的元首博物馆计划收藏从欧洲各地掠夺而来的画作，建筑师阿尔伯特·斯佩尔和领导"林茨特别项目"团队的赫尔曼·吉斯勒（Hermann Giesler）

第四章 | 建筑与艺术

从国家资助的盗窃活动中获得资金支持。

用历史学家罗伯特·埃德温·赫兹斯坦（Robert Edwin Herzstein）的话来说，艺术也成了纳粹"希特勒赢得的战争"宣传活动的核心组成部分。在迅速建立了对几乎所有媒体的统治之后，新领导人使得大多数德国人民相信，政权会推进国家利益。越来越多的人接受了纳粹思想——尤其是关于犹太人和其他民族问题，关于民族主义和责任感问题，当然，对希特勒的崇拜也与日俱增。在1938年11月的"水晶之夜"（Kristallnacht）这一具有分水岭意义的事件之前，纳粹对媒体的统治已经持续了5年时间。他们利用文化向德国人灌输思想，这又为大屠杀提供了一个至关重要的前提条件。如果不是纳粹的宣传，不会有那么多德国人会在1933年参与或者默许屠杀。激进化的过程是逐渐展开的，而艺术也成为这个过程的一部分。

将艺术作为社会控制的工具是与艺术的主旨背道而驰的。而文化活动对第三帝国的重要性还体现在它为艺术家和知识分子批评政权提供了途径，尽管这些批评仍局限于私人领域。例如，被放逐的奥托·迪克斯（Otto Dix）在康斯坦茨湖（Lake Constance）受"精神移民"灵感启发，创作了寓言作品《七宗罪》（*Seven Deadly Sins*）。尽管战争一结束他就把标志性的希特勒式小胡子加进了画中。在被德国占领的阿姆斯特丹，马克斯·贝克曼（Max Beckmann）充满象征意义的杰作让他得以探索与文化和野蛮有关的主题。纳粹主义的受害者同样坚持创作。德国犹太裔画家菲利克斯·努斯鲍姆（Felix Nussbaum）创作了一系列杰出的自画像，记录了他在1944年惨死于奥斯维辛集中营之前的生活。特莱西恩施塔特集中营（Theresienstadt）的囚犯持续创作艺术和音乐，直到他们被驱逐到奥斯维辛（Auschwitz）。

然而，从一开始，纳粹夺取政权就引发了历史上最大规模的人才外流。先是从德国，而后是从其他欧洲国家，这些移民催生了大量的学术作品。这些流亡者及时帮助动员世界舆论反对纳粹德国。移民常常把自己标榜为"另一个德国"的代表,与纳粹野蛮统治下的德意志帝国形成鲜明对比。在美国,这些人帮助创建了德国文化自由美国协会(American Guild for German Cultural Freedom)和好莱坞反纳粹联盟(Hollywood Anti-Nazi League)等组织,创作出包括电影和小说在内的大批抨击希特勒及其政权的作品。比如康拉德·维特(Conrad Veidt)在电影《卡萨布兰卡》(*Casablanca*)中饰演的斯特拉瑟,或者弗里茨·朗(Fritz Lang)和贝特霍尔德·布莱希特的《刽子手之死!》(*Hangmen Also Die!*),后者是基于莱因哈德·海德里希之死改编的。小说则有托马斯·曼,埃里希·玛丽亚·雷马克和安娜·塞加斯(Anna Seghers)等人的作品。可以说,这些移民揭露希特勒政权邪恶本质的努力帮助了罗斯福总统说服美国国会在1941年12月对德宣战,并采取了"抗德优先"的政策。希特勒把学术人员削减了约43%。人才的离去代表着"人才流失",这显然为二战期间和战后的轴心国带来了损害。阿尔伯特·爱因斯坦、汉斯·贝特(Hans Bethe)和莉丝·迈特纳(Lise Meitner)等犹太科学家的离开,以及对"犹太"科学(包括量子物理学)的普遍蔑视,导致德国无法先造出原子弹。

在杰出的艺术作品中就可以看到上述主题本身。以一系列最杰出的艺术作品为例,在此重点关注个人艺术领域:建筑、视觉及造型艺术、音乐和文学。鉴于戴维·克鲁(David Crew)在本书中对摄影和电影的探讨,本文不再讨论这些领域。撇开领域不谈,人们可以谈论"官方"和"非官方"文化,尽管它们之间的界限往往是很模糊的。为了讲述更完整的第三帝国文化史,有关艺术的讨论将包含官方领域和非官方领域。关于非官方文化,我们应该认识到,尽管当局的管控不断升级,比如1935年将犹太人驱逐出帝国文化协会(Reich Chambers of Culture),1936年禁止艺术批评、禁止从事个人职业("Berufsverbot"),而且自1937年起,这些现象变得更加普遍,但纳粹德国的艺术仍然具有较大的独立性和较少的强制性。

建 筑

尽管希特勒自幼在林茨时就喜欢歌剧，但建筑始终是他的最爱。如果接受技能训练，他可能会成为一名建筑师，但他却从未通过工程和数学课程的考试。于是他转向了另一个方向，成为一名油画家和水彩画画家。他虽不出众，但表现也相当不错。希特勒自己知道这一点，但他认为自己使用画笔和钢笔的能力足以让他成为一名优秀的建筑师。这位独裁者对建筑实践有着令人敬畏的指挥能力，可以像他处理某些剧本和船舶吨位（以及其他军事细节）一样处理好建筑实践中的细节。这表明他的兴趣一方面在于音乐和艺术，另一方面在于战争。尽管希特勒有许多不足，但他拥有成为有影响力的建筑赞助人的能力。

关于第三帝国的"官方"或国家资助项目，即使没有统一的风格，也会体现出某些主题和思想。建筑一直都是具有高度交流性的，或者用罗伯特·泰勒（Robert Taylor）的书名来说，建筑是"石头里的文字"。泰勒承认，希特勒并没有统一的建筑风格，但是他被"社区"的理念所驱使进行创作，例如纽伦堡拉力场，柏林奥林匹克体育场（Berlin Olympic Stadium），为林茨设计的文化中心，以及其他吸引希特勒密切关注的公共场所。历史学家乔臣·蒂斯（Jochen Thies）对这方面的认识更为深刻，他认为希特勒的建筑方案反映了他统治全球的计划。建筑的巨大规模表达了新政权的权力和野心：它们对观众产生了一种震撼心灵的影响，因为观众在这些作品面前显得十分渺小。虽然希特勒和他的建筑师们计划的许多建筑从未建成，但其精心设计的比例模型也传达出了他们的意图。原计划在柏林修建的大会堂（Grosse Halle）可容纳18万人，并且有自己的微气候，比如穹顶内会定期"下雨"。

纽伦堡飞艇法庭（the Nuremberg Zeppelin Tribunal）实际上已经建成，可容纳20多万人（9万名游行者和12.4万名就座者）。政党集会被设想为瓦格纳式（Gesamtkunstwerke），即"完全的艺术作品"，结合了戏剧、音乐和舞蹈等元素。正是建筑设计为这些宏大场面奠定了基础和框架。

希特勒以及其他领导人对德国主要建筑大多采用了新古典主义风格。这种风格传达了秩序的理念，单凭重复和规模，就可以实现纪念性。石头是代表性建筑的首选材料。

纳粹喜欢花岗岩、石灰石和大理石。这些石头通常由集中营的劳工负责开采，希姆莱的党卫军是其主要供应商。从某种意义上说，石制建筑体现了文化与野蛮的联系。尽管阿尔伯特·斯佩尔的"废墟价值"理念（即建筑不应该使用钢筋或其他在多年后会变为废墟的有损美感的材料）实际上是一种二战后的概念，但希特勒和他的同伙仍然相信，石头体现了权力和永恒。纳粹建筑以纪念性、新古典主义和石头为主要特征。就像他们在意大利的法西斯同盟一样。如果说两者风格不同的话，那就是纳粹发展了更具特色的风格（法西斯对现代建筑和艺术更加具有包容性）。不论是在当时还是在现在，人们通常一眼就能认出纳粹建筑。无论是柏林的滕珀尔霍夫机场（现在用作会议中心），还是慕尼黑国王广场附近的保罗·路德维希·特鲁斯特（Paul Ludwig Troost）建筑群，都很引人注目。有些人会说，它们的周围有一种光环。在第三帝国时期，这些建筑上会有纳粹标志和其他具有意识形态性质的装饰，以便更好地体现政权。

即使是国家资助的官方项目也有例外。为了实现地缘政治野心，纳粹需要工业基础设施，许多工厂都是以现代的或者更实用的风格建造的。赫尔曼·戈林在林茨的作品是利用现代理念设计的实用建筑的一个例子。学者们早就知道，许多包豪斯派（Bauhaus）建筑师都在第三帝国找到了工作。这些现代主义者通常不从事代表性建筑的设计工作；但也有例外，比如阿尔伯特·斯佩尔聘请彼得·贝伦斯（Peter Behrens）重新规划设计柏林，又如保罗·博纳兹（Paul Bonatz）设计了现代高速公路桥梁，并接受了在慕尼黑建造新火车站的委托。

在纳粹德国实用派建筑领域，阿尔伯特·斯佩尔脱颖而出。他聪明（1945年他在纽伦堡测试的智商是128）、有才华、工作勤奋，在战后被称为"好纳粹"。这位年轻的建筑师给柏林大学（the University of Berlin）的海因里希·特塞诺（Heinrich Tessenow）教授留下了深刻的印象。后者是一位尖刻的批评家，但最终还是成了斯佩尔的导师。特塞诺在德累斯顿（Dresden）附近的海勒劳（Hellerau）设计了花园住宅小区，并改造了柏林中部的新岗哨（Neue Wache）纪念碑，而且他通常采用现代主义风格。特塞诺对斯佩尔有很深的影响，斯佩尔借用了他的风格，喜欢直线和稀疏的装饰，或者至少是有选择性的装饰。斯佩尔雄心勃勃，是个机会主义者。1934年，希特勒的第一位宫廷建筑师保罗·路德维希·特鲁斯特的离世给斯佩尔提供了机会。斯佩尔承担了一系列引人注目的项目，包括改造德国驻伦敦大使馆和1937年巴黎世界博览会的德国馆。德国馆高耸入云，顶端有一只帝国鹰。斯佩尔因此获得了一枚金牌，并且锁定了他作为希特勒偏爱的建筑师的地位。斯佩尔继续扩大自己的影响力，先是被任命为教授，之后又被任命为帝国首都的建筑总督察，手握大权。与此同时，他还在多个陪审团、编委会和政府委员会中任职，在文化官僚机构中掌握重权。这些都发生在1942年初他被任命为帝国军备部长之前。

斯佩尔继续从事设计工作。他的项目在战争中都相继建成，一直到成为帝国军备部长。当时的战时配给限制了建筑，特别是非战时必须建筑的建造。纽伦堡国会大厅（The Congress Hall）已经几近完工，如果纳粹恢复年度政党集会的话，它很可能已经建成了。然而，斯佩尔的大部分工作都是设计模型。他在纽伦堡的作品和在柏林1939年建成的新帝国总理府（the New Reich Chancellery）是例外。他声称要在一年内完成总理府工程，而实际上，拆除工作直到1937年才开始（而且规划过程还要往后推）。这位建筑师喜欢传播关于自己的神话，比如独立于希特勒而工作，完成项目比别人快等。斯佩尔还喜欢诋毁对手，包括赫尔曼·吉斯勒，斯佩尔在回忆录《第三帝国内部》（*Inside the Third Reich*）中把吉斯勒的名字都拼错了。但斯佩尔是一位幸存者，本来他有可能在纽伦堡被判处死刑，但他成功逃脱了，还与墨西哥的一位朋友将自己的大部分艺术收藏隐藏起来（后来又找回了），之后成为一名畅销书作家。他在某种程度上知道自己参与了一件邪恶的事情。正如他在自己的回忆录中所写的那样，"早在希特勒敢于向他最亲密的伙伴表达任何这样的意图之前，这些纪念碑就已经是他对世界统治权的一种主张了"。斯佩尔和曾经的独裁者做了一笔"浮士德交易"（Faustian Bargin）[1]，在这个过程中，他自己也获得了相当大的权力。

非官方建筑的特点是风格的多样性。一方面，包括大多数纳粹领导人在内的赞助人更喜欢历史主义风格。他们的私人住宅，包括希特勒的伯格霍夫（Berghof）、赫尔曼·戈林的卡琳霍尔庄园（Carinhall estate）、戈培尔在万湖（Lake Wannsee）上的施瓦南沃尔德圈地（Schwanenwerder），里宾特洛甫（Ribbentrop）在柏林-达勒姆（Berlin-Dahlem）的别墅，以及罗伯特·莱伊（Robert Ley）在科隆附近的莱霍夫（Leyhof）的豪华别墅，这些也只不过是首脑们豪华住宅中的几处而已。纳粹领导人还委托制作了一系列令人眼花缭乱的物什。对纳粹来说，很少有比他们自己家更豪华的地方了。几乎所有的领导人都有定制的餐具、瓷器、水晶器皿、开瓶器等。他们的品位支撑了整个纳粹纪念品行业，直到今天，这一行业仍然蓬勃发展。当局定期发起反对"庸俗艺术品"运动，但并不是每次都能成功。但是，在第三帝国期间依然存在高质量的艺术和工艺，以及才华出众的设计。纳粹政府和纳粹党以各种方式影响着应用艺术——建筑师必须是帝国视觉艺术协会（the Reich Chamber for the Visuals Arts）的成员，必须符合建筑规范——但他们也有一定程度的自由。

至少曾经有一段时间，路德维希·密斯·范德罗（Ludwag Mies van der Rohe）和瓦尔特·格罗皮乌斯（Walter Gropius）成为非官方领域实用

---

[1] 浮士德交易是一种心理障碍，其主要内容是：一个人对一种看似最有价值的物质的盲目崇拜过于强烈，从而使他失去了理解人生中其他有价值东西或精神的理由和机会。这种症状，会使他永远沉浸在理念与结果的落差中，从而使他进行着贬低他人的行为。——译者注

第四章 | 建筑与艺术

派的其中两位核心人物。时任包豪斯学院最后一任主任的密斯在1932年从德绍（Dessau）搬到柏林，曾试图保留这一机构。在1933年4月这所著名学校被关闭前，他曾与阿尔弗雷德·罗森伯格（Alfred Rosenberg）和盖世太保（Gestapo）的领袖鲁道夫·狄尔斯（Rudolf Diels）进行过商讨。密斯仍然享有卓越声誉，而且他不是犹太人。他和包豪斯派的创始人沃尔特·格罗皮乌斯一起，受邀参加1933年德国国家银行（Reichsbank）设计比赛。两人都设计了宏伟而现代的结构，将现代风格和法西斯风格糅合到一起。尽管每个人都认同密斯的作品，但评审团的一名成员海因里希·沃尔夫（Heinrich Wolff）最终赢得了比赛（在1934年至1938年期间，他建造了一座规模巨大却并不太出众的建筑）。然而，和格罗皮乌斯一样，密斯仍然认为他的作品应该当选。两人都加入了第三帝国视觉艺术协会，填写了在第三帝国当建筑师所需要的所有文件，并参加了1934年的展览《德国人，德国作品》（*Deutsches Volk, Deutsche Arbeit*）。这个盛大的关于德国工人（非犹太人）优越性的宣传展览以现代主义设计为特色，包括前包豪斯派赫伯特·拜耳（Herbert Bayer）创作的海报。格罗皮乌斯和密斯积极参加1933年和1934年的其他建筑竞赛：密斯提交了1935年在布鲁塞尔世界博览会上的德国馆设计图，格罗皮乌斯提交了由当局大众休闲组织承办的另一个建筑群设计图。两位建筑师都在他们的模型设计中加入了"卐"字旗，以表明希望融入纳粹政权的意愿。

格罗皮乌斯很快就意识到他在纳粹德国没有立足之地，特别是在这个政权的政策越来越激进和高压（更别说反现代主义）的情况下。格罗皮乌斯与埃贡·霍尼格教授（Egon Hönig）是朋友，后者是帝国视觉艺术协会的第一任会长，他对时事了如指掌。1936年，霍尼格被更为激进的画家阿道夫·齐格勒（Adolf Ziegler）取代，但当时格罗皮乌斯已移居英国。格罗皮乌斯尽一切努力使他在德国的事务井然有序，并避免与当局对抗。他甚至请求能够获得哈佛大学建筑学教授的职位。他写信给戈培尔，称他将取代一名法国人，还说这一任命在德国反响良好。密斯又坚持了一段时间，后来跟随他的朋友和竞争对手（都在考虑哈佛职位）来到美国。1938年，他到芝加哥的阿默尔理工学院（the Armour Institute of Technology）担任教授。密斯和格罗皮乌斯渐渐与反纳粹德国移民建立起联系。作为美国自由的象征，他们的事业在战后得到蓬勃发展。"包豪斯先生"（格罗皮乌斯）在1959年至1961年间帮助设计了美国驻雅典大使馆，并受邀参加了1961年约翰·肯尼迪（John F. Kennedy）总统的就职典礼，由密斯设计的位于公园大道的西格拉姆大厦（Seagram's building）很早就成了地标性建筑，但他们都曾努力与纳粹合作的情况却很少被提及。最近的学术研究对这些进行了更为细致入微的描述。

寻求与纳粹合作的建筑师通常都展现出极大的自信，他们相信自己可以融入任何体系。密斯和格罗皮乌斯一样，自成体系，以现代主义风格为特点，这引起了纳粹党中反现代主义者的愤怒。希特勒和其他人不会允许密斯或格罗皮乌斯重新塑造纳粹党。年轻的、不太有成就的阿尔伯特·斯佩尔的包袱要少得多，只有他的一个导师——海因里希·特塞诺，表现得有点太现代，对官方建筑项目持批评态度。但斯佩尔仅有的这个问题是可以得到谅解的。

视觉和造型艺术

说到传达纳粹艺术本质的恰当形象，就要提到纳粹雕塑家约瑟夫·索拉克（Josef Thorak）工作室的一个参观者。当他询问在哪里可以找到艺术家索拉克时，一名助手告诉他，索拉克在他们上方60英尺的地方，正在他创作的雕塑耳朵里工作。就连纳粹也意识到，找到一种能产生优秀艺术品的官方风格是一项艰巨的挑战。希特勒曾把他的口号"给我四年时间"（让德国转型）运用到视觉艺术上。1937年7月德国艺术之家（German Art）在慕尼黑开幕，那是希特勒的最后期限。这位独裁者专门成立了评选委员会,让委员们评选可以展出的作品。但希特勒对他们筛选出的作品非常失望,开始亲自挑选〔在摄影师海因里希·霍夫曼(Heinrich Hoffmann)的帮助下〕。挑选的结果依然让希特勒不满——尤其是绘画作品,而包括戈培尔在内的其他纳粹领导人也同样对作品不满。戈培尔经常在日记中哀叹当代艺术的现状。尽管如此,希特勒、戈培尔和其他领导人还是从这个一年一度的德国艺术大展(Grosse Deutsche Kunstaustellungen,GDK)上购买了大量作品,在很大程度上使得这些展览作品成为纳粹政权的最佳象征。

受明显意识形态支撑的艺术更容易获得国家资助。绘画和雕塑对这一种族主义政权尤其重要,因为它们是为数不多的渲染人体的艺术形式。超人是纳粹雕塑的典型主题。字面上的超人,以肌肉和不朽为主要特征。在官方艺术中,描绘"种族健康"类型始终是其艺术的主题,尽管这些雕塑往往带有攻击性,而绘画又往往显得过于甜腻或平淡无奇。战后,德国艺术大展中的许多乡村风景画保存在了巴伐利亚政府的办公室里。对"纯粹种族类型"的描绘和"他人"的相对缺失是纳粹艺术的典型特征。在风格上,官方作品倾向于写实主义,或者说,至少不抽象——尽管一些在战争期间创作"战斗艺术"的艺术家在这方面有所保留。"堕落艺术"的概念在20世纪30年代逐渐流行起来。其学术根源可以追溯到19世纪,尤其是犹太文化评论家马克斯·诺道(Max Nordau)1892年的著作《堕落》(*Entartung*)。"堕落"在视觉艺术中得到了表达,这一思想成为国家社会主义意识形态的一个关键原则。甚至在希特勒夺取政权之前,对文化政治的利用已被证明是纳粹手中的有效工具。对许多纳粹来说,那些创造现代艺术的人在生理上是有缺陷的,他们无法看到真实的颜色或形状。此外,这些艺术家是提倡无根风格的国际运动的一部分,因此是"文化布尔什维克"。种族上劣等或政治上颠覆都是要传达的信息。有一些书籍,如沃尔夫冈·威尔里希(Wolfgang Willrich)在1937年出版的《清洗艺术圣殿》(*Cleansing of the Art Temple*),也在宣传这种观点。

虽然国家社会主义艺术并非一个整体，但有两个典型人物，分别是阿道夫·齐格勒和阿诺·布雷克（Arno Breker）。前者曾在1936年至1943年间担任帝国视觉艺术协会的主席。尽管他曾一度保持更进步的风格〔艺术史学家弗朗兹·罗（Franz Roh）在1925年的一项研究中认为他是魔幻现实主义最有希望的支持者之一〕，但对他的任命标志着对现代艺术的反对和国家权威的扩张。齐格勒以描绘古典场景中僵硬的裸体而闻名。一些同时代的人觉察到他作品中的古怪特质，私下里嘲笑他为"德国阴毛大师"。然而奇怪的是，齐格勒的画作却备受推崇，成为第三帝国最常被描摹的作品之一。他种族化的主题，理想化的风景，强调现实主义的风格，使他的画作经常被列入有关纳粹文化的展览中。巴伐利亚州绘画收藏集包含齐格勒的《四个要素》（*Four Elements*），并经常将其出借〔比如借给纽约的古根海姆博物馆（Guggenheim Museum），用于举办名为"混乱与古典主义"的展览〕。齐格勒有相当高超的技术才能：从1933年开始，他一直是慕尼黑学院的教授，教了一代学生。虽然他的作品数量相对较少，但却备受瞩目：挂毯版的《四个元素》悬挂在1937年巴黎世界博览会德国馆的中央大厅（并赢得了金牌），而其原作位于慕尼黑元首大楼（Frürerbau）希特勒的办公室外。

齐格勒是位杰出的艺术家，却因为领导了清除国家收藏的"堕落"艺术品的运动而声名狼藉。他领导的三人委员会从博物馆中清理了约2.1万件艺术品。1937年，慕尼黑举办了"堕落艺术展"，他在开幕式上发表了一篇尖酸刻薄的演讲（此前一天，希特勒还主持了德国艺术之家的落成典礼）。齐格勒臭名昭著的演讲将他对"文化布尔什维克主义""血脉与土地"之间的联系以及犹太人构成的有害威胁等思想结合在了一起。在随后的几年里，他与留在纳粹德国的现代主义艺术家们进行了斗争。而颇具讽刺意味的是，这个反自由主义的狂热分子竟在1943年初因表达失败主义观点而被盖世太保逮捕。齐格勒被送往达豪（Dachau）集中营，但希特勒在六周后亲自下令释放他，并允许他秘密退隐。阿道夫·齐格勒的战后生涯也平淡无奇。他住在巴登郊外的一个村庄里，直到1959年去世，享年67岁。

很少有艺术作品能像阿诺·布雷克的雕塑那样，捕捉到国家社会主义的精神和风格。就像他们所代表的具有种族优越感的超人一样，布雷克的巨大雕像也经常以具有威胁性或军国主义的姿态出现在国家博物馆和纳粹官方建筑的显著位置。他获得了教授职位，并通过周密计划，在奥德河畔（Oder River）的弗里岑（Wriezen）建了一所工厂，在那里监督他的作品的大规模生产，他还有一座曾经属于腓特烈大帝的城堡。在为政权创作丰碑式的英雄雕塑时，他偏离了自己作为现代艺术家的本真——他曾是被法国现代大师阿里斯蒂德·梅洛（Aristide Maillol）所称道的一位年轻雕刻家。布雷克曾一度被广泛认为是最有希望成为德国新艺术大师的人。在20世纪20年代末，就连著名的犹太现代艺术交易商阿尔弗雷德·弗莱希泰姆（Alfred Flechtheim）也认为他是一名艺术家。但布雷克在1932年法西斯意大利研究中见证了不朽雕塑的潜力〔当时墨索里尼（Mussolini）政权正走向更宏伟的"帝国风格"〕。戈培尔在罗马的马西莫别墅拜访了布雷克和其他艺术家。1933年春天，他请这位雕刻家回到新德国。布雷克答应了，很快就找到了阿尔伯特·斯佩尔这个重要的赞助人。二人在文化领域（以及其他领域）成为领军人物。斯佩尔控制了大量的财政预算，并将其中的一大笔资金交给了布雷克：数百万马克的账单仍保存在档案记录中。他们在为帝国创造财富的同时也充实了自己的口袋。

在非官方领域，对表现主义（Expressionism）和其他现代主义艺术的支持一直持续到1945年。事实上，国家赞助的领域也在推动表现主义的发展。后来成为文化官僚的亲现代主义学生，如奥托·安德里亚斯·施雷伯（Otto Andreas Schreiber）、汉斯·魏德曼（Hans Weidemann）和弗里茨·希普勒（Fritz Hippler），都在戈培尔的支持下工作，并通过《国家艺术》（*Kunst der Nation*）等刊物和工厂推广现代主义。利用工厂是因为工厂是安全地点，其他纳粹特工不能进入工厂。这给年轻的亲现代主义者提供了组织现代艺术展览的机会，他们的展览中包括卡尔·施密特-罗特鲁夫（Karl Schmidt-Rottluff）、格哈德·马尔克斯（Gerhard Marcks）以及马克斯·佩希施泰因（Max Pechstein）等人的作品。纳粹党内部一直存在着亲现代主义势力。事实上，一些专家认为，要不是因为希特勒，现代主义很可能已经成为国家社会主义的官方风格。前希特勒青年领袖，后来成为维也纳帝国总督的巴尔杜尔·冯·希拉赫（Baldur von Schirach）甚至在1943年赞助了一场以现代艺术为特色的展览。在希特勒看来，这场名为"德意志帝国的青年艺术"（Junge Kunst im Deutschen Reich）的展览过于激进，这一特点在全面战争措施开始实施的情况下尤为突出，因此很快就把它关闭了。

现代艺术在纳粹德国依然存在，只不过是在更私密的空间里存在。艺术家们常常在乡村工作，比如恩斯特·巴拉赫（Ernst Barlach）在波美拉尼亚（Pomerania）的古斯特罗（Güstrow）画室工作。直到1938年10月去世之前，巴拉赫一直是位高产画家。马克斯·佩希施泰因也在波美拉尼亚工作，而奥托·迪克斯则在康斯坦茨湖的海门霍芬（Hemmenhofen）作画。即使他们觉得受到了政府的约束——出于对调查的恐惧，迪克斯偏爱风景和寓言——许多人在第三帝国还是很高产的。绝望的时代有时会孕育伟大的艺术。因此，直到1945年，现代艺术的交易商也还在开展业务。1945年春天，炸弹接二连三地在德国的城市里爆炸，大部分交易商都躲到了乡下，但他们仍在继续出售画作，通过德国邮政运送卡尔·施密特-罗特鲁夫和埃里希·海克尔（Erich Heckel）等现代主义艺术家的画作。

埃米尔·诺尔德（Emil Nolde）是一位杰出的现代艺术家，他在第三帝国时期仍在继续创作。他来自德国和丹麦边境，但他依然坚信自己的艺术才是真正的德国艺术。诺尔德认为自己是德国人，这在一定程度上促使他在1920年加入纳粹党丹麦分支。这位开创性的画家在第一次世界大战前就加入了柏林的新分离派（New Secession），之后又加入了德累斯顿和柏林的桥社（Die Brücke），在20世纪20年代大获成功。事实上，1937

年和1938年从德国的博物馆中没收的诺尔德的画作多达1052幅,这在所有艺术家中是最多的,这也证明了他之前在商业上和评论界的成功。他住在离弗伦斯堡(Flensburg)不远的希布尔(Seebüll),在柏林还有一套公寓。这里不仅有良好的工作条件,还有一个可以与其他创意人士互动的地方。他的朋友包括舞者格雷特·帕卢卡(Gret Palucca)和玛丽·威格曼(Mary Wigman),诺尔德都为他们作过画。他还试图培养与纳粹领导人的关系,并在1933年11月应邀成为海因里希·希姆莱的客人,参加纪念啤酒馆政变死难者的午餐活动。诺尔德记录了自己的经历,在书信中写了关于会见希姆莱的情况,身处政客之中却让他感到有些不自在。但他渴望得到官方的认可。纳粹领导层中有他的支持者,戈培尔和斯佩尔非常欣赏他的作品,戈培尔还用他的作品装饰了自己在第三帝国早期时的家,帝国教育部长伯恩哈德·鲁斯特(Berhard Rust)也给予了他积极的评价。诺尔德认为自己和自己的艺术是德国的,就算是住在瑞士附近,他还是这么认为。在这一点上他与恩斯特·路德维希·基希纳是很像的。

虽然受到了公众的指责,但诺尔德还是继续自己的创作。1941年他收到一个"职业禁令"(禁止从事他的职业),他写信给戈培尔,反对制裁。事实上,他退回到希布尔继续工作。盖世太保发现他画笔下的故事大多是虚构的。这并不意味着他不害怕检查,这很可能促使他开始创作小幅水彩画,这些水彩画没有气味,更容易隐藏。他创作了大约1300幅"未上色的画",但他也在战争期间画了12幅油画。他的艺术作品仍在售卖,尽管他本人非常小心,因为出售最近的作品是违反"职业禁令"的。他从战争中幸存下来,写了一篇关于自己在第三帝国时期经历的非常简短的记述(绝不能代表对他过去经历的"掌握"),但是他在希布尔过着平静的生活。在健康状况允许的情况下,他一直坚持画水彩画,直至1956年去世前不久。如今,他的画作价值数百万美元。

画家夏洛特·所罗门(Charlotte Salomon)是为第三帝国官方所排斥的极端典型。她是柏林的犹太人,表现主义艺术家。作为一名女性,她坚持在一个厌恶女性的社会中工作，她最出名的是自传体系列作品《生活？还是剧院？：一出歌舞剧》（Leben? Or Theater?: A song-play）。1936年，19岁的所罗门成功考入美国纯艺术和应用艺术学校，并在那里学习了两年。但是，反犹太主义的高涨破坏了她的教育和事业。所罗门的父亲在"水晶之夜"之后被捕，并被关押在萨克森豪森（所罗门想象了父亲的经历并将其画了出来）。所罗门被送到法国南部，和她的祖父母住在一起。他们在属于美国前爱国人士奥蒂莉·摩尔（Ottilie Moore）的一处豪华庄园的别墅里住了一段时间，后搬到尼斯（Nice）的一套公寓里。1940年，她和祖父试图穿越比利牛斯山脉（the Pyrenees）逃离法国，但他们被捕了，并被送往古尔斯（Gurs）的拘留营。由于祖父身体虚弱，他们被释放，并回到了尼斯。在那里，所罗门专心创作。

在创作《生活？还是剧院？：一出歌舞剧》的过程中，夏洛特·所罗门创作了769幅水粉画，以及总计1325页的草图和透明胶片，她把它们组装起来并贴上标签。她记录了自己家庭的经历，用画笔捕捉这场悲剧，用艺术史学家格里塞尔达·波洛克（Griselda Pollock）的话说，这个作品是激进的现代主义混合体，具有互文性、形式大胆和多样性等特点，堪称"20世纪最具挑战性的艺术作品之一"。这些图像记录了犹太人在欧洲的生活，纳粹的崛起，以及为逃离欧洲所付出的努力。但最主要的是她自己的私人世界，这个安静的女孩在她自己的世界里创作。许多后期图像探讨了疾病、痛苦和死亡。正如学者们所说，她似乎感觉到了自己即将到来的命运。1943年，她把这些作品交给了一位可信赖的朋友乔治·莫里迪斯（Georges Moridis）博士，并附言道："把这个保管好，这是我的一生。"所罗门与另一位德裔犹太移民亚历山大·纳格（Alexander Nagle）结了婚。他们被一起从尼斯的家中拖出来，送到德兰西（Drancy），然后被驱逐到奥斯维辛。1943年10月10日，26岁的所罗门和她未出生的孩子死于毒气。遭纳粹杀害的犹太人艺术家不止她一个，其他受害者包括画家菲利克斯·努斯鲍姆、雕塑家奥托·弗伦德里希（Otto Freundlich），和画家埃尔弗里德·洛斯-瓦希特勒（Elfriede Lohse-Wächtler）。1940年7月31日，瓦希特勒在位于皮尔纳-索嫩斯坦（Pirna-Sonnenstein）疗养院的毒气室被谋杀。这些都是杀死身心残疾者的"第四节"计划的一部分。

因为视觉艺术通常在相对私人的空间中创作，创作者可能有机会创作出与官方审美要求相悖的作品。帝国视觉艺术协会在分配物资时显得相当慷慨〔甚至像奥托·安德里亚斯·施雷伯（Otto Andreas Schreiber）这样的著名现代艺术家在战争后期都能获准购买颜料〕。根本就没有所谓的"禁止绘画"（Malverbot）。的确，画家们受到恐吓和迫害，犹太人艺术家的情况往往更糟。但许多现代主义艺术家在第三帝国期间坚持下来了，而且往往有惊人的成果。

音 乐

尽管德国的音乐人才大量流失，但作为巴赫和贝多芬的故乡，这里依然人才济济。纳粹德国的音乐天才令人印象深刻，从理查德·施特劳斯（Richard Strauss）、威廉·弗特文格勒（Wilhelm Furtwängler）、赫伯特·冯·卡拉扬（Herbert von Karajan）、伊丽莎白·施瓦兹科普夫（Elisabeth Schwarzkopf）、卡尔·奥尔夫（Carl Orff），到1940年的保罗·欣德米斯（Paul Hindemith）——而且这还只是冰山一角。这里有传统的"室内音乐"（字面意思为"室内音乐"），以及纳粹竭力"协调"的大量唱诗班和地方乐团。柏林有三大歌剧院，交响乐不仅在首都繁荣发展，而且在德累斯顿、慕尼黑和维也纳等城市也都常有演出。拜罗伊特（Bayreuth）仍然是瓦格纳迷的圣地，实际上，它的地位在20世纪30年代有所提高。希特勒与温尼弗雷德·瓦格纳（Winifred Wagner）私人关系密切，他为瓦格纳提供可观的经济支持，从而将政权与音乐节紧密联系在一起。

当然，纳粹领导人试图根据意识形态塑造音乐，从丰富的军队进行曲，到党卫军唱诗班的爱国歌曲。第三帝国设有诸如帝国音乐协会这样的音乐管理机构，为所有音乐家发放证书。如果出现"证书看起来可疑"的情况，则音乐家必须通过由当地委员会设立的能力测试。通不过测试可能会导致个人被降级为临时音乐家。"堕落音乐"展览于1938年在杜塞尔多夫开幕，和视觉艺术展览一样，这项展览以种族主义宣传为特色，但这次展览关注非洲裔人〔拿着萨克斯的猴子一样的人物，以大卫之星（Star of David）为标志性形象〕。除了爵士乐，许多纳粹分子还对无调性音乐嗤之以鼻，他们认为这是犹太人的音乐（因此显得很庸俗）。音乐相对来说不好管理（一个人几乎可以在小团体中演奏任何东西），但这并没有消除纳粹理论家们对音乐的颠覆性危险的担忧，试图将犹太从业人员从国家音乐生活中清除出去，就是当局对音乐最明显的干预。

理查德·施特劳斯是德国最重要的音乐家之一。作为1933年最负盛名的音乐人物，自19世纪80年代以来，他一直以惊人的速度进行创作，《查拉图斯特拉如是说》（*Thus Spoke Zarathustra*，1896年）、《艾丽卡特拉》（*Elektra*，1906至1908年）、《玫瑰骑士》（*Der Rosenkavalier*，1910至1911年）、《阿尔卑斯交响曲》（*An Alpine Symphony*，1915年）等作品，为他赢得了极高的声誉。作为浪漫主义和现代主义之间的过渡人物，施特劳斯创作了丰富的音乐节奏，也探索了半音阶和非谐振，尤其是在如《艾丽卡特拉》这样的早期作品中。虽然他在职业生涯中也曾担任过重要的行政职务，比如国际作曲家合作常任委员会主席，但对他来说，1933年秋天成为帝国音乐协会的第一任主席则是一个很大的提升。这将他与政权捆绑在一起，用他的名声服务纳粹。他后来说，他试图减轻新统治者造成的伤害，这听起来有一定的真实性。他有充分的理由相信，自己与政权的合作将改善德国的音乐生活，并帮助那些与自己关系密切的人，尤其是他的犹太儿媳和孙辈。他们在维也纳被盖世太保逮捕后，他利用自己的影响力全力斡旋，将他们软禁在加米施（Garmisch）的别墅。但他也是受到自己庞大野心的诱惑，才会担任帝国音乐协会的主席。正如历史学家弗雷德里克·斯波特斯（Frederic Spotts）所说："如果弗特文格勒渴望成为音乐表演的元首，施特劳斯则希望成为所表演内容的元首。"

施特劳斯的行为是勇气与合作的融合。一方面，他试图继续维持和犹太歌词作者斯蒂芬·茨威格（Stefan Zweig）的伙伴关系。他写给这位最近的流亡者的信被当局截获，并最终导致他在1935年被迫辞去帝国音乐协会主席一职，这揭示了他对希特勒和其政权的关键立场。然而，如上所述，他继续以有利于纳粹的方式创作和行事。1934年，他创作了《巴赫林》（*Das Bächlein*），献给戈培尔。这首曲子在结尾三次重复"元首"这个词，具有明确的宣传意图。1936年3月，在莱茵兰危机最严重的时候，比利时反德情绪愈加高涨，施特劳斯在安特卫普（Antwerp）的一个节日上担任了指挥。后来，在1943年，他完成纳粹维也纳总督巴尔杜尔·冯·希拉赫布置的任务，为纪念"德奥合并"五周年写了《节日曲》（*Festmusik*）。迈克尔·H. 卡特（Michael H. Kater）曾指出：施特劳斯"对'黑人'极度不信任，这是他极度厌恶爵士乐的一个原因……"施特劳斯也讨厌轻音乐。这就产生了一个问题、因为希特勒喜欢这种体裁，戈培尔认为这是一种对大众有用的麻醉剂。有几次，这位作曲家发现自己陷入了大麻烦，因为他嘲笑了弗朗兹·莱哈（Franz Lehar），而后者恰是希特勒最喜欢的音乐家之一。同为指挥家的阿图罗·托斯卡尼尼（Arturo Toscanini）捕捉到了这个人的矛盾之处，他有一句著名的俏皮话："我向作曲家施特劳斯脱帽致敬，而面对施特劳斯这个人，我会再把帽子戴上。"1945年4月，施特劳斯在加米施的家中被美军逮捕，指挥官米尔顿·韦斯（Milton Weiss）中尉对他极为尊重，因为韦斯本人就是一名音乐家。据报道，施特劳斯走下豪宅的楼梯，宣布："我是理查德·施特劳斯，《玫瑰骑士》和《莎乐美》（*Salome*）的作曲家。"韦斯中尉点头表示认可，然后在屋前放了一块"禁止入内"的牌子，以保护屋主。施特劳斯对自己在第三帝国的所作所为毫无悔意。他于

1949年去世，享年85岁。

另一位难以被简单界定的音乐领域关键人物是卡尔·奥尔夫（1895—1982）。和施特劳斯一样，奥尔夫的经历引发了一个疑问，即伟大的艺术成就在纳粹统治下是否可能实现。他的《康塔塔·卡米娜·布拉纳》（*Cantata Carmina Burana*）给出了最肯定的答复。这部作品将24首13世纪的诗歌配以简单的和声，自1937年在法兰克福首演后，在纳粹德国轰动一时。乔治·斯坦纳（George Steiner）认为："当歌手们像穿着杰克靴的机器人一样吐出拉丁摩擦音时，那是很可怕的。"然而，这部作品经受住了时间的考验，《命运》（*O Fortuna*）这首歌也成了公认的经典。奥尔夫的成就无疑对音乐学家鲁道夫·斯蒂芬（Rudolf Stephan）的说法提出了挑战。因为斯蒂芬曾说，1933年至1945年期间，国家社会主义"在那些真正出现的杰作中没有发挥作用"（他补充道："它没有创造任何积极的东西，只会破坏。"）。

1939年，在《卡米娜·布拉纳》发表两年后，奥尔夫提交了《仲夏夜之梦》（*A Midsummer's Night Dream*）的配乐作品，当时纳粹当局呼吁寻找能代替菲利克斯·门德尔松（Felix Mendelssohn）的音乐。因为门德尔松有犹太血统，他的音乐已被禁止。奥尔夫因此获得了从法兰克福发来的5000帝国马克的佣金。虽然奥尔夫和他的辩护者后来坚称，在纳粹夺取政权之前，他就已经开始为莎士比亚的戏剧作曲了。但事实是，1939年10月，这部作品在法兰克福首演。当时还有一场宣传庆祝活动，由该市市长弗里德里希·克雷布斯（Friedrich Krebs）主持——他也是当地德国文化战斗联盟（Fighting League for German Culture）的领导人。尽管有这些表面上的合作，但奥尔夫与白玫瑰抵抗组织的主要人物库尔特·胡伯贝尔（Kurt Huber）教授是朋友。1942年，胡伯贝尔被捕后，他的妻子请求奥尔夫帮忙斡旋。但奥尔夫拒绝了，说如果这样做，他会"破产"。他为自己拒绝帮忙而深感内疚，甚至在1946年1月写信给这位已故教授请求原谅。然而，他挺过了整肃纳粹运动，并在战后成为高产的音乐家。他转向古代世界这个更安全的主题，将之作为后期许多作品的背景。但他也曾试图影响现实世界，并制订了一个名为"奥尔夫·舒尔维克"（Orff Schulwerk）的儿童音乐教育改革计划。这是一个整体的方法，结合了运动、唱歌和即兴创作。像施特劳斯一样，卡尔·奥尔夫在第三帝国时期也有维持音乐生活的伙伴：威廉·弗特文格勒、赫伯特·冯·卡拉扬、伊丽莎白·施瓦兹科普夫和卡尔·伯姆（Karl Böhm）等杰出人物，他们在与政权的妥协中继续着自己的事业。

如上所述，非官方音乐也得到了蓬勃发展。音乐历史学家帕梅拉·波特（Pamela Potter）曾指出："音乐审查制度可能是最不严格的，因为政府或警方控制范围之外的音乐渠道种类丰富、数量众多，所以即使不是不可能，也是最不现实的。""某些作曲家，如保罗·冯·克劳瑙（Paul von Klenau）和温弗里德·齐利格（Winfried Zillig）尝试了序列音乐，而由受过古典训练的音乐家演奏的'沙龙舞曲'在大多数城市中心十分流行，甚至偶尔出现在国家控制的电台中。"这种音乐的一个变种，有着浓重的小提琴成分（通常给音乐一个更"甜美的音色"）也是常见的。因此，"娱乐音乐"一定程度上很有包容性，就像有时戈培尔和其他纳粹当局那样。爵士乐在第一次世界大战后传入德国，有些人认为是德国战俘在法国的军营里听到了爵士乐，从而助力它流行起来，而另一些人则认为是莱茵兰的盟军占领军带来了爵士乐。在魏玛共和国时期，柏林和德国其他大城市的剧院和卡巴莱夜总会的兴起推进了这一新音乐模式的发展。

然而，爵士乐在1933年被官方禁止，或列入被禁音乐的目录。许多纳粹分子认为爵士乐是黑人和犹太人的产物，因此爵士乐受到纳粹理论家的攻击——例如1935年从理查德·施特劳斯手中接任帝国音乐协会主席一职的彼得·拉贝（Peter Raabe）教授。1934年初，拉贝在帝国音乐协会的第一次大会上批判爵士乐，他"痛斥犹太人的影响，尤其是在传播劣质音乐方面"。但德国公众对这类音乐的兴趣给拉贝带来持续挑战。在战争期间，英国人特别擅长诱导德国人去听爵士乐，乔治（George）和艾拉·格什温（Ira Gershwin）、格伦·米勒（Glenn Miller）、本尼·古德曼（Benny Goodman）等人把爵士乐和流行音乐及新闻报道混合在一起。尽管戈培尔在1939年9月发布了一项命令，禁止收听外国电台广播，但越界行为仍在继续（特别是因为迫切需要了解军事形势的最新情况）。德国国防军领导人告诉戈培尔，越来越多的士兵收听英语广播。尽管德国部长个人对"扭曲的节奏"和"无调性的旋律"很反感，但他还是允许电台播放更多"有节奏的舞曲"，尤其是在晚间。甚至连路易斯·阿姆斯特朗（Louis Armstrong）和埃灵顿公爵（Duke Ellington）等黑人音乐家的音乐也在德国电台播放——尽管没有公布他们的名字。然而，随着1943年更严格的全面战争措施的实施，这种自由化也随之结束。

摇摆青年（The Swing Youth）和雪绒花海盗（Edelweiss Pirates）构成了更具体的亚文化，他们借用爵士乐和大胆的美国摇摆音乐。1940年2月，大约500名摇摆舞者在位于汉堡-阿尔托纳（Hamburg-Altona）的凯瑟霍夫酒店（Kaiserhof Hotel）主楼附近的一个隐蔽大厅举行了一场准公开舞会。盖世太保的一名特工报告说："摇摆舞太可怕了，伴着英国歌手演唱的英国音乐，而我们的士兵还在与英国作战。"音乐只是雪绒花海盗身份的一个方面。这些"海盗"大部分是年轻人，年龄在14岁到18岁之间，他们离开学校以躲避希特勒青年团，但要入伍又太年轻。这些"海盗"以多种方式反对纳粹政权。尽管组织松散，但他们把希特勒青年团当作一个敌对的街头帮派，伏击巡逻队，并以痛打他们为荣。

他们也会采取其他反抗当局的行动，比如帮助逃兵。但不管是音乐俱乐部还是徒步旅行，"海盗"们更多是为了寻求自由。他们这种利用爵士乐和流行音乐来抵抗当局的亚文化成为好莱坞电影的素材。虽然这些年轻人未能成功改变政权的进程，但他们在越轨行为中却也表现出了极大的勇气。

第四章｜建筑与艺术

文　学

第三帝国时期的文学作品虽然丰富，却似乎处于同时期其他艺术形式的阴影之中。这可能是因为希特勒政府没有像提拔某些建筑师、艺术家和音乐家那样提拔作家。但我们知道，希特勒实际上是位狂热的读者，他拥有一个超过1.6万本藏书的图书馆。他经常读书到深夜，还在书上做批注——学者们已经开始对这些批注进行分析。帝国文学协会作为一个庞大而重要的社团组织也很突出：战争初期，它管理着3000名作家、2500家出版社、2.3万家书店和50个国家文学奖。在第三帝国期间，平均每年有2万本新书出版，这使德国成为欧洲最大的图书生产国。因为德国民众的识字率接近百分之百，文学被当作一种重要的宣传形式。希特勒的《我的奋斗》是第三帝国时期最畅销的书，虽然还是有很多人从未读过这本书，但它的销量已经达到600多万册。希特勒政权还推广其他主旋律题材的作品，比如元首崇拜、种族等级信仰（以及随之而来的反犹太主义）、人民与土地之间的精神联系〔《血与土》（*Blut und Boden*）〕，以及超民族主义。

1933年5月10日，纳粹学生焚烧书籍，这是希特勒12年执政期间最具标志性的事件之一。这次事件发生在柏林大学城和洪堡大学（Humboldt University），纳粹学生们焚毁"反德国精神"的书籍。事件造成的影响力之大，可能连戈培尔都感到吃惊，其还引发了国外的负面宣传。德意志帝国的宣传部长再也没有下令焚书，但他批准将一些现代艺术作品从德国国家收藏中清除出去——1004幅画作和大约3000幅平面作品，1939年3月在柏林的主消防站被销毁，从而使其在公众视野中消失。帝国文学协会的官员们例行审查犹太作家、现代主义作家和左翼作家，尤其是具备上述多项特征的作家。1936年，戈培尔还下令禁止文学批评，尽管事实上，这些指导方针主要是为了恐吓可能会冒犯纳粹官员的评论家。尽管如此，这些规则规定，评论必须遵循一种模式。正如历史学家理查德·格伦伯格

（Richard Grunberger）所指出的，"带有引用的概要，有关风格的旁注，对纳粹主义认同程度的度量，表明赞同与否的结论"。

汉斯·乔斯特（Hans Johst，1890—1978）是官方领域作家的代表，1933年戏剧《施拉格特》（*Schlageter*）的作者。该戏剧歌颂了一位纳粹烈士，这位烈士在1923年因反抗法国和比利时对鲁尔的占领而被法国人处决。剧中有一句名言："一听到'文化'这个词，我就要拿起我的勃朗宁。"乔斯特的这番话意在恳求主人公去战斗，而不是学习，暗寓纳粹德国的文化与武力之间的联系。

1933年首演的《施拉格特》被当作纳粹推崇的"英雄剧院"的典范之作。乔斯特被推崇为"纳粹桂冠诗人"。他在1935年至1945年期间担任德国文学协会主席。在这个职位上，他与戈培尔和许多其他纳粹高层领导人多有接触。他也是党卫军的一名上校，还是希姆莱的亲信之一〔他称希姆莱为"我的帝国元首，敬爱的海尼·希姆莱（Heini Himmler）"〕。乔斯特的作品曾有表现主义倾向，他偶尔也会帮助一些现代主义的同事，比如戈特弗里德·本（Gottfried Benn），但他成了那个时代主旋律"血与土"主题文学的支持者。乔斯特投身行政工作后，作品逐渐减少，但他还会继续发表诗歌、散文和演讲，包括1938年的《德国是我家》（*Meine Erde heist Deutschland*）和1940年的《帝国的呼唤，人民的回声》（*Ruf des Reiches, Echo des Volkes*）。1944年9月，乔斯特被列入"受上帝保护的艺术家"名单（Gottbegnadeten Künstlern）。然而，战争结束后，他接受了审判，并被判处三年半的有期徒刑，这一刑期在当时来说是比较长的了，随之而来的是十年写作禁令。他以笔名在德国连锁超市艾德卡出版的杂志《聪明的主妇》（*Die Kluge Hausfrau*）上发表诗歌，但乔斯特被联邦共和国当局视为严重威胁，他实际上被边缘化了。

戈特弗里德·本（1886—1956）是一名专门研究性病的医生，从各方面来说都不太可能成为伟大的诗人，尤其是表现主义派诗人。但他确实做到了。他在一战前推出诸如《陈尸所》（*Morgue and Other Poems*，1912

年)等诗集,作品还出现在表现主义期刊《死亡召唤》(*Die Aktion*)上。戈特弗里德·本对生活中的非理性力量——激情、情感以及驱使人类的本能表现出了强烈的兴趣。他对人性和生命的看法是阴暗的。他在第一次世界大战期间担任前线医生,战后回到柏林继续从事医务工作,并参加了先锋艺术家团体。

他成了乔治·格罗斯(George Grosz)的朋友,这位艺术家激发了本的灵感,促使他创作了《肉》(*Meat*)系列作品,名噪一时,并在1932年进入著名的普鲁士艺术学院。但是,尽管他与魏玛柏林的先锋派人物交往密切,但他也表现出对国家社会主义的支持。1933年2月,他被任命为艺术学院诗歌部的临时负责人,帮助纳粹推进"一体化"的进程,迫使海因里希·曼、凯特·科尔维茨(Käthe Kollwitz)等现代主义派人物辞职,并提拔了支持纳粹的作家,如汉斯·乔斯特、汉斯·格林(Hans Grimm)和欧文·吉多·科尔本海耶(Erwin Guido Kolbenheyer)。1933年4月24日,本和政府的关系迎来了一个关键时刻,当时他发表了题为《新国家与知识分子》(*The New State and the Intellectuals*)的广播讲话。文学学者埃格伯特·克里斯平(Egbert Krispyn)总结了他的言论:"他嘲笑所有的自由主义,并宣称知识自由必须服从于极权主义国家,并应为此做出牺牲。与此同时,他称赞国家社会主义者代表了新英雄主义物种,未来属于他们。"本与移民国外的克劳斯·曼(Klaus Mann)就"新"帝国中知识分子的角色进行了公开讨论,并阐述了一种高度种族主义的世界观。有时,他会将二者结合,例如:"你难道意识不到,在你的拉丁海岸,发生在德国的事件不是那种用著名的辩证方式扭曲和谈论的政治把戏,而是历史突变和人民愿望共同孕育的新物种的出现吗?"他还说:"文明的业余爱好者,歌颂西方进步的行吟诗人难道意识不到,最终,这里关键的不是政府形式,而是人类诞生的新愿景——或许古老,但或许是白种人最后一个宏伟概念,或许是最宏伟的宇宙精神本身的实现,就像歌德的赞美诗《致自然》(*To Nature*)的序言一般?"本的种族主义还表现在1933年9月他为杂志《我的世界》（*Die Woche*）写的一篇文章中，他呼吁"去除或隔离"（ausscheidung）"大众中不那么有价值的部分……"不仅是出于种族适应性的考虑，也是出于宏观经济（volkswirtschaftlichen）的考量。简而言之，本公开有力地阐述了一个种族主义的优生计划。他那以高雅文化为基础的论点被视为对种族灭绝计划的支持，尽管他本人没有呼吁杀戮和迫害。除了他思想的生物学部分，本的观点在其他方面与国家社会主义相吻合，包括对国家的赞美和对个人服从国家的号召。

事实证明，他对第三帝国的愿景只是幻想，因为他希望新统治者会拥抱现代主义——包括表现主义——并希望他们能重振这个阴郁的国家。他对日益暴力和激进的政府感到苦恼，在1933年6月，他放弃了普鲁士学院诗歌部主任的职位。然而，正是1934年6月的长刀杀人夜（murderous Night of the Long Knives）促成了本与政权的决裂。希特勒、戈林和希姆莱领导攻击救世军领导层，以及其他各式各样的政治对手。到今天为止，还没有确切的死亡人数，但一些人认为死亡人数可能超过200人。本审视了自己的选择：作为一名德语作家，移民似乎特别令人生畏。作为波美拉尼亚一位牧师的儿子，他觉得自己了解家乡，不能离开它。因此，他采取了著名的"贵族式移民"，选择了参军。1936年，本重新入伍，只是从医，并不杀人。他继续私下写作，视角变得更加黑暗，他对自己早先对国家社会主义的热情表达了一定程度的懊悔。他在战前写的中篇小说《狼酒馆》（*Das Weinhaus Wolf*）中援引了一句中国成语"骑虎难下"，并总结道："现在人们看到了历史上大规模屠杀的理由：掠夺和荣耀——这就是权力机制。"本从公共生活中隐退，就像恩斯特·荣格尔（Ernst Jünger，1895—1998）。在第一次世界大战期间，荣格尔用他的关于英雄主义和牺牲的故事，尤其是他的畅销书《钢铁风暴》（*Storm of Steel*，1920年），激励了许多纳粹。荣格尔拒绝加入纳粹党，对希特勒表现出明显的矛盾心理。在自己的作品中，他小心翼翼，尽力不越界颠覆，但是像《在大理石悬崖上》(*On the Marble Cliffs*，1939年)这样的讽喻性作品让人毫不怀疑他对政权的走向感到担忧。和本一样，荣格尔也经历了内部移民。他减少了公众活动，减少了出版量，但仍继续写作。和本一样，荣格尔最终也回到了军队。在德国占领巴黎期间，他驻扎在此，充分利用法国首都的文化生活，与毕加索和其他同时代人会面。两人都在战后时期重振了自己的事业：本在1952年获得了联邦共和国总统西奥多·休斯（Theodor Heuss）授予的勋章，荣格尔赢得总理赫尔穆特·科尔（Helmut Kohl）最喜爱的作家这一荣誉。

因为写作是最私密的艺术——甚至都不需要绘画材料——它为政权的反对者和受害者提供了记录经历和表达观点的最好机会。提到受纳粹迫害的作家，人们会想到沃尔特·本杰明（Walt Benjamin，1869—1940），格特鲁德·科尔玛（Gertrud Kolmar，1894—1943）和艾尔斯·拉斯克-席勒（Else Lasker-Schüler，1869—1945）。诗人保罗·塞兰（Paul Celan，1920—1970）曾在罗马尼亚犹太人区写作并翻译莎士比亚的十四行诗，在1944年至1945年被关在劳改营期间写下了《死亡赋格曲》(*Todesfuge*)，这可能是关于大屠杀最著名的一首诗。保罗·塞兰出生在保罗安切尔（Paul Antschel）的一个讲德语的犹太家庭，这个家庭来自布科维纳北部（属罗马尼亚，但更早的时候是哈布斯堡王朝的一部分）。这位年轻有为的诗人试图通过回到他在切尔纳乌迪（Cernauti）的家来抵御二战的风暴。但出乎意料的是，他竟被抓去当苦力，清理被不断摧毁的贫民区的废墟，而后又被关进劳改营。1944年2月，赛兰被苏联红军解放，之后便去精神病院做了看门人。他很快搬到了布加勒斯特（Bucharest），开始活跃于犹太文学圈。就在这个时候，他出版了德语和罗马尼亚语的《死亡赋格曲》。每一节的开头都是"清晨的黑牛奶，我们喝下它……"这是一个重复的短语，让人想起工业过程，然后赛兰将这个过程与火葬场的烟雾结合起来。这首诗中令人难忘的一句话"死神是个来自德国的大师"也成为经典。1947年，塞兰搬到维也纳，随后又搬到巴黎，之后大部分时间都住在那里。由于饱受孤独和疏离的折磨，他于1970年跳入塞纳河自尽。他是众多在大屠杀中幸存下来后又结束了自己生命的作者之一。这些作家包括让·阿默里〔Jean Amery，原名汉斯·查姆·梅耶（Hanns Chaim Mayer，1912—1978）〕、普里莫·莱维（Primo Levi，1919—1987）、塔德乌斯·鲍罗夫斯基（Tadeusz Borowski，1922—1951）和莎拉·科夫曼（Sarah Kofman，1934—1994）。

和保罗·赛兰一样杰出的作家包括瓦尔迪斯劳·斯皮尔曼（Waldyslaw Szpilman，1911—2000）、埃利·维塞尔（Elie Wiesel，1928—2016）、伊姆·克特斯（ImreKertesz，1929—2016）、露丝·克鲁格（Ruth Klüger，1931— ）。来自不同国籍的犹太作家群的普里莫·莱维，以及夏洛特·德尔博（Charlotte Delbo，1913—1985）、海因里希·鲍尔（Heinrich Böll，1917—1985）、昆特·格拉斯（Günter Grass，1927—2015）、克里斯塔·沃尔夫（Christa Wolf，1929—2011），以及博罗夫斯基等基督徒作家。这些作家的作品记录了他们在第三帝国和纳粹大屠杀的经历。由于纳粹征服了如此广阔的地域，这些（以及其他）作者记录下了广泛的欧洲经历。包括维克多·克莱姆佩勒（Victor Klemperer，1881—1960）、伊曼纽尔·林格布鲁姆（Emanuel Ringelblum，1900—1944）和安妮·弗兰克（Anne Frank，1929—1945）等人的作品在内的一系列回忆录也记录了那个时代。显然，在这些黑暗时期中的生活考验催生了他们对人类状况的深刻见解。

结 论

大约50年前，大卫·斯科恩鲍姆（David Schoenbaum）撰写了截至1939年的纳粹德国社会史。他提出了"客观社会现实"和"主观社会现实"之间的区别：前者代表了国家社会主义在统计学上可以度量的后果，

第四章 | 建筑与艺术

而后者则适用于人们对自己认为正在发生的事情的感知。许多德国人感知到了诸如社会阶层划分、收入分配和性别角色等方面的转变，但却与实际情况并不相符。是国家主导的文化和宣传说服人们接受这些虚构的转变。在他们的摩尼教世界观中，纳粹领导人制造了这样一个主观社会。一面是被历史学家彼得·雷切尔（Peter Reichel）称为"第三帝国的美丽外表"的美丽愿景；另一面则灌输种族主义和仇恨，其中尤以杰弗里·赫夫（Jeffrey Herf）在他的纳粹宣传研究中所称的"犹太敌人"最为突出。有时，这两面并存，比如这部有关特莱西恩施塔特集中营的影片《元首送给犹太人一座城市》（*Der Frührer schenket den Juden eine Stadt*），在1944年9月被暂时美化后投入拍摄。但电影杀青后不久，担任导演的犹太人库尔特·格伦（Kurt Gerron）就被"疏散"到奥斯维辛，一到那里就被用毒气杀死了。

由于纳粹领导人明白文化的重要性，他们在这一领域展开了激烈的（有时是残酷的）权力竞争。大多数人认为自己具有艺术潜质，比如希特勒是画家兼建筑师，海德里希和里宾特洛甫（Ribbentrop）是小提琴家，史特莱谢尔（Streicher）和罗森伯格是画家，冯·希拉赫是位诗人。他们认为自己代表了一个文明的国家，这一信念帮助他们把意识形态战争和种族灭绝合理化。文化和迫害以非常直接的方式联系在一起。盗窃一个民族的艺术和文化财产是通往奥斯维辛的扭曲道路上的重要一步。征用这些财产使受害者陷入非人境遇，正如犹太社区发生的那一幕，他们被迫陷入赤贫，营养不良，经常生病，逐渐接近通往奥斯维辛的征途。早在20世纪70年代初，乔治·斯坦纳就曾说过："艺术、学术追求、自然科学的发展，许多学术分支在与大屠杀和灭绝营相近的时间和空间里蓬勃发展。"为什么人文主义传统和行为模式在面对政治兽行时，是如此脆弱？事实上，它们是一种障碍，在人文文化中感知到专制统治和残酷的诱惑是更现实的。

作为欧洲文化最发达的国家之一，德国在高度重视建筑和艺术的领导人的统治下，陷入了野蛮状态。留给我们的是一些无法抹去的画面：汉斯·克拉萨（Hans Krasa）的儿童歌剧《布鲁尼德巴》（*Brunidbar*）正在特莱西恩城上演，作曲家和大部分演员在1944年9月的一场演出后被送往奥斯维辛并被杀害，还有在奥斯维辛门口演奏巴赫和贝多芬作品的管弦乐队。

在二战早期以维也纳为背景的电影《第三个人》（*The Third Man*）中，奥森·威尔斯（Orson Welles）饰演的角色观察到，"在瑞士，他们有兄弟般的爱，他们有500年的民主与和平，而这又产生了什么？布谷鸟钟"。这当然不是纳粹德国的情况。关键是，虽然纳粹限制文化，并试图扼杀创造力，但他们的努力最终并没有削弱第三帝国时期文化的重要性。事实上，情况恰恰相反。纳粹德国的文化史精彩纷呈，包括举足轻重、才华横溢的个人。他们在魏玛文艺复兴之后出现，涉及切中人类存在核心的主题。这就是为什么许多有才华的战后德国艺术家探索了文化和野蛮的联系，包括汉娜·霍奇（Hannah Höch）、约瑟夫·博伊斯（Joseph Beuys）、乔治·巴塞利兹（Georg Baselitz）、安瑟姆·基弗（Anselm Kiefer）和格哈德·里希特（Gerhard Richter）。正如彼得·沃森（Peter Watson）在他近千页的巨著《德国天才》（*The German Genius*）结尾处所言："德国的困境并不容易……"

| 第五章 |

摄影和电影

戴维·F. 克鲁（David F. Crew）

考察第三帝国时期摄影和电影图像的制作和消费是有重要意义的，原因主要在于两个方面：第一，纳粹在1933年之后的主要任务之一是改变德国人看待世界和看待自己的方式。虽然这项重塑大众观念和主观性的计划使用了文字、语言以及音乐，但其在很大程度上还是依赖于图像，特别是摄影和电影图像。第二，纳粹权力崛起期恰逢摄影和电影作为德国大众文化和社会实践实现重大突破的时期。1933年至1945年期间，数以百万计的德国人拍照片，更多的人会花钱购买带有插图的杂志或去电影院观看电影。这种前所未有、无孔不入的可视化流行文化，在构建与纳粹价值观相一致（或者可能相冲突）的新的世界观方面到底扮演了什么角色呢？

我把这一章当作对一个普通的德国人在开展他日常生活中各种活动时，所能接触到的照片和电影图像的探索。我的目标不仅是要从图像本身的角度来看待摄影和电影，更重要的是要将其视为大众社会和文化实践，是第三帝国日常生活中正常的、无处不在的组成部分。为了使这场讨论可控，我把重点放在了柏林（当时德国的媒体之都）和纳粹第三帝国的一系列重要的"样本"年上：1933年，希特勒上台；1938年，克里斯塔纳赫特（Kristallnacht）之年（"水晶之夜"），全国范围内发生针对德国犹太人的大屠杀，奥地利和苏台德被吞并；1939年，第二次世界大战爆发，纳粹野蛮入侵并占领波兰；1941年，德国入侵苏联，并逐步实施反犹大屠杀。1945年，战争主战场终于回到德国，空中作战对德国的城市造成了大规模的破坏，德国军队出现了整个战争期间最高伤亡率。虽然我会设法让读者清楚地了解德国人在第三帝国时期可能开展摄影和电影工作的所有不同地点，但我还是将研究重点集中在三个最重要的大众实践上——阅读插图杂志、观看电影和拍摄私人照片。

我在20世纪30年代和40年代出版的"地址簿"中选取了真正住在柏林的德国人的名字。然后我构建了一个想象的、但完全有可能的视觉旅程，这些人可能是在某个具有代表性的日子或星期，离开公寓，走在柏林的街道上，去上班或开展一些休闲活动。1933年，也就是希特勒上台的那一年，柏林的地址簿上将17人列为柏林米特区（Mitte）乔塞大街4号的"户主"。这条街是腓特烈大街向北延伸的街道，经过一个主要火车站然后向南穿过柏林的菩提树下大街。火车站向北几个街区，腓特烈大街与奥拉宁堡大街相交，这里有一座在城中显得尤为雄伟的犹太教堂。犹太教堂附近的居民区大多是犹太人。东边更远处是一个名为谢恩维尔特尔（Scheunenviertel）的居民区，居住着许多来自东欧和前俄罗斯帝国的犹太移民。然后，乔塞大街4号就在离这个犹太世界不远的东面。在19世纪，柏林这一地区的社会形象是由波尔西格机车厂（Borsig Locomotive Works）塑造的，该公司是柏林工业化的主要推动者之一。19世纪末，该公司进一步向北扩展到泰格尔（Tegel）。到了1930年，波尔西格濒临破产，其机车业务只能依靠德国通用电气公司（AEG）的收购得以维持。

1933年住在乔塞大街4号的17个户主中，只有两个人在1941年被找到：格罗斯（G. Große）是一名银行职员，而克拉特（K. Klatt）是一名邮递员。所有其他的人，从事着不同的工作，从机械师、记账员到卡车司机和女裁缝,他们要么搬走,要么去世,要么被派到第二次世界大战的许多战线中的某条战线上去了。现在让我们想象一下,1933年3月12日这天,即阿道夫·希特勒被任命为德国总理不到两个月的时候,我们跟随着银行职员和邮递员的脚步,离开乔塞大街4号的公寓、走在上班的路上。他们第一次见到照片可能是在当地许多居民区的报刊亭里,报刊亭里卖着几十种不同类型的日报和周报,包括最重要的插图报纸。在20世纪20年代,看插图报纸和杂志的德国人可能比看电影的人还要多。卡尔·克里斯蒂安·弗勒(Karl Christian Führer)指出,比如1934年,《柏林画报》(*Berliner Illustrierte Zeitung*)的发行量为945 472份,我们可以假定还有数十万德国人阅读此画报及其他杂志,但并没有实际购买,因为阅读圈(Lesezirkeln)提供出租服务。弗勒发现,到1938年,大约有100万德国人订阅了这样的阅读圈。1933年的柏林通讯簿列出了9个这样的阅读圈,包括创建于1880年的法伦霍尔兹阅读圈(Lesezirkel Fahrenholz),这个阅读圈在大都市有两个办公地点。

虽然在1933年,还能够选择包括外国报纸在内的出版物来读是很了不起的,但我们住在乔塞大街4号的两个居民可能已经意识到,在希特勒上台之前能够买到的一些插图报纸和杂志现在已经被禁了,其中首当其冲的就是《工人画报》(*Workers' Illustrated Magazine*)。他们再也找不到由犹太人或左翼摄影师和作家拍摄的照片和写作的故事。在纳粹统治下从事媒体工作需要具备帝国文化商会相应部门的成员资格,犹太人、左派和其他"不受欢迎的人"被排除在外。那么,格罗斯或克拉特从他们可以购买的插图中可能看到什么?插图杂志没有表现出主题的一致性,而是试图为每个人提供信息以提高销售额。在希特勒统治下,它们如何做到这一点既显示了魏玛时期做法的延续,但又有重要的变化。

纳粹党主流插图杂志《插图观察家》(*Illustrierter Beobachter*),专门对元首和纳粹运动进行视觉描绘。与《插图观察家》相比,《柏林画报》可能会受到更多政治上的限制。尽管如此,《柏林画报》却也在显要位置刊登过希特勒的照片。1933年4月23日一期的封面呈现了一幅引人注目且至今仍为人熟知的照片：希特勒穿着制服，他的身后簇拥着一群身着风暴支队制服，强壮而坚定的年轻人。我们看不到最后一排年轻的冲锋队员的头，也许他们的队伍在照片框架之外无止境地延伸开来，这意味着有那么多年轻人拥护希特勒，而一张照片不可能清楚地展示出这些人的庞大数量。这张特别的头版照片似乎纯粹是对纳粹事业的宣传，然而，它也显示出前纳粹时代的重要延续性。希特勒是新的名人。像男女演员或魏玛时期的政治家一样，希特勒现在已经成为一个热门的故事。

　　封面照片试图吸引潜在读者的注意力，进而促使他们决定买某本特定的插图杂志，而不是其他的普通在架杂志，但读者可能并没有发现他们每周看过的头版照片中一致的视觉策略。从视觉上看，1933年3月12日那一期的《柏林画报》的封面并不是特别吸引眼球，尽管它突出了德国航空一项可能实现的激动人心的传奇——这张照片展示了魏玛一所工程学校的三名重要的飞行员，但他们的装束都是非常古板的西装和领带。然而在这之后的3月19日的那一期上的头版照片则是完全不同的。这期的标题是《春天的阳光》（*Frühlingssonne*），它呈现了一个可爱的金发女孩。3月21日出版的一期特刊展示了政治性照片：这张照片摄于晚上，数百名冲锋队的军人手持点燃的火炬列队穿过勃兰登堡门（Brandenburg Gate）。4月9日发行的首版照片展示了一位年轻的女性（大概是美国本土女性）：穿着牛仔裤骑着马，戴着头饰，以此激发读者对"在亚利桑那州的沙漠悬崖上访问霍皮-印第安人"故事的兴趣。4月16日的封面照片是卡尔·本茨（Carl Benz）为曼海姆（Mannheim）的一座纪念碑做出贡献的报道，吸引了不少关注——卡尔·本茨是著名的德国汽车公司的创始人。图片展示了一个穿着19世纪的服装并面带微笑的女子坐在当时生产的三马力单缸的奔驰汽车上的情景。一周后，《柏林画报》刊登了一张照片，照片展示的是我们之前提到的阿道夫·希特勒在他44岁生日时被冲锋队的年轻人簇拥的画面。4月底，刊登了另一个纳粹领导人赫尔曼·戈林的照片，他在对教皇进行国事访问时与副总理冯·帕彭和梵蒂冈首脑出现在同一场合。5月1日纪念首个纳粹国家劳动节的另一期特刊,从下方拍摄了一张齐柏林飞艇的照片,照片左侧,飞艇上悬挂着一面纳粹大旗。两个星期后的5月14日,《柏林画报》封面印有"士兵运动员"的字样,展示了纪律严明的士兵们光着上半身,表演日常早操的情景。6月11日,希特勒又一次出现在了封面上,内容是他访问帝国海军的画面。然而,与希特勒早期照片不同的是,这张照片只展示了希特勒在一名高级海军军官的陪同下的画面。6月25日,《柏林画报》头版题为《母亲的手》的照片,展示了一个小孩坐在地上,伸手握着一个大人的两根手指,而画面中只有大人的双手和小臂。除了多样性之外,读者在《柏林画报》每周一期的封面照片上看不到一致的模式。事实上,这就是关键点——编辑们明白如果太多封面都是同一个人,如希特勒,就可能留不住读者,但他们也明白,封面照片不能简单地从政治过渡到日常生活。相反,头版呈现的照片需要让这两者交替出现,从而保持着吸引力。类似的原则决定着杂志的内部布局,它将一系列看似不协调的话题和照片并列在一起。

  1939年1月12日发行的一期即是一个例子。封面展示了四个年轻女人穿着某种类型的内衣一起在一间看上去像闺房的屋子里。标题解释说,这张照片是一场时长9小时的柏林新音乐评论彩排的场景,在这场彩排中,年轻女孩们演唱了一首全新的流行歌曲:"我喜欢黑发,但你是金发。我爱高个子,但你却很矮。我自己也不知道我们是怎么来的——这一定是你甜蜜的微笑!"女孩们一遍又一遍地排练这首歌,直到演出完美无瑕。同一期还有一个故事,庆祝希姆莱成为党卫军帝国长官十周年;还有一张希姆莱和希特勒一起行走在上萨尔茨堡(Obersalzberg)的照片。在这张照片下面,有一张法国总理爱德华·达拉迪尔(Edouard Daladier)在突尼斯观看当地军队阅兵的照片。在同一页的左边,还有一张埃及女王法里达(Farida)和她的女儿费里亚尔(Ferial)的照片。同一版还有庆祝希特勒在柏林的总理大楼落成揭幕式的照片,该大楼由阿尔伯特·斯佩尔设计。

右边的一张照片展示了希特勒在与大楼里工作的清洁女工交谈的情景。另一张则展示了希特勒和斯佩尔一起在元首偌大的新"工作室"里的情景。在第三张照片中，一名工人隆重地将新大楼的钥匙交给希特勒。还有一张照片展示了工人们听着希特勒的演讲，他说他们应该为这份工作感到骄傲。在这一页的左下角，读者可以看到一张不和谐的照片，照片上一位英国工程师试图让他的俄罗斯妻子乘飞机离开苏联，但没有成功；他的第二次尝试奏效了。照片显示，这对夫妇在柏林短暂停留期间重新团聚。在本期杂志中，还有三幅"戏剧性"的图片，这些图片是用一台装在飞机里的自动摄像机拍摄的，展示了西班牙空战的场景。但在页面的下半部分，主题转移到了"美国的丑闻和问题"上：照片上是一名曾任美国一家大型制药公司总干事的前囚犯，名为科斯塔–穆西卡（Costa-Musica），他诈骗了数百万美元，并用这些钱把他的别墅装饰得像一座中国宫殿。

有人提出，像《柏林画报》这样的插图杂志提供给读者的，只是第三帝国现实状况的过滤版本，这样可以把他们的注意力从残酷的政权上转移开。然而，1933年之后纳粹运动和纳粹政权极力推崇反犹太主义，令人厌恶，而《柏林画报》确实没有退缩，仍然向读者展示这些事实。尽管它可能并未达到《插图观察家》或臭名昭著的《前锋报》（The Stormtrooper）之类党刊那样的深度，但它也并没有简单地忽略这些组成纳粹现实的关键部分。1938年11月9日至10日，一起暴力事件席卷德国、奥地利和纳粹新占领的苏台德，即之后广为人知的"水晶之夜"。据索尔·弗里德兰德（Saul Friedlander）称，7500家犹太企业遭到破坏，267所犹太教堂被毁，全德国有91名犹太人被杀，3.5万名犹太人被逮捕并被送往集中营。根据戈培尔的指示，德国报纸开始了赤裸裸的反犹太主义煽动性宣传。《柏林画报》等画报杂志被禁止发声。1938年11月17日，"水晶之夜"事件发生一周后，《柏林画报》的封面刊登了一对优雅的夫妇一起跳舞的照片，照片中的人正是英国业余选手约翰·威尔斯（John Wells）和蕾妮·西森斯（Renee Sissons），他们被称为"世界上最棒的舞

第五章｜摄影和电影

蹈情侣"，多年来他们一直是国际冠军，最近又在柏林举行的一场国际比赛中再次获得冠军。然而，《柏林画报》并没有完全忽视当时针对犹太人的暴力行为。同一期杂志用两页篇幅描绘了纳粹举办纪念1923年11月8日至9日在慕尼黑试图推翻魏玛政府的活动。虽然这次政变失败了，但1933年时，纳粹把这次政变描绘成他们势不可当的权力崛起的开始。页面左侧的大照片标题为《（纳粹）受害者倒下的地方》。右边一张小照片展示的是苏台德纳粹领导人康拉德·亨莱（Konrad Henlein）第一次在慕尼黑参加典礼的情形。右侧的页面继续叙说故事，在《巴黎谋杀案后续》标题的底部是17岁的波兰犹太男孩赫歇尔·格林斯潘（Herschel Grynszpan）射杀德国大使馆官员恩斯特·沃姆·拉斯（Ernst vom Rath）的照片。戈培尔借用这一事件掀起反犹太暴力浪潮。在同一期的后面，还有题为《全球问题：犹太人》的两页故事。这是一个多方面的系列报道的第一部分，重点关注的是罗兹的犹太人——罗兹被称为波兰的曼彻斯特，每两个居民中就有一个犹太人。左侧页面上方的大图的标题表示，在主导罗兹经济的纺织业中，"大型经销商、小商贩和运输公司的所有者都是犹太人"。"犹太移民的大潮"正从罗兹涌入西欧。一张照片显示，年轻的犹太夫妇漫步在罗兹的彼得库夫大道上，而这条大道是属于那些"投资建造"它的人的。在这里，有人举止优雅脱俗，有人在英国或美国开立了银行账户，有人在每个商业大都市都有亲属；但他无视与出生的城市之间的真正联系，他只是在等待另一个国家提供的大机会的到来。

1939年1月5日出版的《柏林画报》刊登了第二期反犹太系列报道。这次的故事集中发生在罗马尼亚。右面一页的上面有一张大照片，照片上是一个穿晚礼服的肥胖男人；一个女人穿着晚礼服坐在他的左侧、抽着烟。标题表明这名男子是"罗马尼亚最富有的犹太人之一，金属大王奥施尼特（Ausschnitt）"。这则故事声称，60年前，他的父亲从加利西亚（Galicia）移民到罗马尼亚，从事回收、买卖废旧金属的工作。几年后，他与军队达成合作，为其供应物资。他去世时，给儿子留下了

145

价值100万雷（罗马尼亚货币）的黄金。通过操纵股票市场，儿子垄断了整个国家的金属工业。他的故事是很多犹太人的缩影，在罗马尼亚，"犹太人如鱼得水"。在这张照片下面，有一幅刊登在罗马尼亚报纸上的画，画中显示的是罗马尼亚边境一侧的犹太人正在向加利西亚边境一侧的犹太人招手，两边的犹太人形象都是以讽刺漫画的形式展现的。罗马尼亚的犹太人正在告诉加利西亚的犹太人他们应该到罗马尼亚来，因为这里的生活就像"坐在亚伯拉罕的腿上"一样舒适。这一页的右上方刊登着一幅地图，据称是犹太人在罗马尼亚的分布图。在东北部的几个地区，犹太人占总人口比例的25%。即使罗马尼亚政府及人民一再试图通过限制户籍来限制犹太人获得财产，以驱逐和无数次屠杀来降低这些"外来人"的影响，但他们的防御战还是失败了。现在犹太人占布加勒斯特（Bucharest）总人口的四分之一，据称他们控制了整个货币市场、外贸、自由职业市场和工业。据估计，罗马尼亚居民中犹太人共有190万人，占总人口的九分之一。

在报道了罗兹和罗马尼亚的犹太人之后，下一期的反犹太系列报道告诉读者："罗斯柴尔德家族（The Rothschilds）控制着世界。"故事宣称此照片本不会传到德国，并且是《柏林画报》在"特别困难的条件下"才获得的。照片显示，罗斯柴尔德家族在巴黎小镇的别墅里举办了一场豪华晚宴，为客人提供昂贵的美食佳肴、优质的葡萄酒和奢华的环境。

我们可以推测这些反犹太照片故事的影响。至少他们会向读者表明，这种种族仇恨现在已经被认为是第三帝国日常视觉经济的一个正常组成部分。20世纪30年代的《柏林画报》为这个种族群体的正牌成员雅利安人建构的视觉世界是：优雅、享受、冒险和消费者福祉，已经成为或即将成为第三帝国日常体验的新现实——而这三篇反犹太图片文章将"世界犹太人"描绘成实现这一承诺的敌人。或许这些文章也是为了提醒读者，与波兰、罗马尼亚或法国不同，纳粹德国政府已经实施了激进的反犹政策以排除犹太人对德国公共生活的一切影响。德国的雅利安公民可以对这种

"美好生活"怀有向往,而在欧洲其他地方,这样的美好生活正在被犹太人所享用。

在第三帝国看电影

结束了一天的工作后,住在乔塞大街4号的两位居民,格罗斯和克拉特可能决定去位于柏林一条主要大道上的华丽的"电影宫殿"里买票看电影,或者他们也可能会去一个普通的街区电影院。1933年柏林的地址簿列出的名单显示该市有不少于185家电影院。其中至少9家电影院在乔塞大街4号的步行距离内。据埃里克·伦施勒(Eric Rentschler)说,1933年德国全国共有5071家电影院。到1941年,这一数字增加到7043家。德国人热衷于看电影。1933年,他们看电影的次数共达到2.45亿次;到1944年,这一数字增加到11亿次。但是第三帝国的电影文化主要集中在人口超过10万的较大的德国城市,居住在小城镇和农村地区的德国人没有机会看到电影。

1933年后,住在乔塞大街4号的邮差和银行职员在柏林看到的大多数故事片与他们在纳粹上台前看到的并没有显著的差异。约瑟夫·戈培尔领导的一个新部门——大众启蒙与宣传部深入控制了纳粹德国的电影制作,但纳粹政府和德国电影制作人的首要任务是将观众吸引到电影院。这就意味着要制作具有娱乐性、有趣而引人入胜的电影。第三帝国的电影文化自然包括大量的政治宣传电影,如《希特勒青年魁克斯》(*Hitler Youth Quex*,1933年)、莱妮·里芬斯塔尔(Leni Riefenstahl)的《意志的胜利》(*Triumph of the Will*,1935年)和《奥林匹亚》(*Olympia*,1938年),以及反犹太主义历史情节剧《朱德·塞斯》(*Jud Süss*,1940年)。到1945年,已经有大约2000万德国人观看过这些电影。但第三帝国时期制作的绝大多数电影都是娱乐电影。伦施勒观察到,在1933年至

1945年之间制作的1094部德国剧情片中，295部是情节剧和传记，123部是侦探电影和冒险史诗，523部是喜剧和音乐剧。20世纪30年代最成功的电影之一《幸运的孩子》（Lucky Kids，1936年），改编自1934年弗兰克·卡普拉（Frank Capra）的好莱坞大片《一夜风流》（It Happened One Night），由克拉克·盖博（Clark Gable）和克劳黛·考尔白（Claudette Colbert）主演。《幸运的孩子》拍摄于纽约，并以美国名字命名角色。

德国观众、电影制作人甚至纳粹领袖都被好莱坞制作的电影迷住了。1937年，戈培尔在日记中写道，他送给希特勒的圣诞礼物是32部好莱坞的"经典影片"和12部米老鼠电影，"他对这些宝藏感到非常高兴"。德国人可以看到很多好莱坞的电影，直到1940年戈培尔禁止所有美国电影进入德国市场。科里·罗斯（Corey Ross）观察到，在1935年到1937年之间，每年德国电影院放映的最受欢迎的十部电影中，有四部是在美国制作的。德国电影制作人和纳粹官员都钦佩好莱坞的电影技巧，这些技巧使美国大片能够吸引到如此多样化的观众。与好莱坞不同，纳粹利用电影技术不是为了赚钱（虽然这对戈培尔来说也很重要），而是在被接纳的德国种族群体中建立一种"人民共同体"的感觉。讽刺的是，让20世纪30年代数百万去看电影的德国人拥有更加相似的观影体验的，不仅仅是屏幕上的图像，还包括声音。在无声电影时代，电影院会利用不同的音乐伴奏搭配不同的影片来迎合当地观众的口味。而1929年开始出现有声电影，这个无声到有声的过渡使得观影条件有了更大的统一性。而且制作有声电影的成本比无声电影要高，并且有声电影的产量也不大，因此当时很多德国人都在看同样的影片。

然而，乔塞大街4号的这两位居民去电影院看的并不都是故事片。正如埃里克·伦施勒证明的那样，到20世纪30年代末，至少在大都市的电影院里，德国观众可以看到的是一个冗长的节目，开始是广告，然后是新闻短片，之后是纪录片短片，最后是电影正片。在整个20世纪30年代，电影制作人和纳粹政客的首要任务是取悦德国电影观众。然而，这种对娱乐的关注并不意味着纳粹分子已经放弃了他们的政治目标。首先，他们得保证这是一部娱乐电影，能够把德国观众吸引到电影院，之后才能有机会让观众接触到带有明显政治色彩的新闻短片或文化电影故事。娱乐电影也不是完全没有政治意义和目的的。娱乐电影向观众展示了统治者对大众需求和欲望的反应。1933年，有些德国人担心电影会充斥着高压的意识形态轰炸，然而第三帝国时期的电影并非如此，人们仍然可以享受到1933年以前电影带给他们的快乐和幻想。然而，纳粹德国在和平时期制作的许多娱乐电影确实传达了微妙却重要的信息。这些信息有着有关个人幸福与社会和谐的兼容性，可能有助于纳粹管理大众情绪，并使观众在看待世界与纳粹的重大任务上产生情感上的一致性。

拍照的德国人

《柏林画报》不仅鼓励读者消费摄影作品，还鼓励他们"拍摄快照，拍摄自己"——杂志中有一则广告宣传语就是这么表达的。在一家泳衣厂商和爱克发（Agfa）影像公司的赞助下，一场盛大的比赛即将开始，它将是1933年游泳旺季的大事。这个比赛用一整版的广告照片进行宣传，照片中是一位穿着泳衣、戴着泳帽、面带微笑的迷人的年轻女子。比赛提供了价值15 000马克的奖品，包括摄影设备、泳衣和现金，奖励给获得"身着本格的里巴纳泳装拍摄的最佳照片"奖获得者。

19世纪20年代，德国率先生产小型手持式相机，并逐渐把相机价格降低到了很多人消费得起的水平，因此数百万德国人可以通过摄影记录他们的生活。迈肯·乌姆巴赫（Maiken Umbach）所指的著名的徕卡相机就是在1925年获得的专利。蔡司依康公司（Zeiss Ikon）于1933年推出康泰时（Contax）相机。在20世纪30年代和40年代，大量类似基本型号的相机进入市场，且价格更为便宜。1939年3月30日这一期的《柏林画报》刊登了一则广告,宣传爱克发伊索潘胶卷和爱克发伊索莱特相机。这则广告展示了一张当代纳粹主题的照片,照片正是用爱克发相机和胶卷拍摄的。照片中展现的是六个参加帝国劳工服务的年轻人,他们光着上半身,像扛着步枪一样扛着铁铲,排成一条直线向前行进。随着纳粹的重整军备计划的实施,出现了更多的工作机会,德国人也能够购买更多的相机。到1939年,仅徕卡相机就卖出25万台。如果住在乔塞大街4号的两位居民——银行职员格罗斯或邮递员克拉特到1933年的时候还没有相机的话,他们只需要去这条街的博瓦茨商店买一个就可以了。

迈肯·乌姆巴赫提醒我们,即使是没有照相机的德国人也可能参与摄影。例如,当一群家庭成员、同事或朋友在某些场合想要拍照留念的时候,有人就要充当摄影师为他们拍照。或者,这些照片的主角要经常与摄影师一起确定一个特定的拍照场景。许多看似偷拍的家庭照片其实都是摄影师和模特合作精心制作的成果——被拍的人决定穿什么衣服、用什么背景、摆什么姿势以及如何表现。模特和摄影师也可能一起从这些私人照片中挑选喜欢的照片。制作家庭、工作场所或其他的集体相册是一个漫长的过程;而拍摄家庭照片或其他私人照片往往只是这过程中的第一步。集体相册按照一定的顺序和照片之间的关系展示个人照片,照片旁边通常是手写的标题,所有这些都是为了叙述有意义的故事。到了20世纪30年代,摄影、拍照和收集照片已成为日常生活的一部分。摄影通过它自己的语言已成为一种新的大众传播途径。

第三帝国时期,人们拍摄了数百万张"私人"照片。在纳粹独裁统治下,普通德国人又是如何看待他们自己的生活呢?关于这个问题,这些照片能告诉我们什么信息?私人照片的主要功能是为家庭和个人生活中的重要事件——洗礼、毕业典礼、婚礼、家庭团聚、家庭旅行或朋友聚会等创造视觉纪念。这意味着许多在第三帝国时期拍摄的照片,与德国人在1933年之前或在1945年之后拍摄的照片似乎没有多大区别,甚至与同一时期其他欧洲国家或美国拍摄的家庭照片也没有什么区别。但是这些照片拍摄的社会背景是不同的，这些不同必然会在第三帝国时期私人摄影实践与意义上留下印记。首先，纳粹德国的公共空间往往被纳粹标志和符号所覆盖，如巨大的"卐"字符旗帜或反犹太标语横幅。这种侵略性的纳粹宣传不会出现在家庭范围里，但并不是所有的私人照片都是在家里拍摄的。一个德国人如果在户外拍一张"私人"的朋友或家人的照片，需要决定是否将纳粹标志或符号包含在镜头里。琳达·康兹（Linda Conze）、乌尔里希·普雷恩（Ulrich Prehn）和迈克尔·怀尔德（Michael Wildt）分析了20世纪30年代在德国一个较小的城镇里拍摄的两张私人快照，这两张照片就证实了这个问题。其中一张展示的是一位年长的女士独自坐在公园的长凳上。在远方的背景里，我们可以看到两座房子中间挂着一条反犹太横幅（"犹太人是我们的不幸"）。拍这张照片的人显然认为在镜头里不需要去掉这个横幅。第二张照片是在同一个公园里拍摄的，一对面带微笑的年轻夫妇坐在公园的长凳上，背景里没有显示横幅。但是我们不可能知道拍摄第二张照片的人是否是有意识地将横幅排除在镜头之外，或者他只是认为这个角度更好看。然而，很清楚的是，在第一张照片中出现的反犹口号并没有阻止摄影师拍照，或者说，它并没有阻止摄影师将其保存起来并作为照片里的人或者摄影师日常生活中一个微小而愉快的时刻的纪念。在这张私人照片里，纳粹政权公然的种族主义已经成为第三帝国日常生活摄影的一部分。

在第三帝国时期拍摄的数百万张私人照片帮助我们构建了一个"常态"的新形象。这种新常态绝不是由纳粹种族主义的粗俗言论支配的。但它确实以各种微妙的方式，将私生活与纳粹政权所承诺的光明未来联系了起来，而所有被接纳的德国种族群体也分享和享受了这种未来。当然，这意味着其他种族和外人不但不能享受第三帝国带来的好处，而且还会因为给被接纳的德国种族群体提供这些好处而经常遭受剥削。但是私人摄影通常都忽略了那些被纳粹排除在"人民共同体"之外的每个人的命运，这其中包括犹太人、"基因缺陷"的德国人和非德国的欧洲人。此外，在纳粹统治下，私人摄影本身就是雅利安德国人的特权。在战争期间，犹太人和波兰人拥有的相机都被没收了。在被占领的法国，只有占领军或德国民政当局中的德国人才可以出门拍照。新的大众摄影的主要目的是在图像的制作和消费中享受视觉乐趣，并为未来创造视觉记忆。实际上是照片培养了这样一种信念——尽管这实际上是一种幻想——即在希特勒的统治下，"正常"的私人生活是可能存在的，特别是如果德国人认为希特勒为他们创造了经济和其他方面的条件，很多人也确实是这么认为的。这样就使得日常私人生活的小乐趣，在经济大萧条和魏玛共和国最后痛苦的政治混乱（1930—1933）之后成为可能。纳粹许诺了一个新的开始。未曾受到纳粹政权迫害的德国人记得20世纪30年代后期和战争的头两年是一段"美好的时光"，在这一时期，充分就业使得人们有能力结婚，建立家庭，并开始重新享受生活的小乐趣。私人照片记录下了这些"美好时光"。

《柏林画报》中的德国战争

在20世纪30年代，插图杂志在故事报道方面还没有像日报那样受到严格的管制。随着1939年战争的爆发，情况发生了变化。军事审查制度和宣传部新的指导制度加强了对插图杂志内容的控制，这些制度与对报纸发行的要求类似。1939年9月，当我们这两位住在乔塞大街4号的居民到附近的报刊亭购买《柏林画报》时，他们会马上注意到杂志已经有所不同。像其他带插图的周刊一样，《柏林画报》庆祝德国的胜利，美化德国军队的剥削行为，向读者展示照片，证明希特勒的新型作战方式——闪电战——是不可阻挡的。在战争的头两年，《柏林画报》一直着重报道德军的不懈进攻，并一直延续到1941年6月22日开始的入侵苏联战争的初始阶段。1941年《柏林画报》刊登的照片故事强调了德国火力的破坏性影响。例如，7月10日那一期的两张照片展示了一排被摧毁的敌人的坦克和卡车。这期的标题告诉读者，在1941年6月22日至27日期间，德军共摧毁或缴获"2233辆战车，包括46辆重达52吨的坦克"。苏联战俘的照片显示他们迷失了方向，常常不戴头盔，制服脏乱，表情沮丧。相反，德军士兵装备精良，意志坚定，勇往直前地向苏联挺进。1941年7月17日的那一期刊登了四张标题为《这些是丘吉尔的同伙》的大头照。照片上，被德军俘虏的苏联士兵没有刮胡子，蓬头垢面。这些照片与下一个报道中四个英俊、微笑的德国士兵的大头照形成鲜明对比，他们仅在25分钟内就摧毁了6辆苏联坦克。德国士兵的照片充满了活力和阳刚之气，这些照片不仅与沮丧、肮脏和虚弱的苏联男性战俘形成了鲜明对比，更是与作战中的红军女兵形成了鲜明对比。1941年第30期杂志展示了一位"不自然的"持枪女同志。标题解释说："在反对布尔什维克主义的运动中，德国士兵一再俘虏女囚犯，她们有的穿着女性的服装，其他则穿着制服，（她们是）狡猾的狙击手、坦克队员或卡车司机。"

当我们乔塞大街4号的两个居民翻阅《柏林画报》时，他们一定会看到《柏林画报》所声称的一系列描绘"犹太苏维埃委员会暴行"的照片。据报道，在立陶宛，"布尔什维克委员会"不分青红皂白地屠杀男人、妇女和儿童。那些恐怖的照片展示了他们残缺的尸体。报道声称，一个年幼的孩子"仅仅因为母亲是德国人"就被谋杀。

大量势不可当的德军进攻苏联的照片，以及据称是犹太政治委员会和苏联秘密警察所犯暴行的照片同时涌入读者的视野。但这并不是巧合，《柏林画报》还有一个关于华沙犹太人区的冗长的照片故事。1941年7月17日出版的《柏林画报》中刊登的华沙犹太人区的场景试图展示，犹太人，即那些在"布龙贝格（Bromberg）、利沃夫（Lemberg）、杜布诺（Dubno）、比亚韦斯托克（Bialystok，战争初期德裔被杀的波兰城镇）进行谋杀的刽子手所属的群体"，是如何自生自灭的（但绝口不提正是德国侵略者导致了波兰犹太人在华沙犹太区的非人境地）。这些照片将犹太区的大多数犹太人遭受的悲惨情况和少数富裕的犹太人享受的特权进行对比——这些特权包括参加歌舞表演，在"犹太人聚居区酒吧"喝酒。这些照片似乎表明，一些犹太人无情地忽视，甚至可能利用了他人的苦难。没有一个地方有德国占领者的影子。

电影中的战争

第一次世界大战开始之初，参战各国政府都关闭了受欢迎的娱乐场所——因为在如此严肃的时期，这些地方似乎太"轻浮"了。然而，二战时期，为了鼓舞民众士气，电影院、无线电广播及其他形式的大众娱乐形式依然继续正常运转，这是一件大事。事实上，战时去看电影的德国人比和平时期还要多，而且最成功的一些德国电影也是在德国战争时期制作的。在战争的头两年，电影观众的增长一方面是因为德国人需要转移注意力，另一方面是因为他们对信息的需求，甚至后者的因素更大。成千上万的德国男人被派到前线，他们的亲戚朋友想了解战争的最新情况。对于这些影迷来说，新闻可能比故事片更重要。据科里·罗斯报道，柏林几家新开的电影院为了满足民众对战争信息的渴求，每天只播放新闻短片，有的甚至达到10个小时的播放时间。

在战争的头两年里，新闻片的优势在于能够或多或少真实地报道德国所取得的一系列不可否认的胜利。呈现给德国观众的战争情形无须经过重大篡改。然而，观众逐渐开始对新闻片所展示的战争场景产生怀疑，这种怀疑甚至在入侵苏联之前就有了。例如，据科里·罗斯报道，1940年2月，驻扎于德累斯顿的德国士兵就曾对一部展现德国侦察兵在洛林穿越法国边境的高调电影表达了嘲讽。但是新闻短片中对1941年开始的苏联战争中不断增长的伤亡人数则轻描淡写甚至完全忽略，这引起了观众对官方来源新闻的质疑。尽管如此，新闻短片仍然成功地将信息和娱乐结合起来，至少在此之前是这样的。然而，对新闻短片失去信心并没有造成电影观众的减少。事实上，越来越多的德国人被吸引到电影院去观看纳粹政府认为值得拍摄的、高质量、高成本的故事片。据科里·罗斯介绍，1943年至1944年间，德国人去看电影的平均人数比1939年增加了40%左右，是1933年的3倍之多。随着盟军轰炸行动摧毁了许多柏林电影院，以及德国电影业生产的电影越来越少，我们住在乔塞大街4号的两位居民实际上会发现越来越难买到首映剧场的票。罗斯表示，排队买票的队伍中会爆发打斗，票通常只能从黄牛手中获得。

战争期间，我们住在乔塞大街4号的两位居民可以看到不同类型的电影。历史剧描绘了德国过去的天才领导人〔《俾斯麦》，1940年；《弗里德里希·席勒》，1940年；《伟大的国王》，1942年（Bismarck, 1940; Friedrich Schiller, 1940; The Great King, 1942）。〕其他电影戏剧抨击了德国现在的敌人，财阀般的大英帝国〔《卡尔·彼得斯》和《欧姆·克鲁格》，1941年（Carl Peters and Ohm Krüger, both 1941）〕和苏联（GPU, 1942）。1940年制作完的电影《贾德·塞》（Jud Süß）和《罗斯柴尔德家族》（The Rothschilds）揭露了背信弃义的犹太人——被纳粹视为德国最大的威胁。《朱德·塞斯》（Jud Süss）是第三帝国最成功的电影之一。到1945年，超过两千万观众或约三分之一的成年人都看过这部电影。

纳粹承诺，击败敌人将使第三帝国成为一个庞大的新帝国，所有种族上被接纳的德国人都会从中受益。纳粹希望大制作的故事影片不会只是为了取悦德国观众，还要向德国人表明，他们的个人幸福取决于"国家的命运"，他们要动员民众支持这场战争。然而，至少现在个人的幸福必须服从于对胜利的责任和承诺。讲述了普通德国男人和女人在二战期间故事的《点播音乐会》（Request Concert, 1940）和《伟大的爱情》（The Great Love, 1942）能够成为在纳粹德国最受欢迎的两部战时电影也就不奇怪了。这两部电影都吸引了大量观众。据科里·罗斯报道，到战争结束时，《点播音乐会》卖出2650万张票，《伟大的爱情》卖出2800万张票。

《点播音乐会》成为多媒体制作的奇迹。这部电影的灵感来自一个非常受欢迎的广播节目，节目邀请听众按要求发送一段音乐，在广播中播放，送给对他们很重要的人。在战争期间，这个广播节目在战斗阵线和家庭阵线之间建立了一个听得见的纽带，一个正如纳粹所看到的"广播中的人民共同体"。重新命名的《国防军点播音乐会》（Request Concert for the German Armed Forces）邀请士兵们发送他们的音乐片段送给重要的人。1942年12月，一个特别的圣诞连线广播节目（多个电台连接）将家中的听众与德国士兵连接起来，他们驻扎在庞大纳粹帝国的遥远角落里，从北极圈到北非，从大西洋海岸到苏联。

《点播音乐会》讲述了一对年轻夫妇的故事，英格·瓦格纳〔Inge Wagner，伊尔斯·沃纳（Ilse Werner）饰〕和赫伯特·科赫〔Herbert Koch，卡尔·拉达兹（Carl Raddatz）饰〕在1936年的柏林奥运会时坠入爱河，但后来内战爆发，赫伯特作为秃鹰军团的飞行员被派往西班牙，他们失去了联系。1939年波兰被袭击之后，赫伯特仍然深爱着英格，便向电台节目《国防军点播音乐会》发出请求。两个人终于又找到了对方。科里·罗斯辩称这部电影之所以如此成功，是因为它将最近的事件带入了戏剧性的情节中，因为它使用了一些原始的纪录片片段。但最重要的是，它告诉德国观众，对国家的奉献并不会妨碍个人幸福和个人愿望的实现，相反，它最终会帮助实现个人幸福。

德国士兵拍摄战争照片

到1939年德国开战时，大约有700万德国人或10%的人口拥有照相机。为了向德国士兵推销相机，福伦达光学仪器公司做了一个广告，广告上画着一个士兵，脖子上挂着一个皮套，据称是皮套里的相机救了他的命。这则广告声称，一枚手榴弹碎片卡在了照相机里而不是士兵的身体里。在医院休养期间,他又订购了一部救过他命的同款福伦达相机。这台设备非常坚固,完全可以阻挡战争可能造成的很多伤害——虽然广告最后开玩笑说,用大炮瞄准相机并不一定是什么好主意。

受插图杂志和新闻短片中广告图片的鼓舞,许多德国士兵把相机带到了战场上。一小拨人也在他们的背包里带了手持摄像机。普通德国士兵拍摄的战争照片是什么类型的呢?这些私人照片与官方的摄影作品是一致的还是不同的呢?官方发出的照片是由宣传公司约15 000名摄影师在1943年之前随军拍摄的。二战期间,这些宣传公司的摄影师在德军战斗的每一条战线拍摄了至少350万张照片。其中数百张照片发表在大批量发行的插图杂志和报纸上,数百万读者可以看到。插图杂志——《信号》(*Signal*)以20多种语言出版,并在所有被德国占领的国家发行,巅峰时销量达到250万册。这些图像在很大程度上帮助塑造了德国人和欧洲人看待战争的方式。

帕梅拉·斯威特(Pamela Swett)、科里·罗斯和法布里斯·德·阿尔梅达(Fabrice d'Almeida)认为如果我们想要了解为什么数以百万计的德国人被纳粹政权吸引,甚至为之着迷,我们就需要承认它给那些种族上被接纳的人带来了快乐。战争带来的最重要的乐趣之一是使德国男性和一小部分女性有机会前往新纳粹帝国的每一个角落。带着照相机的德国士兵就像游客一样。在被占领的法国,他们拍摄了著名地标的照片;在巴黎,他们站在特罗卡德罗广场上,背后就是埃菲尔铁塔(正如希特勒在法国首都的旋风之旅中所做的那样),或者他们坐在圣心大教堂的台阶上,还有蒙马特的红磨坊、凡尔赛宫、孚日山脉和诺曼底海岸。在希腊,士兵摄影师为帕台农神庙拍照。景观是重要的主题,但迈肯·乌姆巴赫表示,西欧的景观照片与在东方拍摄的照片有很大不同。在西方,照片中呈现的景观是经过塑造的、"文明的"、可亲的。西欧显然属于一个熟悉的"文化空间"(Kulturraum)。然而苏联一望无际的草原却不是这样的,特别是当道路因为秋雨变得泥泞不堪时,整个景象就显得毫无吸引力,诡谲神秘,甚至充满威胁。在广袤无垠的东方大地上，德国士兵并没有归属感。

像一战时一样，德国士兵也通过照片来展示德国的军事力量，比如其闪电战在西方的胜利。他们还拍摄了敌方领土内被摧毁的建筑物、铁路线和桥梁的照片，摧毁或缴获的敌方火炮、坦克和其他武器的照片。敌方战俘的照片也出现在士兵的相册里。摄影师对黑人和殖民士兵特别感兴趣。在法国拍摄的照片中也出现了普通民众的身影。在苏联，对普通民众的拍摄更加具有民族研究价值。苏联的普通民众在德国士兵眼中是具有异域特点的、奇怪的、未开化的他者形象。

许多德国士兵和平民目睹了德国战争在东方的普遍暴行，一些人还拍摄了照片。但德国士兵的私人照片和相册中最常见的拍摄对象并没有什么新奇，有时就是士兵在东部前线日常生活中的滑稽场景——追逐鹅或山羊、做饭、洗衣服。然而德国士兵的剪贴簿中令人不安的部分是照片中展现的日常可期的生活与恐怖景象的对照。同一本相册中可以看到苏联占领区的灯柱上悬挂着的"游击队员"的尸体，同时还可以看到很多快照，拍摄了一些前线的同志，被破坏的建筑物或景观，东正教教堂或其他具有当地"色彩"的照片。战后，这些照片的所有人——或他们的亲戚——显然觉得这些关于暴行的照片不应该被放在这里，于是就撕下了它们，却留下了胶水印记和原始标题，作为现在缺失的照片存在过的痕迹。

暴行照片构成了官方和私人战争摄影的重要区别之一——正如我们所看到的，插图杂志确实刊登了暴行的照片，但只有那些据称是苏联人犯下的暴行的照片。然而，在其他方面，私人和官方战争照片的视觉世界比我们想象的更接近对方。普通士兵摄影师们复制了他们在插图杂志上看到的主题和观点，他们还从负责拍摄杂志照片的战争摄影师那里购买了一些照片，贴在自己的相册剪贴簿中。虽然私人和官方战争摄影不是简单的相互观照，但它们往往在共享的想象框架中重叠在一起，这一框架定义了战争本来是什么样子。

第五章｜摄影和电影

与摄影和电影的其他邂逅

在第三帝国，德国人还有许多其他方式邂逅并使用照片和电影图像。由于篇幅的原因，不可能把所有方式都考虑详尽。但至少可以提供一份简要的可能性清单，这是很重要的。如果我们住在乔塞大街4号的两名居民中有一位是吸烟者，他一天或一周中的一站可能是当地的烟草商，那么从4号向北走10分钟即可到达位于乔塞大街33号的克拉拉·阿姆斯洛（Clara Ameslower）。在这里，他可以买一包香烟，香烟盒里附赠可收藏的摄影卡片或购买照片的优惠券。在第三帝国期间，这些摄影图片的发行量可与插图报纸及杂志相匹敌。例如，由利是美烟草公司创建的香烟图片服务，在其高峰期出售了约240万册相册，顾客可以在相册中贴上希特勒或新德国武装部队的照片，或由该公司随每包香烟赠送的1936年奥运会的照片。

我们住在乔塞大街4号的两位居民也可以通过大规模生产的明信片的形式获得照片——1933年之前，明信片描绘的是旅游和历史遗址，但此时也包括希特勒的肖像。一些明信片是由希特勒的私人摄影师海因里希·霍夫曼制作的，他呈现了这位国家元首"不为人知的一面"（*As No One Knows Him* 是霍夫曼最畅销的照片集的题目。照片集是另一种视觉类型，是第三帝国另一个重要的摄影"平台"）——换句话说，明信片上展现的是希特勒私人生活中安静的瞬间。迈肯·乌姆巴赫指出，在风格和主题上，这些由霍夫曼拍摄的照片与数百万德国人在20世纪30年代拍摄的私人家庭照片类似。它们试图表现出与大量官方照片和画像中"伟大"的政治家希特勒所不同的，这位纳粹独裁者"更人性"的一面。

照片也用于一些更重要的纳粹宣传展览。首先是在1937年，接着是在1942年，我们住在乔塞大街4号的两名居民可以参观"伟大的反布尔什维克展览"或"揭露布尔什维克主义展"。1942年的展览设在距离我们这两位居民的住处不远的路斯特花园。该展览结合了摄影作品和展现可怕场景的画作，有些图片还是彩色的。1942年5月18日，一个由德国–犹太共产主义者赫伯特·鲍姆（Herbert Baum）领导的名为"树群"的反抗组织试图在展览会上放火。几天之内，该组织的许多成员被逮捕。20人被判处死刑。赫伯特·鲍姆在默比特监狱被折磨致死。他的妻子玛丽安于1942年8月18日在监狱被处决。这次纵火袭击使约瑟夫·戈培尔和其他纳粹领导人感到不安。希特勒怒不可遏，他告诉戈培尔要确保尽快将所有滞留在柏林的犹太人驱逐出境。

在第三帝国时期，摄影成为众多纳粹组织和机构的基本做法。如果我们的两位居民，或1933年至1945年间居住在这里的其他德国人，是希特勒青年组织、纳粹女童和妇女组织、帝国劳工局、党卫军、德国警察或其他任何第三帝国机构的成员，他们也会看到（甚至可能帮助制作）该机构活动的照片。这些组织中的许多人认为创造自己的摄影记录非常重要——这样才能保证建立自己的"内部"照片实验室。一些组织和机构还会出版插图杂志，在杂志上发表这些照片供内部消费，但也是为了向更多的德国公众宣传自己的组织。比如米里亚姆·阿拉尼（Miriam Arani）发现，在被占领的波兰，德国警方和党卫军拍摄了大量照片。其中一些被用来识别和残酷迫害波兰人、犹太人和任何其他非德国裔的人，党卫军或警察将他们视为第三帝国危险的敌人。其他发表在《警察》（The Police）等杂志上的照片也在该机构内流通。这些照片庆祝德国警察在波兰的"成就"，并试图塑造强大的自我形象，培育警察部队内部的集体归属感。德国警方的个别成员也在波兰拍摄了自己的私人照片。一个盖世太保的特工编了一本厚厚的相册，其中主要是他认定的德国敌人的照片——当然这些敌人仍然主要是犹太人和波兰人——而他的任务是消灭他们。

第五章 | 摄影和电影

作为武器的照相机

纳粹懂得如何利用相机作为武器。犹太人被羞辱甚至被谋杀的照片是第三帝国视觉经济不可或缺的组成部分。1933年，冲锋队拍摄了全国范围内抵制犹太人商店的照片，并张贴告示，任何胆敢越过抵制线的人将被拍照。冲锋队还羞辱了所谓的"混合种族"夫妇，让其在街上游行示众，强迫他们在脖子上挂上大牌子，承认"我掠夺了一个基督教少女"或"我是一个德国女孩，让自己被犹太人玷污"。这些公开的羞辱行为经常被拍照记录。康兹、普雷恩和怀尔德表示，在一个东方小镇——弗里斯兰镇（Frisian town）里，当地纳粹党支部委托一个药剂师拍摄这种游行的照片，后来他把照片放在他的商店橱窗里展出。1939年，德军入侵波兰时，国防军士兵羞辱了在华沙街头的正统犹太人，在镜头前剃掉他们的胡子和耳朵周围的头发；或者强迫他们做丢脸的体操，同时拍摄他们的照片。据尼古拉斯·斯塔加德特（Nicholas Stargardt）说，这个德国小镇里最后一批犹太人于1941年从巴特诺伊施塔特（Bad Neustadt）被驱逐到东部的照片被放大到海报尺寸，并放在市中心展览。就连入侵苏联后，在被占领的东方领土上发生的一些枪击犹太人事件，也显然是为了拍照而上演的。与上面讨论的私人照片中的拍摄对象不同，这些犹太人受害者对他们如何或是否出现在这些照片中没有任何发言权。显然，强迫受害者拍照的实际行为对肇事者很重要。这些照片本身将成为德国人与他们的种族敌人或其他敌人算账的纪念品。在这种情况下，摄影是权力的行使。

当然，纳粹的受害者们也拍照，虽然拍照对他们来说是非常困难也是非常危险的事。为什么呢？一个很简单的理由就是至少向自己证明，或许也是为了在将来证明，绝大多数第三帝国的照片和电影中呈现的视角并不是看待世界的唯一方式。这种摄影特征或自我主张，从犹太人在被占领的欧洲拍摄的婚礼照片中就可以看到。

能够有犹太人的婚礼照片是一件相当了不起的事情。我们无法指望犹太人会不顾纳粹占领、不顾被驱逐和被消灭的威胁而结婚。婚姻的前提是对某种未来的期望，即使是在最黑暗的时候。我们知道这些照片中的很多人都不会存活下来。难道他们不知道不久将会在自己身上发生什么事吗？他们是在自欺欺人，以为自己能活下来吗？1942—1943年间，在希腊萨洛尼卡（Salonika, Greece）举行的一场婚礼的照片说明告诉我们，这对夫妇的"婚礼是在他们被驱逐前两个月匆忙安排的，这样他们就能待在一起。这对夫妇在奥斯维辛集中营丧生"。

然而，知道这些照片拍摄的故事之后，我们反而很难理解这些照片最初展示的内容。我们也许知道这些照片里的大多数犹太人是活不下来的——事实确实是这样。认识到我们的"现在"和他们的"那时"之间的距离可以让我们理解为什么这些犹太夫妇和他们的亲戚是微笑着的，为什么他们在战时物资稀缺和纳粹迫害的极端条件下，花费这么多精力和聪明才智去寻找婚礼礼服和一场"体面"的婚礼所需要的一切。这些犹太人婚礼的照片并不是试图否认大屠杀的可怕现实，而是有意识地通过表明一小部分常态和对未来的希望来否定大屠杀的怪诞异常。犹太人婚礼的照片也可能暗示犹太人有时可以用摄影来挑战纳粹宣扬的反犹太人的恶毒形象。在这些私人照片中，犹太人展示了自己希望被看到的一面，而不是纳粹描绘的那样。

到1945年初，德国人的视觉世界正在迅速缩小。如果我们住在乔塞大街4号的两位居民确实还活着，而且还住在原来的地方，他们会发现已经很难买到一本插图杂志或找到一家仍在营业的电影院了。除非去黑市，否则士兵和平民可能无法买到相机胶片。随着纳粹帝国的边界在东部被红军压缩，在西方和南方被盟军击退，德国人在报纸和杂志上看到的战争画面越来越接近帝国本身。电影这个视觉领域尚未受到影响。在战争的最后一年，戈培尔投入了大量资金和其他资源来制作电影，如《明希豪森》（*Münchhausen*，1942/1943[1]）中的奇妙特效，或制作1945年1月30日上映的

---

[1] 本书中年份或月份中的"/"表示"或"，作者不确定或目前史学界无定论。——编者注

维特·哈兰（Veit Harlan）的电影《科尔伯格》（*kolberg*）中描绘的民族救赎的历史剧。这部电影描述了1807年普鲁士军队在波米兰尼亚的要塞科尔伯格镇对拿破仑军队的英勇防御。根据科里·罗斯的说法，这部电影是第三帝国最昂贵的一部电影。甚至在红军已经进入东普鲁士时，戈培尔还从前线调遣了5000名真正的德国士兵和3000匹马参与战争场景的拍摄，同时用100节火车车厢载着盐来模拟雪景。也许，戈培尔是希望这部电影能激励德国观众继续战斗到取得纳粹领导人所依然坚称的可能发生的"最终胜利"。然而，科里·罗斯认为，在战争的最后两年里，我们可以看到《点播音乐会》和《伟大的爱情》中揭示的娱乐和政治之间的密切联系。对许多德国人来说，电影现在已经成为逃避前线传来的更加令人沮丧的新闻的一种方式——哪怕仅仅是几个小时，尤其是在斯大林格勒事件（1943）以及盟军在德国本土的轰炸造成巨大破坏之后。正如一位当代人所描述的，德国人在1944年和1945年所看的电影是"帮助我们继续前进的电影"，那么越来越多的德国人打算前进不是为了让德国赢得战争，而是为了让他们及其家人能够在战争中存活下来。"只要德国人完全致力于赢得战争的胜利，他们就能期待美好生活"，这样的承诺变得越来越空洞。

德国人也越来越不相信他们在插图杂志或每周新闻短片中看到的东西。这两种视觉媒体都急切地用德国胜利的照片轰炸他们的读者或观众，而对于德国在1943年斯大林格勒惨败的言语或照片则很少见到。现在，比起德国人所看到的东西，他们更相信自己所听到的——在朋友和家人中流传的谣言或者英国广播公司中的德语广播。

第三帝国摄影和电影的来世

在第三帝国时期拍摄的一些照片在1945年后重回德国人的视野。那些纳粹暴行的照片和德国人向他们的死敌——犹太人复仇的照片，在战后浮出水面。这在当时也许被视为"伟大时代"的记录，却也成为这一可怕罪行的视觉证据。然而，第三帝国时期很多其他的照片和影片与纳粹恐怖的联系并不如此明显。战后一些德国人认为日常娱乐或度假的私人照片，还有纳粹制作的一些大型电影表明第三帝国的生活中，有许多部分没有受到纳粹意识形态和种族主义的影响。第三帝国的大片仍然会出现在德国电视广播的节目清单中，在1989年柏林墙倒塌之前，还会在民主德国和联邦德国的电视台播出。因此有争议认为，这些都是非常好的德国娱乐影片，没有真正的政治内容或意义。同样，如今的德国人也有可能被他们在数千张家庭相册中找到的私人照片所说服，这些照片表明，进行"正常"的日常生活不需要十分重视纳粹制度的意识形态和种族要求。第三帝国似乎总是躺在这些私人照片的框架之外。在这一章，我论证了我们不应该不加批判地接受这些说法。我们需要把第三帝国时期所有的影像资料放在赋予它们意义的真正的历史背景中重新定位，然后才能正确理解纳粹德国时期摄影和电影的用途和功能。

| 第六章 |

经　济

彼得·海斯（Peter Hayes）

　　纳粹经济史的核心有一个悖论：纳粹政权的丰功伟绩在当时看来似乎是举世瞩目的，但是，当人们随着历史的长河回首往事时，这看起来则更像是一种权宜之计，并最终遭遇了惨败。在工业化国家中，第三帝国最早走出了大萧条，并在这之后取得了伟大胜利，然而，这些胜利的背后是一系列罔顾后果的临时性经济政策，这些政策只能在短时间内勉强奏效。产生这一问题的根本原因是希特勒奉行的扩张主义所产生的巨大需求和纳粹德国有限的资源基础之间的持续差距。事实证明，这一鸿沟是可以在短期被弥补的，并足以支撑德国取得1939年至1941年战争的压倒性胜利；但随着全面战争在多条战线上的爆发，纳粹德国所能提供的资源就更为捉襟见肘。从1942年开始，帝国的物质匮乏导致了不可逆转的惨败。

　　阿道夫·希特勒早就预见到了这一问题。事实上，他的主要政治目标是通过获得"生存空间"来解决这一问题，在他看来，"生存空间"是在20世纪获得大国地位的前提条件。他相信，只有征服一个经济上能自给自足的邻近大国，德国才能在世界舞台上取得成功，并能与其他国家相抗衡。然而，与其他潜在对手相比，德国在人口和资源方面存在局限性，因此，希特勒知道他的帝国计划必须秘密地执行。在希特勒20世纪20年代公开和未公开发表的著作中，他预见到可以通过一种连续且分而治之的策略，来实现他的领土扩张目标。这种策略模仿了大约60年前俾斯麦的做法，后者通过连续战胜丹麦、奥地利和法国，最终实现了德国统一。希特勒策划了一个曲折的侵略过程，这一过程首先是与意大利共同对付法国在东欧的盟友，然后是打败法国，再然后就是在英国的支持或默许下，对抗苏联。共产主义国家失败后，德国就可以吞并乌克兰的粮食和煤炭生产地区以及高加索地区的油田。由此就奠定了各大洲对抗美国的最终战争胜利的基础，美国被希特勒认为是世界上存在着危险的犹太人权利的最后堡垒。

因此，纳粹经济政策的目标是在短期内抵消德国经济疲软所带来的影响，而土地掠夺则可以最终消除经济疲软。或者，正如希特勒在1927年时写到的那样，经济的任务是"确保民族的内在力量，从而使其在外交政策领域站稳脚跟"。尽管外交活动将在这一主张中发挥作用，但是纳粹元首却总是认为扩张归根结底是军事实力问题，而经济仅仅是形成军事实力的一种手段。1933年2月9日，希特勒在担任德意志帝国总理仅十天之后，就阐述了这一系列想法的主要实践含义。他告诉内阁委员会："今后，如果德国国防军的要求与其他目的的要求发生冲突，德国国防军的利益在任何情况下均须优先获得保证。"

因此，军事考虑的主导地位是贯穿纳粹经济史的红线，然而，这种主导地位最终却是一种自掘坟墓的行为。它确实在从大萧条中复苏的过程中发挥了重要作用，在纳粹统治的第一阶段，即1933年1月到1936年8月，它确实保证了希特勒对权力的掌控。但是，在第二阶段，即1936年9月到1939年9月，当纳粹政权为侵略构筑经济基础时，两者之间不断升级的要求相互冲突，并引发了其他国家的反对，这使得希特勒改变了原定的曲折路线，而德国为了占领波兰，只能同时与英国和法国交战。在第三阶段，即从1939年9月到1942年底取得胜利的高潮阶段，经济过度扩张的特征依然非常明显。在这一时期，苏联和美国加入到了德国的敌对阵营，他们在欧洲东部迅速取得了胜利。为了扭转帝国与其对手之间的权力不平衡局面，德国只能孤注一掷。最后，即1942年底到1945年5月战争结束的生存斗争中，德国虽然大势已去，但仍大举掠夺其已经占领的欧洲地区，希图尽力避免失败，但最终仍然赶不上帝国的对手们势不可当的生产能力。

复　苏

阿道夫·希特勒上台时，德国已陷入经济困境。自1928年以来，工业产值已经下降了三分之一。有超过600万人登记失业。而且，这个国家要实现最终好转似乎是不可能的。外币贬值削弱了德国的出口能力，到1933年夏天，德国的黄金和外汇储备仅能维持一个月最低水平的进口。即使需求和信心得以恢复，德国仍无力购买必要的原材料，这就可能会扼杀经济复苏。然而，到1936年夏天，这种情况却得到了明显改善。德国恢复了充分就业，工业产出超过了大萧条前的最高水平，国内生产总值和人均国内生产总值均超过了1929年的水平。尽管实际工资和人民生活水平都还未完全恢复，但在大多数德国人看来，经济安全感的恢复足以抵消这些问题。

那么，纳粹德国是如何迅速实现如此惊人的经济成功的呢？部分原因是希特勒的偶然上台。大萧条使工业固定成本和要素成本再次降至有利于盈利的水平，并且，早在1932年末，就业率和股市就已经开始回升。而且，魏玛共和国的最后两任内阁也同意了拨付大约10亿帝国马克用于创造就业机会计划，该计划于1933年开始实施。这些有助于推动建筑业和汽车业的复苏，这一向好态势在1934年扩大到了消费部门。希特勒的前任们未完成的道路建设项目也推动了形势的好转，尽管这些项目仍然需要时间来逐渐恢复,且其实际情况有时候也还达不到对外宣传时所说的那么好。直到1934年年中,在那些被吹上了天的高速公路上,也才只有34 000人在工作。

相比较于时机的重要性来说,纳粹政权的成功还是更多地依靠由希特勒的主要经济代理人执行的政策组合。这些经济代理人包括帝国银行总裁,也就是后来的经济部长贾马尔·沙赫特(Hjalmar Schacht)和威廉·开普勒(Wilhelm Keppler)。开普勒是一名纳粹退伍军人,他于1934年担任原材料制造专员。这一政策组合有两个主要的相辅相成的特征:政府对市场和企业决策的广泛干预以及剧增的军费开支。

干预的主要原因是德国不正常的贸易平衡。它迫使纳粹政权致力于削减非必需品的进口,实行必需品配给制,鼓励出口,并且多向那些能买到帝国最需要的商品的国家出口,开发和购买国货或买外国商品的替代品(例如,用合成纤维替代棉花和羊毛,用煤制汽油替代原油,用从煤中提炼的肥皂和油脂替代动物或石油基油脂)。这些努力引发了一场经济结构调整,并在整个第三帝国期间一直呈螺旋形上升态势。每当国家努力控制投入和产出中所出现的瓶颈和压力时,它就会产生双倍的力量,各种资源都会被导向到纳粹国家想要的方向上去。

在这一过程中,纳粹政权在运用胡萝卜加大棒的政策方面更趋熟练,因此他们可以利用激励和禁令操纵企业为其目的服务。由于进口替代品的生产成本太高而无法参与国际市场竞争,因此,为了诱导企业进入或扩大进口替代品的生产,帝国通常承诺其购买产品的价格会高于生产成本,在10年内对工厂进行折旧,并支付5%的年投资回报。这种做法的原型是1933年12月,帝国与大型化工集团法本公司之间著名的汽油合同,政府由此降低了德国对进口石油的依赖程度。当商业诱因不足以引导企业高管们按照政权的要求生产时,纳粹政权便毫不犹豫地运用强制手段。纳粹政权可能会用直接征兵的形式,如1935年经济部命令鲁尔地区的褐煤制造商购买布朗煤制汽油公司(Braunkohle Benzin AG,简称BRABAG)的股份,从而用褐煤制造汽车燃料。

相反,当纳粹政权想限制不具有重要军事意义的领域的生产时,经济部就会禁止投资购置新机器或扣留许可证,从而禁止其获得更多定量供应的建筑材料。最后,为了补充进口替代品,帝国开始了一项出口促进计划,通过对企业的国内销售额进行征税来建立一项基金,从而对企业在国际市场上以低于国内的价格销售产品的利润差额进行部分补偿。通过此类手段,到20世纪30年代中期,德国已经可以在更大程度上保障其从国外获得其最低需要,它也有能力将开支投入到希特勒的最高优先事项:重整德国军备。

早在1933年6月,纳粹政权就计划在此后的8年内将350亿帝国马克用于军备,也就是每年44亿马克或预计年度国内生产总值的5%~10%。到12月,德国空军设想,到1937年要有2000架前线飞机和30万人的军队。为了实现这些目标,军费开支从1933年时分别占国民总收入的1.6%和德国政府总支出的4%增长至1934年时的6.3%和18%。到1936年,这两项比例已高达13.7%和39%。帝国购买的军事装备和相关物品从1933年占国民产出的1%增长至1936年的11%。因此,1934年,军备预算占国内生产总值增值的47%,并在1935年达到了大约42%。尽管私人投资逐渐增加,但这些巨额支出大大降低了创造平民就业或其他形式的经济刺激的支出,加之士兵人数的增加,在纳粹统治的头三年,失业率也因此而大幅度下降。

这样大规模的支出引发了融资问题,为解决这一问题,沙赫特创造了一种平行货币,这种货币是由一家名义上的私人公司——冶金研究公司（Metallurgical Research Corporation）发行的可转让票据,所以该票据名为梅福券（Mefo-Bills）。梅福券可以像钱一样用于支付,也可以在帝国银行兑现,但却没有同时出现在当时的国家预算里。沙赫特还开始限制企业进入股票交易所等公共资本市场,从而将投资需求引向国债,又同时限制企业的股息支付,从而促使企业建立大量的现金储备,以便为服务于帝国经济优先事项的建设项目提供资金。

到1936年，学界对总体结果的评价是这样的：一位足智多谋的学者说是"不平衡的"，另一位学者说这是一次"严重变形"的经济复苏。虽然受到政府支出的推动，但纳粹的经济复苏并不是凯恩斯主义，因为凯恩斯主义是把钱放进消费者的口袋里，然后消费者把钱花了，并释放出乘数效应，从而推动整个经济增长。相反，德国的复苏采取了国家推动的方式，将国家财富投入到武器生产和对军事发展至关重要的基础设施建设中。从1934年年中开始，政府开始限制平民消费——禁止扩大生产用天然纤维制作的服装，食品的买卖完全由国家控制——并将资源用于化学制品和机械的产出。

虽然家庭收入增加了，但这是因为更多的人有了更多的工作，而不是因为实际工资的明显增加。尽管如此，人们对面包、糖、鱼甚至肉类等主要食品的摄入量增加，还是足以让大多数德国人相信他们的生活正在变得比大萧条之前更加宽裕。

为了加深民众的这种感受，在德国劳工阵线（German Labour Front, DAF，这一机构取代并吞并了工会）支持下，政府向德国人展示了"人民共同体"的好处。其中包括通过"力量来自欢乐"计划（Kraft durch Freuide，KdF）进行的廉价度假活动——其中大多数是短期的国内度假，还有乘坐威廉·古斯特洛夫号（*Wilhelm Gustloff*）等新远洋客轮去往挪威峡湾或者马德拉岛的航行。1934年，大约有200万德国人通过这一计划享受到了假期，并在第二年达到了300万人。组织者强调人们平等地享受旅游，例如，确保船只只提供同一类客舱，并通过抽签分配船舱。

政府还让人们有机会为"人民的汽车"（大众汽车，最初名为KdF-Wagen）存钱，汽车价格是"每个德国人"都能负担得起的，"不分阶级、职业或财产"，并让人们有机会购买其他如今被视为奢侈品的物件的平价款，如"国民收音机"（Volksempfänger）。

纳粹复兴的另一个方面有着明显的特点：帝国成功地控制和刺激了

德国资本主义。1936年,纳粹党报《人民观察家报》的经济编辑吹嘘说:"事实上,资本主义认为自己仍未被触及的地方已经被政治所利用……国家社会主义经济政策与技术时代相对应。它让资本主义像马达一样运转,使用它的动能,但改变了挡位。"他好像还补充道,"并改变了方向。"买家垄断正在形成,而德国就是这一经济体中的主要买家,正在获得不成比例的市场影响力。在没有直接干预私有财产权的情况下,纳粹政权不仅罢免了少数顽固的企业高管,还获得了让国内大多数经济和商业发展服从政治意愿的权力。德意志银行、德累斯顿银行和德国商业银行等大型股份制银行的重要性反而降低了。企业高管的自由裁量权,以及企业追求与纳粹政权的期望所不同的商业战略的能力也相应遭到了削弱。

自给自足

1936年夏末,在第三帝国刚刚成功地对莱茵兰地区进行了重整军备之后,德国最高司令部起草了其有史以来第一个大规模进攻计划。同时,希特勒也决心使德国经济与军事保持同步发展。他为负责军事和经济动员的两个副手,沃纳·布隆伯格和赫尔曼·戈林,准备了一个秘密备忘录,并指示,在四年内,德国军队要能够"运作",德国经济要"有作战能力"。不到两周后,纳粹领袖在纽伦堡党的代表大会上宣布启动"四年计划",降低对国外原材料的需求。从表面上来看,这是为了实现德意志帝国的经济安全,但实际是为了按时实现他给布隆伯格和戈林制定的目标。

这一目标的实现似乎耗资巨大,并且还在不断膨胀。20世纪30年代末,军备和自给自足(经济自给自足)项下的投资占德国国民生产总值增长量的67%。到1937年底,"四年计划"计划投资100亿帝国马克,主要用于用煤炭生产燃料和橡胶,开采国内铁矿石和用纤维素制造纺织品,从而将全国的年度进口额降至一半。一年后，空军的规划者希望德国的飞机数量能够增加到现在的5倍，同时，海军军力也能有所增强。并且，希特勒还批准了建造一支庞大的水面舰队的Z计划。军队仍然在增加细分部门，并沿德法前线修建西部防御工事。随着工业投资占消费品的比重在1938年下降到17%（1933年占比41%），从制造消费品中赚取的工业工资比重也下降到只有25%，德国畸形的经济生活形态变得更加明显。在1929年到1939年的10年间，实际国民生产净值增长了48%，但人均消费仅增长了4%，军事采购吞噬了德国国内生产总值的20%，这个水平对于处在和平时期的国家来说是前所未有的。

沙赫特对这些企业的承受力，以及由此导致的畸形所持的保留态度使他失去了希特勒的支持，而沙赫特对经济政策的影响力越来越多地转移到了赫尔曼·戈林的身上，戈林成为"四年计划"的负责人。即便如此，许多德国工业领袖仍对那些能够经受正常的商业可行性考验的项目进行投资的行为表示怀疑；同时，他们还担心，疯狂扩张的资金需求会使他们的资产负债表不堪重负。戈林的言论和行动有效压制了此类疑虑。1936年12月，他直截了当地告诉一群高管："新工厂的债务是否在任何情况下都能够予以分期偿还并不是什么要紧的问题……我们已经处于动员和战争中，就差没开枪而已。"1937年8月，由于德国钢铁制造商反对投资开采低级德国铁矿石，戈林就威胁要以蓄意破坏经济的罪名控告他们，从而予以压制。他强迫他们帮助资助一家国有资本占主导地位的新公司来承担这个项目，他还假装谦虚地允许将该项目命名为"赫尔曼·戈林国家工厂"。沙赫特于1937年11月辞任经济部长；戈林在1938年2月接任后，对经济部进行了"大换血"，其高级官员都是政府经济计划的坚定支持者。第二年10月，他对煤炭和钢铁公司的一群主要高管进行恐吓，以至于其中有一个人写道："如果国家认为我们的表现不尽如人意，那么征用就是不可避免的了……商业，特别是采矿业，从未像今天这样危险。"

事实证明，德国公司的累积储备，再加上平常的政府激励措施和补贴，足以维持1936年至1939年的工业繁荣。而国家通过征收每年增加5%的公司税率，要求储蓄机构将存款投入政府债券，并用抵免未来税收的方式支付其他费用等途径来资助这些补贴。同时，掠夺也帮助维持了帝国的预算。在1938至1939财政年度，政府通过强制"雅利安化"以及各种摊款和费用，加速剥夺德国犹太人的财产，从而使税收和海关收入达到了国家政府财政收入的5%。然而，到1939年初，帝国的财政状况变得越来越严峻：预计到1942年，每年的军费开支将达到300亿德国马克，一开始每年相当于德国国民收入总额的30%；帝国的短期循环债务将在1942年的前8个月上升80%；同时，流通中的货币量达到1937年的两倍，带来通胀压力，而且还存在失控的危险。

此外，事实证明，要满足包括很多需要进口的材料在内的建筑材料需求的增长是很困难的，这就跟为众多大型新工厂买单一样困难。在此前三年，帝国在其众多需求之间面临着艰难的权衡，并采取了越来越严格的配给和监管措施，但现在的规模比三年前要大得多了。帝国对铁、钢及其他金属的分配采取了更加严格的控制措施，从而导致了大量订单的积压。在1938年年中，政府获得了征召和分配劳动力的权力。曾经有一段时间，掠夺也在这方面帮助了帝国：1938年3月，德国占领奥地利，从而使德国的外汇供应增加了一倍。一年后，德国对捷克黄金储备的收购，减轻了德国进口商品费用支付的负担，同时，捷克的军备工业和武器储备也提高了德国国防军的实力。尽管如此，早在1939年，国外购买力的极度疲软迫使帝国立即将资源投入到出口商品中，减少生产军需品。这种僵局暴露了希特勒经济学的矛盾性。为了征服世界，要防止封锁，实现自给自足和大规模军备，而"四年计划"则使征服世界的必要性变得更加突出。

掌控着局势的纳粹领袖认为，等到1940年"四年计划"完成再发动生存空间战争之时，将贻误战机，且损失惨重。在1937年末的一次会议上，他曾预测，1942年或1943年将是开战的最佳时间——到那时，虽然那些更富竞争力的对手已经在努力赶超，但他重整军备的运动将为他赢得最大优势。现在他得出结论，他已经建立起了一台强大的军事机器，国内已有足够的能力来生产必要原材料的重要替代品，并将德国企业转变为实现国家目标的工具。但他的国家正在运行的经济能力也已经达到了外部极限。只有提高经济能力，他的帝国才能战胜其潜在的敌人。鉴于这一认识，再加上斯大林在1939年8月公开的《互不侵犯条约》，以及一项以谷物和矿石交换机器的协议，希特勒对他的曲折计划做出了修改。通过入侵波兰，他认识到，虽然波兰和法国是他的对手，但英国可能还是会支持他们。尽管如此，在再次转向东方战场之前，他仍然打算继续玩弄他们。

征 服

尽管在战前几年已经负担了各种开支并做出了种种努力，而且希特勒分析认为，对于德国来说，1939年是相对有利的开战时间，但第三帝国在加入了第二次世界大战时还是背负了众多不利因素。帝国只有一部分军队实现了机械化；英国和法国的机械化军队的数量更大，而且有时还会装备性能更为优越的坦克和飞机；弹药、石油和橡胶的储备也仅够维持几个月的战争；而且，相对于它的敌对帝国而言，这个国家的人口和国民生产总值也要少得多。此外，德国早已进行了充分动员，似乎已经很难再从其经济中获得更多的军事产出。劳动力方面已无潜力可挖，因为在二战期间，相比英国和美国来说，已经参加工作的德国女性的比例更高（1939年，在15～60岁的德国女性中，有超过一半的人就业，而且女性占德国劳动力的比例已经超过1/3）。当成千上万的工人应征入伍的时候，在很大程度上，只能通过将劳动力从次要产业转移到重要产业才能实现军事生产的发展，而多年来，德国也一直都是这样做的。

1939年至1940年间纳粹耀眼的军事胜利掩盖了这些问题。同时，随着苏联粮食和矿产品的流入，这些问题在一定程度上也得到了缓解。大量波兰和法国战俘变成了劳动力，其中以农业方面居多。荷兰、比利时和法国的数千吨燃料和其他原材料均落入德国人手中。1940年1月至7月期间，德国的武器产量翻了一番，事实证明，包括镍、铜和钢在内的金属库存对此做出了巨大贡献。那年秋天，德国从波兰吞并的领土上实现了大丰收。被占领的丹麦奶牛场成为后方黄油、牛奶和奶酪的主要来源。对西欧及后来的塞尔维亚和希腊征收的大量占用费不仅充实了帝国财政，而且国防军还能用当地货币给驻扎在那里的士兵发放军饷。商店里有许多国内短缺的商品，军队用这笔钱把它们买了下来，然后通过军事哨所把这些商品送回国，这缓和了定量配给的负面影响。

但是，德国的占领国和盟国也成了累赘，导致帝国的资源需要向太多方向分散。现在，虽然煤炭生产不景气，但西欧以及德国的家庭依然需要供暖，那里的工厂也依然需要供电。为了与芬兰、意大利、克罗地亚、罗马尼亚，特别是苏联保持贸易往来，必须继续保持一定数量的出口产出——因为德国需要用机械和技术知识换取这些国家的商品，这其中有一部分对国防军是至关重要的。军队需要更多的人员，但煤矿、军火厂和农场也同样如此。军事行动在很大程度上依赖于马匹，但农业生产也同样如此。同样，化肥和炸药也均须使用相同的化学物质来制作。

潜艇、大炮、飞机和坦克都要用到常见的金属和机械部件。早在1940年，帝国领导人就认识到了在战争中一直困扰德国工业的核心问题。就算帝国通过向国内的工厂施加压力，让它们生产出更多的设备，但是，由于国家资源有限，包括弹药、船舶、装甲车、飞机在内的任何重要军事工具的适当增产，通常都会导致其他一些工具的减产。这就导致了1940年至1941年间断断续续的军事生产模式的出现，生产重点会根据不断发展的战略考虑迅速而突然地从一个重点转移到另一个重点。

德国的经济限制意味着，增加军事生产需要采取更严格的粮食和商品配给措施，并进一步减少消费品供应。在二战的头两年，人均实际消费和职工家庭口粮中的卡路里含量均下降了近20%。为军队制造材料的工业劳动力所占比例从1939年的22%飙升至一年后的50%。与此同时，人们几乎没有什么可买的东西，这样就积累了大量的储蓄存款——到战争中期，储蓄总额达到400亿帝国马克——民众的存款为政府提供了强制性贷款。

和1939年一样，希特勒在1940年认识到了持续的经济制约，这促使他试图使用武力突破这些制约。甚至，希特勒于德国空军在不列颠之战中战败以前就已认为，他们应该夺取苏联的粮食和资源，而不是用钱去购买；而且，通过入侵苏联，可能还可以说服英国人达成和解。到12月，入侵计划进展顺利。军事生产的重心从1940年的弹药生产转移到1941年的火炮、枪炮、飞机、车辆和潜艇生产，所有这些都是为了迅速取得东方战场的胜利。纳粹的首脑们虽然认为能够迅速在东方战场取得胜利，但是，由于美国可能会介入英国战场，所以也不一定要结束这场战争，因而纳粹策划者们还是想扩大战争的规模。因此，从1941年开始，纳粹对战争进行了更大规模的投入，这其中不仅包括武器和弹药，而且还要用煤炭生产出燃料和橡胶，从而满足帝国的需求。为了扩大燃料和橡胶生产，德国在盟军轰炸机射程之外的上西里西亚区（Upper Silesia）的莫诺维茨（Monowitz）、海德布莱克（Heydebreck）和布里施汉摩尔（Blechhammer）建造了一个三角形的巨大军事设施。这些设施的建筑成本总计超过10亿马克。

在德国20至30岁的健康男性中，有85%的人身着制服。尽管如此，在战争的头两年里，德国在军事产出方面还是取得了显著的进步。飞机年产量从1939年的8295架上升到1941年的11 776架，潜艇年产量从15艘上升到196艘，坦克年产量从约1300辆上升到5200辆。尽管如此，英国的飞机和潜艇产量还是高于第三帝国，苏联的飞机、潜艇和坦克产量也同样都超过了帝国。到1941年秋天，德国放慢了进军苏联的脚步，正如亚当·图兹（Adam Tooze）所说的那样，那时"德国战时经济开始分崩离析"。煤炭短缺既削弱了西欧工厂对帝国的效用，也减缓了炼钢用焦炭的生产，而焦炭在军备生产中是必不可少的。限制燃料供应使军事谋划者得出结论，德国不能同时在海、陆、空进行有效的战斗。空军和陆军的装备需求似乎是相互排斥的。包括德国空军的恩斯特·乌戴特（Ernst Udet）在内的几位消息灵通的官员一致认为这场战争是打不赢的，于是便自杀了。负责军备生产的弗里茨·托德同意他们的观点，并在1941年末把这个情况告诉了希特勒，几个月后，他死于一场空难。

挣扎求生

正如一位德国实业家后来所观察到的那样，在第二次世界大战期间，帝国的武器制造商总是处于一种捉襟见肘的境地，"就好像他们不得不用很短的毯子盖住自己：如果某一方用毯子把自己都盖好了，那另一方肯定就盖不住了"。1942年以后，由于大量使用强制劳动和奴役劳动，德国在生产方面实现了巨大的飞跃：1944年的坦克产量是1941年时的4倍，飞机产量是1941年时的3.5倍。但是帝国的资源是十分紧张的，要实现产量的激增，只能降低质量或对其他方面进行减产。为了生产出更多的飞机，每月只能集中生产一些标准型号的飞机，如海因克尔111（Heinkel 111）和梅塞施米特109（Messerschmitt 109），同盟国在这方面的生产能力已经远超德国。弹药产量连续几个月的增加是以牺牲坦克的产量为代价的，装甲产量的增加是以牺牲潜艇的产量为代价的，而火箭产量的增加也是以牺牲大炮的产量为代价的，如此不一而足。这场战争是绝望且注定失败的，因为美国、英国和苏联的生产能力要强得多，他们在1941年至1943年间生产的飞机数量是德国的6倍，1944年的产量是德国的4倍，他们在当时几乎已经完全占据了空中优势；在坦克制造方面，1941年至1944年间，美国、英国和苏联的产量是德国的3倍。即使考虑到美国和英国也在同日本作战，同盟国依然占据着压倒性的经济优势。而且，德国还在1943年后遭到了空袭，导致德国不得不将大量的大炮和弹药从前线转移到防空部队。

正如弗里茨·托德所极力主张的那样，如果不能同时在两条战线结束战争，那么，明智的做法是至少结束其中一条战线上的战争。但德国没有这样做，这不仅是希特勒孤注一掷的种族冲突意识的产物，也是因为他相信德国仍然可以获胜且人们对其深信不疑。更何况，另一个官员还在欧洲大陆上无情地攫取劳动力。托德的继任者，阿尔伯特·斯佩尔是顽固的胜利信徒，他于1942年2月就任军备部长，图林根的纳粹省长弗里茨·萨克尔（Fritz Sauckel）是他的得力助手，于1942年3月就任劳工事务全权代表。这些人几乎和希特勒一样要为延长战争负责，他们不仅要对帝国所采取的越来越多的犯罪生产方式负责，更要对战争期间德国遭受的大量死亡和破坏负责。

在斯佩尔执掌军备的头15个月里，德国的军备生产增长惊人，平均每月增长5.5%。但是从某种程度上来说，随着许多新的生产地点投入运行，措施和投资产生的成效其实是发生在他上任之前。但是，他建立了由一名资深的纳粹分子和制造商汉斯·凯尔（Hans Kehrl）领导的新的中央计划办公室，收紧了德国经济战争的总体方向。斯佩尔还主持创建了一个精心设计的团体和委员会系统，每个系统均由经验丰富的实业家领导，分别负责协调工业投入和产出的流动。

随着模型和定价的进一步标准化，这些举措使得效率和生产力取得了小幅提高。但是，推动德国产出激增的真正力量其实是萨克尔大力开展残酷无情的征召和抓捕，其将数百万的外国劳工带到德国，他们中被迫工作的人越来越多。1942年，生产坦克的工人总数增加了60%，机车制造业的工人总数增加了90%。大多数新手都是外国人，他们很快就占到了军备工人的1/3，而在制造飞机的工人中间占到了40%以上。到1944年，大约有800万外国人在德国工作，他们构成了46%的农业劳动力，34%的矿工，30%的金属工业工人，28%的化学工厂工人占比，其总人数占全部劳动力的26%以上。

这种外国劳动力其实是一种掠夺，他们中的许多人都是被迫劳动的。

1943年9月，意大利投降后，大约有60万意大利士兵被德国人关押，然后被运往北方，这些士兵遭受了专门针对他们的鄙视和苛待。波兰人不得不在衣服上佩戴标识性的"P's"的标签，而来自纳粹占领的欧洲更东边地区的工人则贴上了"Ost"的标签；这两批人（在1944年时有380万人）的劳动任务最艰苦，但所获得的食物最少，到手的工资也是最低的。这些劳工被严格限制与周围的德国民众接触，如若发生性关系则可被处以死刑。西欧和北欧工人的情况就会好一点，但仍有很多人潜逃。在空袭期间，潜逃人数更是成倍增加。

　　1943年5月，同盟国加紧空袭，结束了德国军备生产不断上升的态势，在接下来的9个月里，德国的军备生产基本都处于低潮期。与此同时，这一年夏天，德国在库尔斯克战役中被苏联击败，标志着帝国明显已经无力发动重大的进攻行动。面对毫无悬念的战败结局，斯佩尔和萨克尔不仅加倍强迫劳工劳动，而且还加强了与海因里希·希姆莱和党卫军的合作，把集中营的囚犯当作奴隶劳工——他们只须每日向集中营支付租金，而根本不用向这些工人支付任何报酬。1941年，私营企业开始在奥斯维辛附近的法本工厂以及附近的布里施汉摩尔和海德布莱克的建筑部队中使用犹太人和其他囚犯做劳工，并让囚犯参与进行上西里西亚区和德国在战前吞并的波兰部分的道路建设项目——该项目由菲利普霍尔兹曼建筑公司承建，但这种做法在这之前是相对罕见的。在1943年之前，大部分的囚犯劳动都是在集中营中党卫军所属的工厂里，或由党卫军指导的基础设施项目中，其中有一大部分是在东欧。但是，1942年11月，经过斯佩尔的劝说，希特勒已经授权在帝国内部的工厂使用集中营的劳动力。而在当时，这种做法与那个也许可以称为第三帝国彻底失败前最荒诞的经济倡议一起被推翻了：战斗机工作组计划（Jägerstabprogram, Fighter Staff Programme），就是将国家大部分重要工厂，特别是为空军生产的工厂掩埋或转移到地下。其中包括纳粹实现胜利梦想所日益依赖的制造"神奇武器"的装置，特别是V-1和V-2火箭，这些装置耗费了越来越多的稀缺资源。仅在V-2计划中，帝国就投入了20亿帝国马克，其中大部分是为了建设一条穿越德国中部山脉的装配线。成千上万的集中营囚犯在那种极端恶劣的条件下进行劳作。最终，死于火箭制造的人数几乎是被火箭炸死的人数的两倍。

奴役劳动制度所造成的伤亡人数是极其可怕的，在战争的最后两年更是如此。在法本公司的奥斯维辛集中营工厂，有2.5万至3万名囚犯在劳作过程中死亡。据记录，1945年初，有70多万名难民营囚犯为德国或私人企业工作，到第二年夏天，其中可能共有2/3的人已经死亡。此后，强迫劳工的死亡速度有所降低，但伤亡的原始人数还是很大的。至少有30万苏联和波兰文职人员在德国工作期间死亡，另外还有100万苏联战俘死亡。广泛流传的说法其实是一种误解，与之相反，强制劳动或奴役劳动制度其实都不是受利润所驱动。他们是在希特勒的种族唯我主义和德国劳动力供给的数学模型的共同作用下出现的，因为希特勒坚持认为只需考虑德国人的福祉。随着军队的需求削减至与德国劳动力的规模（和质量）相匹配时，帝国的劳动力缺口已高达数百万。德国之所以使用强制性工人，并不是因为他们廉价，而是因为他们是可用的，而且一度似乎是可以不受限制地进行替换。但事实往往并非如此，尤其是在进行建筑作业时，因为他们往往生产率低下，他们的劳动产出还抵不过从党卫军那里租赁、供养和看管他们的费用。但这一事实却导致了一种反常的激励，它促使雇主节省这些工人的供养和看护开支，只要他们的人数还足够就可以了。

萨克尔和斯佩尔的劳工制度集中体现了德国为了争取大陆主导权所表现出的恣意妄为和冷酷无情，但这一切最终却徒劳无功。诚然，使用外国劳动力确实有助于解决战争导致的德国农业减产问题。1939年至1944年间，德国的农业产出只下降了15%，而从占领国运来的农产品数量还超过了这部分下降的产量。尽管如此，从1942年初开始，德国平民的日常饮食却变得更糟了，随着脂肪和动物蛋白供给的急剧下降，人们只能用土豆和卷心菜来替代，而用来制作面包的面粉的质量也大幅下降。在煤炭和钢铁

表6-1. 奴役劳动经济学

	纳粹党卫军为熟练具备所需技能的因犯劳动力所支付的租赁费（帝国马克）	正常德国工资率（帝国马克）	集中营劳工的生产力不会影响到成本问题，并占德国生产力标准（承担不可调整的合同价）的百分比（%）	集中营劳工的实际生产力，占德国生产力标准的百分比（%）	承担未经调整的合同价，使用集中营劳工是否比使用正常劳工获利更高？
金属加工业：					
熟练工	0.545	1.21	45	40~60	是
半熟练工	0.364	1.011	36	40~60	是
劳工	0.364	0.795	46	30~50	?
女性劳工	0.364	0.582	63	60＋	是
电气工程：					
女性劳工	0.364	0.629	58	60+	是
结构：					
木工、混凝土	0.545	0.969	56	28~38	否
专业人员	—	—	—	—	—
砖瓦匠	0.545	0.929	59	28~38	否
修路工	0.364	0.684	53	28~38	否

等关键投入供应有限的情况下，1941年后，西欧工人进入德国并在那里开展集中生产——这实际上确实是出于经济目的的考虑。但强迫劳动和奴役劳动计划的效率确实低得惊人，且在政治上适得其反。这使得被占领国的人民与德国离心离德，进而加剧了1943年至1944年欧洲抵抗运动的蓬勃发展。很多人不得不躲藏起来，由此导致了被占领地区生产率的下降。而且，被他们蒙骗了的德国人以为还能赢得这场战争，这其中就包括阿尔伯特·斯佩尔。

事实上，德国的掠夺在其他各个方面也都同样是得不偿失的，它们只能产生短期的收益，而帝国相较于其敌人所存在的劣势却永远也无法被弥补。而且，在权衡得失的过程中，这个国家其实已经在走下坡路了。对于被占领国对德国的贡献有各种不同的估计，但最可靠的数据表明，欧洲被占领地区承担了德国约35%的战争费用，并提供了其30%～35%的粮食供应。来自比利时的粮食供养着德国人，但却使比利时矿工遭受饥饿，这激起了他们的愤怒，从而导致了德国所急需的煤炭产量的降低。在被占领的东欧，大规模征用粮食和家畜让在那里的德国士兵填饱了肚子，但这之后，粮食的产量却降低了。在乌克兰，保留集体农场确保了正常的生产秩序，却因此而造成了民怨沸腾。收取惊人的占领费——1940年至1944年，德国在被占领国榨取的占领费数量惊人，比如，法国的占领费可能高达350亿帝国马克或其国民收入总额的30%，在比利时和荷兰的占领费有210多亿帝国马克。这些都是以恶性通货膨胀为代价的，在一些比较小的被占领国就更是如此——那里的生产力遭到了破坏。当被占领国和盟国对德国进行"清算"时，德国有了1000亿帝国马克的巨额"债务"，这是帝国没有支付的进口总值，相当于迅速剥离了欧洲的资源。

相当令人震惊的是，如果说纳粹掠夺存在没有造成重大经济损失的情况，那唯一的例子就是对欧洲犹太人的剥夺。但最终，德国对犹太人进行了大屠杀。事实证明，这一过程的费用几乎完全是由德国自身承担的，而且也确实充实了德国的财政资金。但是，尽管帝国设法留下了大量战利品,甚至把从荷兰犹太人家里抢来的家具运到汉堡,分发给因遭受轰炸而无家可归的公民,还在灭绝营搜罗了一大堆私人物品,供流离失所或被遣返的德国人使用。但是,从犹太人那里掠夺的大多数不动产和金钱仍留在他们原来的国家。尽管从灭绝营里的犹太人那里搜刮到的一些金器和镶金牙确实都归帝国银行所有,但其实,帝国银行只用了一半都不到,剩下的那些被藏在了一个矿井里,直至战争结束时都还未动用。最终,美军在那里发现了这些战利品。

剩下那些从犹太人手中掠来的黄金中有一大部分都在战争期间用在了德国的工业生产中,而大部分银器也用来制造硝酸银——硝酸银是空军侦察拍摄不可或缺的部分。犹太劳工的流失并未给德国的战争努力带来明显损害,纳粹政权最有价值的犹太奴隶劳工一直在波兰劳作。1944年初,在苏联人到来之前,拉多姆周围的犹太奴隶劳工生产出了三分之一的德国步兵弹药。但大屠杀以另一种方式严重削弱了帝国:由于德国一直奉行着凶残的占领政策,因此同盟国下定决心只接受无条件投降。

德国通过隐藏、分散或以其他方式伪装了许多生产基地,1944年上半年,德国的武器生产实现了最后一次激增,之后,同盟国利用空中力量破坏了德国的燃料供应,切断了其运输和电力连接,从而成功扼杀了德国的工业。1945年初,随着美国、英国和苏联军队包围德国,德国工业产量陷入停滞,而主要由奴隶劳动力制造的第一架喷气式飞机Me262实际上也无法起飞——它原本被认为是一种能够发挥与众不同作用的"神奇武器"的完整版本。

德国在二战期间的全面动员非常广泛。1943年,战争生产占了名义国民生产总值的70%。在所有与德国交战的国家中,能和纳粹德国一样的只有苏联,它成功地将很大一部分国民收入全部服务于战争。第三帝国在这一过程中创造的工业基础设施的数量十分巨大,因此,尽管同盟国的空中力量对其造成了巨大的破坏,但1945年该地区尚存的实际资本比1939年时仍要高出五分之一——几年后,这一地区成为联邦德国。许多大公司也同样拥有较多设备,并具备较强的制造能力。正如一些学者所说的那样,如果说如此巨大的扩张为战后联邦德国经济的复苏奠定了基础,那么它也是以同样巨大的生命和财富牺牲作为代价,只为服务于一个不可能实现的德意志大陆帝国的梦想。

| 第七章 |

大屠杀

奥马尔·巴托夫（Omer Bartov）

编 史

大屠杀是20世纪一个至关重要的历史事件——这一看法是近期才出现的。在纳粹种族灭绝幸存者被解放后的几十年里，"犹太问题的最终解决方案"甚至都不被认为是第三帝国和二战历史上的一个中心主题，对这一点，随便翻阅在此期间出版的历史专著便能得到证实。继而，随着对该事件历史意义认识的不断加深，对其意义和影响的解读也成倍增长。事实上，尽管过去所有事件都随观察地点和时间变化而不断被重新审视，而大屠杀则越来越多地被用作一个模型、一个警告、一个陪衬或一个神话，来证明往往是完全矛盾的断言。于是，具有讽刺意味的是，一个最初尤其因其几乎是不可理解的极端性而被边缘化的事件，现在又一次由于它的激进性在20世纪的历史和陈述中占据中心地位，吸引学者和其他许多人尝试从过去吸取教训以鉴当今。同时，对大屠杀的多方引证不仅表明了人们当前对它的关注，也表明了其缘起的复杂性及其实施的深远影响。

第二次世界大战之后，欧洲各地竖起了许多纪念碑，宣告"永不再发生"（never again）。但人们对于绝不允许再次发生的具体事件的理解，因其民族归属、思想意识及宗教信仰等因素，在不同地域和不同人之间存在很大差异。此外，随着时间的推移，这些意义发生了显著的变化。最初，在"大屠杀"一词被广泛使用之前，纳粹反人类罪的提法就暗示了这一点——既是对全人类犯下的罪行，也是违背人道这一概念的罪行。第三帝国迫害国内外反对者，政治敌对势力，其所认为的种族敌人，被其占领和奴役的国家，以及与之作战的国家的人民。由于纳粹主义的普遍破坏性，似乎没有必要区分纳粹的受害者，不管他们是死于对英国的闪电战还是作为抵制运动的战士被驱逐出法国，或是在白俄罗斯和列宁格勒（Leningrad）遭到全面重击直至饿死，又或是因其是犹太人而被杀害。阿兰·雷奈（Alain Resnais）颇具影响力的影片《夜与雾》（*Night and Fog*，1955）反映了这一将所有受害者归并一类的趋势——就如同苏联政权坚持认为苏联的所有国家在卫国战争（the Great Patriotic War）中都遭受了同样的痛苦和牺牲。拆除纪念犹太人种族灭绝的纪念碑，并禁止提及大屠杀中地方上与纳粹的合作，成为战后苏联政治记忆的主题。

然而，在那之前，对大屠杀也有着截然不同的理解。例如，莱昂·波利亚科夫（Leon Poliakov）1951年的研究《仇恨之果》（*Harvest of Hate*），将犹太人的种族灭绝列为长期历史中反犹太主义（anti-Semitism）和犹太人恐惧症（Judeophobia）的巅峰，标记着它在本质上有别于所有其他种族主义罪行——战争和纳粹犯下的侵略。这一观点被大屠杀的犹太幸存者广为接受——尤其是那些来自东欧的犹太人，并且在以色列也占主导地位——最终成为1961年至1962年阿道夫·艾希曼在耶路撒冷（Jerusalem）受审的根本前提。在20世纪60年代，尤其是1967年的"六日战争"后，"大屠杀"一词越来越成为英语中"最终解决方案"的共识所指，而在以色列（后来也在法国），"大灾难"〔Shoah（catastrophe）〕一词被采用。因此，对于大屠杀出现了两种不同的描述：一种认为它是纳粹意识形态的结果，将其应用于大抵所有被纳粹迫害和杀害的群体；而另一种则认为它植根于欧洲人、基督徒，甚至基督教以前的反犹太教传统，而纳粹只是几百年来从未间断地将犹太人根除于欧洲社会的情绪和冲动的最极端表现。

在学者中，特别是历史学家中，出现了另外两种相互关联但又截然不同的解释学派。其中一个学派，显然与犹太恐惧症的描述有关，但也更明确地侧重纳粹意识形态，尤其是阿道夫·希特勒，后来被称为意向论。根据这一学派的观点，希特勒调动了德国乃至欧洲基督教根深蒂固的情绪，以灌输他的世界观——这在他1933年掌权后成为德国的政策。在希特勒看来，人类历史是优等民族和劣等民族之间无休止的斗争。为了统治世界，雅利安人必须摧毁或征服其他所有低等种族，并征服东欧和苏俄的广阔生存空间，在那里，他们将找到充足的资源来繁荣和繁衍。在这种世界观下，犹太人是反种族的，他们既要在世界上竞争统治地位，又要完全寄生在其他种族身上，用自己的血统混染其他种族，同时又奇迹般地保持本族的纯粹——这在希特勒的种族世界中是力量的象征。在意向论者看来，希特勒在他统治的12年里，追求这一世界观的政治含义，寻求在东方建立一个帝国，征服斯拉夫人，特别是一贯地、毫不留情地屠杀犹太人。换句话说，希特勒将对犹太人的"宿怨"转化为一种意识形态，并在掌权后将其转化为国家政策。

对于导致犹太人种族灭绝的驱动力量，有一种全然不同的解释——后来被称为"功能主义"或"结构主义"它承认希特勒的扩张主义者、种族主义者本质及其种族灭绝倾向，却又把他描述成一个本质上软弱的独裁者，其力量源自不同国家和纳粹政党机构之间为赢得他的支持而发起的争斗。即便是在政党内部，希特勒的意识形态也是最极端的。且在第三帝国，和元首的亲密关系意味着权力，在实现德国目标的道路上那些为实际的和所认为的障碍提供最激进的政策和解决方案的个人和机构〔如：德国国家社会主义工人党、党卫军（SS）、国防军〕，可能会获得更多的影响力和对其有利的政策倾斜。在这个被"功能主义"历史学家汉斯·蒙森（Hans Mommsen）称为"渐增激进化"的过程中，随着德国征服及殖民东方生活空间的目标被红军抵制挫败，犹太人的政策逐渐占据了主导地位。因此，"最终解决方案"不是一个提前计划并得到希特勒铁血奉行的政策，而是被理解为第三帝国的无序结构及其权力掮客倾向的结果。根据伊恩·克肖（Ian Kershaw）的说法，这些政客为获得影响力而无情地互相竞争，以此表示效忠元首。

对大屠杀更新的解释，既利用了更多的文献资料——部分是在共产主义垮台后获得的，部分是归功于年轻学者对档案的认真研究——更应归功于广泛地利用了史学研究的新趋势。这三个方向尤其突出。

首先，正如蒂莫西·斯奈德（Timothy Snyder）所论证的，人们越来越认识到大屠杀主要发生在东欧，那里是大多数犹太人生活和被屠杀的地方。因此理解那些国家犹太人和他们的社区之间的联系，来评估几个世纪以来不同种族间的关系对通过二战期间德国的入侵实施种族灭绝所产生的影响似乎越来越重要了。历史学家诸如简·格拉博夫斯基（Jan Grabowski）的研究真实揭示了在纳粹大规模屠杀犹太人时当地民众的广泛合作。

其次，随着历史学家对欧洲帝国主义和殖民主义现象研究的深入，温迪·洛（Wendy Low）等学者剖析了德国在东欧和苏俄西部的殖民野心与犹太人大屠杀之间的联系。事实上，与早期的历史编纂不同，最具影响力的解释或许当属戈茨·阿里（Gotz Aly），他把大屠杀解读为最极端的，也是被纳粹称为"东区总规划"（General Plan East）的对广阔地区人口结构重组和安置计划的唯一成功组成部分。

最后，日益突出的种族灭绝研究对理解大屠杀产生了影响，大屠杀被看作受国家指示的更大背景的大规模屠杀的一部分。备受争议的是，大屠杀在某些方面类似于其他案例，最突出的有，从20世纪初德国西南部非洲赫雷罗人（Herero）的种族灭绝，到第一次世界大战的亚美尼亚种族灭绝,直至1945年后柬埔寨和卢旺达的种族屠杀。但也有证据表明,大屠杀在其他方面不同于这些案例,尤其因其灭绝营的广泛使用,以及纳粹当局想要杀掉每一个所能抓到的犹太人的冲动。在这一领域最杰出的学者有唐纳德·布洛克汉姆(Donald Bloxham)、德克·莫斯(Dirk Moses)和朱尔根·齐默尔(Jurgen Zimmerer)。

虽然这些更大的解释框架将大屠杀纳入了整个现代历史的背景中,但它们也被批评为抹杀了大屠杀的历史和独特象征性。在重建大屠杀的历史以及其他大规模暴力事件的历史时,另一种整合事件不同观点的方法更加强调那些当事人的经历、感受及描述。上述讨论的其他方法主要涉及种族灭绝的凶手,无论他们是理论家、指挥者还是实际的杀手。从撰写这些记述的历史学家的角度来看,需要解释的是诸如决策、动机以及实施一项遍及整个大陆的大规模屠杀行动的机制等问题。在这种历史编纂中,受害者仅仅成为他们无法掌控的决策和行动的最终产物。但是,同所有其他种族灭绝一样,大屠杀也确实主要是一个数百万人在遭受极端的肉体和精神折磨之后,往往被以最可怕的方式杀害的事件。因此一些历史学家,包括索尔·弗里德兰德(Saul Friekländer),亚历山德拉·加尔巴里尼(Alexandra Garbarini)和笔者,为重建他们的个人经历以及揭示大屠杀各个方面越来越多地转向了受害者的日记和证词,大屠杀的凶手对这些不感兴趣,因此在他们留下的文件中无法找到。这一方法,不是总括地解释大屠杀组织的方式,或把它作为一个整体与其他种族屠杀比较,而是致力于既人性化受害者的经历,还原他们被凶手剥夺了的声音,又核实相对被忽视的方面,诸如遭受种族屠杀的犹太人社区内部的社会动态,犹太人和基督徒邻居之间的关系,凶手和受害者之间的接触——这些接触通常被错误地认为是不存在的。从这个意义上说,这种方法关注集体屠杀和一对一暴力截然不同于灭绝营的非个人性质,而带有个人独特性。

起　源

　　基于这些不断变化的观点和解释，现在让我们更深入地查找最终解决方案的根源、实施及后果。大屠杀更早期的起源可以追溯到两个主要来源。第一个是反犹太的宗教神学、流行神话和社会怨恨，其在19世纪的最后三分之一阶段转变为现代反犹太主义。现代的反犹太主义源于犹太人的崛起和快速工业化的共同作用，尤其是中欧的快速工业化，导致了大规模的城市化和农村人口的迁移，削弱了传统的精英阶层，侵蚀了旧中产阶级的小工匠和制造商。逐步取而代之的是重工业、连锁商店，不断增长的白领和服务业以及大众传媒，这些都通过密集的铁路网络前所未有地联系在一起。著名经济历史学家卡尔·波兰尼（Karl Polanyi）称之为"工业革命"（industrial revolution）的这一"伟大变革"，随着不断扩大的城市空间和通信网络，催生出新型的大众政治，对那些无法适应它的人造成了尤为不安的影响。犹太人在1871年德国统一后得到解放，迅速加入新经济，他们被那些落后的社会经济部门认为是造成他们不幸的原因。从这个意义上说，经济现代化，平等权利的扩大与新民族——国家的侵略性民族主义的结合，构成了反犹太主义作为民粹派民族主义政党工具的政治兴起的肥沃土壤。

　　最终演变成纳粹意识形态的第二个根源是所谓的"科学种族主义"在整个欧洲的出现。其中一些论述可以追溯到从语言学区别种族语系的趋势——即识别具有特定民族或种族起源的不同语言家族，如印欧语（Indo-European）和闪米特语（Semitic languages）之间的区别。另一个元素将查尔斯·达尔文（Charles Darwin）的进化论和物种起源解读为给人种或种族之间固有不变的差异提供了科学证据，进而使种族（如雅利安人）在进化树中的等级高于其他种族（如非洲人）。这些概念与种族生理概念相结合，据此可以繁衍出更纯的、因而是更高级的种族，而与之相对的是混血的，也即劣等的或退化的种族。由于这种人类概念起源于欧洲和北美，印欧语系的白雅利安人被视为体格和道德都优于其他所有种族也就不足为奇——至少只要他们在自己的土地上,更重要的是在他们不断扩张的殖民帝国都能保持种族纯洁性。

事实上,正是对殖民帝国的征服,促使欧洲人认为自己是优越的——不仅在军事和技术上,也在文化和道德上,对一些人来说,在生理上也是如此。但也正是少数欧洲精英对大量非欧洲人的统治引起他们对本土化的担忧,统治过程中适应当地人的生活方式以及与当地人通婚造成了种族混合,从而稀释了这些重要的优越品质,因此他们越来越痴迷于通过分类和隔离保持种族纯洁性。

"科学种族主义"和"种族生理学"是主张人类进化和繁衍的科学,因此不仅成为欧洲合法话语的一部分,而且标志着其实践者的现代性和复杂性。当应用于被反犹运动认为是异族、非欧洲种族的犹太人时,这一论述为怨恨、排斥和仇恨政治提供了"科学依据"。正是旧偏见和信仰的结合,对新社会经济的愤怒和恐惧,以及对不可改变的种族差异的无可辩驳的科学证据的断言,使现代反犹太主义变成了一场尽管不是完全无处不在但却强大无比的政治运动。这一潜在的爆炸性组合中还缺少两个要素:一个是能让恐惧和仇恨煽动者吸引大众的普遍危急时刻,另一个是要让大家认为清除犹太人就能解决社会面临的所有看似无法解决的问题。

正是索尔·弗里德兰德所称的这一救赎的反犹太主义,成为希特勒的世界观与纳粹意识形态的核心。其早期反响可见于19世纪末期德国历史学家海因里希·冯·特莱斯切(Heinrich von Treitschke)推广和合法化的口号"犹太人是我们的不幸",其语句成了黄色纳粹派德尔·斯特姆(Der Stürmer)的座右铭。德国在第一次世界大战中惨败后,随之而来的可怕的通货膨胀摧毁了中产阶级的储蓄,最后是20世纪20年代末30年代初的大萧条,德国社会发现自己被从一个危机席卷到另一个危机。旧的帝国政权瓦解了,经济安全感及缓慢但确定的进步被侵蚀,民族自豪感被羞辱,数以百万计的德国人白白牺牲了他们的生命和健康,一个新的共和党政权一经创建便被许多人怀疑为社会局外人控制的境外强加势力欺骗。这一时刻，许多愤怒和恐惧的德国人既想寻求更好的未来保证，又想查明和清除那些造成这场意外灾难的人。根据"暗箭伤人的传说"，德意志帝国不是在战场上被打败了，而是被内部的犹太人和社会主义者出卖的（这两者通常被视为同义词）。暗箭伤人，已经不仅仅是一个关于1918年令人震惊的溃败的传说，它为魏玛共和国的所有苦难提供了一个解释框架。希特勒和他的新国家社会主义党正是抓住了这一思想——德国可以再次强大，但只有通过清除内部的敌人——首先是犹太人才能实现。救赎需要残酷的社会手术，希特勒承诺要实施这一手术。

对犹太人的政策和策略

诚然，反犹太主义并非德国独有，但正是在那里，一位致力于激进救赎这一形式的领袖上台，并立即着手实施他的意识形态。同样，元首及他的政党的种族主义世界观决定发布政策，针对其他被感知的生物威胁和"社会局外人"，尤其是残疾人和吉卜赛人，以及同性恋者、游手好闲的人、惯犯和其他所谓的"不合群者"。但正如彼得·隆格里希（Peter Longerich）令人折服的论说：在希特勒的想象中，自然也即纳粹整个政体的虚构中，对犹太人的政策和策略在种族社区的整合中扮演了中心角色——将其与其根本的异族——犹太人区分开来。当局痴迷于"解决犹太人问题"，尽管那里只有50万犹太德国公民。而且当局在德国作为一个国家和种族的救赎与犹太人遭受的不幸之间建立的联系，成为德国公众再教育及为即将到来的斗争做准备的基本组成部分。1933年，德国可能只是和其他一些欧洲国家——（尤其是东欧国家）一样，甚至更少地具有反犹太倾向。但到了战争爆发前，尤其是德国的年轻人，受到了密集的反犹太主义灌输，并多次观看公开羞辱和排斥犹太同胞的行为。可以说，这一过程训导他们把犹太人视为可有可无的、邪恶的存在,犹太人需要——而且谢天谢地——已经正在被从他们当中清除出去。然而,当这些年轻男子和为数不少的妇女行进到东欧时,他们惊恐地发现,还有数百万犹太人居住在那里,其中许多人比他们在德国所认识的任何犹太人都更像反犹主义描绘的正统犹太人的刻板形象。

战前的纳粹德国对其犹太公民进行了持续的攻击,导致他们的贫困、边缘化和移民。1935年的《纽伦堡法》使犹太人成为二等公民,并限制犹太人和雅利安人(被定义为非犹太人,因为纳粹永远找不到"科学地"确定谁是犹太人谁是雅利安人的方法)之间的接触。犹太人财产的雅利安化过程将大量财富从犹太人那里转移到德国人手中。在1938年11月克里斯塔纳克大屠杀(Kristallnacht Pogrom)之后,愿意接纳犹太人的国家很少,但犹太人离开这个国家的压力却大大增加。在两天的时间里,数以百计的犹太教堂被烧毁,数以千计的犹太企业被洗劫和摧毁,近百名犹太人被屠杀,数万人被关进集中营。到1939年9月,有一半的德国犹太人已经离开,留下来的人中老年人和女性占比失调。但是许多离开德国的犹太人后来被挺进东欧、苏联的德国军队俘虏,最后像其他许多人一样成为希特勒的牺牲品。

20世纪30年代德国的犹太政策表明,当时希特勒还没有构想出实施种族灭绝的实际计划,但相当热衷于建立一个无犹太人帝国。但他的意识形态目标是在德意志帝国东部广阔的生存空间建立一个德国殖民帝国,这使得他不得不面对被视为劣等或危险的群体:斯拉夫人和犹太人。从这个意义上说,虽然德国在20世纪30年代的政策不能被视为种族灭绝,但它的内在动力从一开始就具有屠杀性,因为它的目标只能通过以前所未有的规模,以无情、暴力地转移人口来实现。战争的爆发很快使德国面临一个自食其果的困境,对此,它一时找不到解决方案。

入侵波兰是以一个概念为前提的,这个概念在两年后被更清楚地表述为"歼灭战"(Vernichtungskrieg)。据报道,在1939年9月1日发动袭击前夕，希特勒召集他的军事首脑举行了一次非公开会议，敦促他们对波兰人采取极端无情的行动，并补充说："今天谁还在谈论亚美尼亚人被歼灭了呢？"提及奥斯曼帝国（Ottoman Empire）在第一次世界大战中对亚美尼亚人的种族灭绝，很可能是为了减轻人们对于因罪行而将受到惩罚的恐惧，这一说法从几个方面说明了问题。虽然实际上在奥斯曼帝国垮台后曾有过起诉那些相关责任人的讨论，但无论是新的土耳其当局还是预期处理此类案件的国际机构，最终都没有惩罚任何人。对希特勒及其同僚来说，这显然表明，在全国范围内犯下罪行的人可能会逍遥法外，如果他们取得胜利，情况就更有利——这是希特勒想要的唯一选择。与此同时，亚美尼亚的种族灭绝也首次唤起人们认识到动员国际社会反对国家支持的大规模屠杀的必要性，并展开了一场对危害人类罪的新的讨论，但没有成功。事实上，波兰犹太法学家拉斐尔·莱姆金（Raphael Lemkin）在了解亚美尼亚种族灭绝的情形后，已经开始阐明他对这一"无名之罪"（crime without a name）的看法，最终创造了"种族灭绝"这个词，并成功地推动了联合国1948年关于打击这一"罪中之罪"（crime of crimes）的决议。事实上，德国军事顾问密切观察到，帝国对其少数民族和宗教的系统性破坏，并不是20世纪第一次种族灭绝。这一"荣誉"当属1904年德属西南非洲赫雷罗人和纳马人（Nama）遭到种族灭绝。一位德国将军被派去镇压德国殖民地上的非洲人叛乱，在那里发布了声名狼藉的灭绝令，导致土著居民被德国正规军杀戮，被致命地驱逐到沙漠中或遭受奴役。因此，希特勒声称的不再有人谈论此类案件，并不意味着他们已经忘记了这些案件；恰恰相反，他已经了解到，国家可以大规模屠杀而逃脱罪行，这是他在此后6年中以前所未有的决心所应用的一个教训。德意志帝国已经犯下了这些早期的种族灭绝罪行之一，并曾参与另一起，这只能进一步鼓励元首摧毁他真正的和认定的敌人而没有任何内疚或担心被报复。

波兰在德国与苏联的联合推动下迅速遭到破坏，该同盟是《莫洛托夫−里宾特洛普条约》（Molotov-Ribbentrop Pact）中达成的协议，该条约将波兰在两个大国间做了切分,为纳粹领导层实现其创造东方"生存空间"和"解决犹太人问题"的意识形态目标创造了机会。但事实证明,这项工作的规模远远大于预期,这两个意识形态目标不可能轻易同时实现。为了将波兰人驱逐出被帝国吞并的部分波兰地区,并让来自苏联的德国人在那里定居,德国人必须决定他们应该同时对生活在他们新征服领土上的200多万犹太人做些什么。纳粹党卫军(特遣部队,the SS Einsatzgruppen)在入侵前成立,对付德国的政治和"生物"敌人,他们进行了大量的暴力活动,这包括斩首波兰政治和知识界领袖,残暴地屠杀和恐吓犹太人,以至于甚至一些国防军将领都抱怨。然而,大量犹太人最终被关押在封闭的隔离区,其中最大的是在华沙(Warsaw)和洛兹(Lodz)。就如何处理这些生活在日渐恶化的条件下,被剥夺了充足食物、住所和卫生设施的广大犹太人,德国领导层似乎没有达成任何共识。总的目标是明确的:他们必须被"移除"或"重新安置"。但这些术语的含义随着时间的推移而改变。起初,有计划将波兰的犹太人驱逐到该国东南角,让他们在那里饿死,但事实证明这是不可行的;尤其是因为德国的总督,也就是所谓的总督辖区(德国占领的波兰部分地区并没有直接并入帝国)强烈抵制犹太人涌入"他的"领土。1940年5月至6月,在西部战役取得胜利和与法国停战之后,德国人重又恢复了将波兰的犹太人驱逐到法国殖民地马达加斯加这一旧想法,他们推测由于当地的条件,到达那里的犹太人将大量死亡。但与波兰领导人在20世纪30年代曾梦想让本国摆脱犹太人不同的是,德国人事实上没有办法将世界各地数百万犹太人运送到非洲海岸外的一个岛屿上——只要英国海军仍然控制着海洋就不行。

大规模屠杀

其结果是，在接下来的两年里，大约50万犹太人死于隔离区的"自然原因"，而其他大多数人则越来越多地被投入到德国战事中，以及被腐败的德国隔离区管理人员为自己私人敛富而任意差使。但对犹太人问题真正"最终解决"的焦急等待很快就要结束了。1941年6月22日，德国发动了"巴巴罗萨"行动（operation Barbarossa），300多万德国士兵伙同斯洛伐克、匈牙利、罗马尼亚和意大利盟军入侵苏联。德军指挥官接到一系列命令，要求他们把红军政委清剿到最低限度，对苏维埃领土上的一切可疑分子，如游击队员、共产党员、犹太人，都要严加处理，并采取一切必要的手段"靠山吃山"——仰赖这些他们即将占有的、往往是穷苦人的东西供养自己。而针对被占区苏维埃公民的行动，军事管辖权被削减。对于如何处置国防军包围战术预期俘获的大批红军战俘几乎毫无准备。最不祥的是，陆军高级司令部与党卫军和警察司令海因里希·希姆莱签署了一项协议，支持四支特别行动队（Einsatzgruppen）幕后操控作战部队。这些作战部队由大约3000人组成，很快就得到了众多警察营、党卫军编队和当地合作者的协助。希特勒在东部自行宣布的歼灭战最终导致近3000万苏联民众死亡，其中大部分是平民，包括300多万红军战俘，约三分之二的苏联士兵被德国武装部队俘虏。对苏联的战争也很快演变成党卫军特别行动队及其附属机构一系列大规模屠杀犹太人的行动。

当红军在国防军入侵之前撤退时，尤为突出的是1939年苏联占领下的波兰东部地区的犹太人，遭到了他们的基督教邻居、波兰人和更为突出的乌克兰人的一系列屠杀。这些地方暴力事件的爆发往往是由乌克兰民族主义活动家和德国人训练的组织领导的，并得到希姆莱的副手兼帝国安全总部〔Reich Security Main Office（RSHA）〕头领莱因哈德·海德里希指挥下的特别行动队的鼓励。6月30日至7月2日，在加利西亚东部的首府伦贝格〔Lemberg（Lwow，L'viv）〕，约4000名犹太人遭到屠杀，另有数千人在该地区的其他城镇被残杀。在这一首波暴力和屠杀之后，随着国防军的先头部队及紧随其后的流动的屠杀分队进一步向东进入苏联，德国秘密警察（German Security Police）在被德国占领的地区部署了更有秩序的警力。在早先的几个月里，发生了几起规模空前的大规模枪杀事件，包括8月下旬在卡米尼埃克波多尔斯基（Kamieniec Podolski）屠杀了23 000多名犹太人，10月中旬在斯坦尼斯劳（Stanislawow）枪击了多达12 000名犹太人，9月下旬在基辅（Kiev）附近的巴比亚尔（Babi Yar）屠杀了33 000多名犹太人。同样，到11月底，在波罗的海国家活动的特别行动A队在大规模枪击案中杀害了近14 000人，其中大部分是犹太人。

所有这些杀戮都是由不同编制和类型的德国警察及当地民兵和德国军队联合实施的。这些都是许多旁观者看到的公共场所发生的事件，同时伴随着随处可见的众多暴行以及有组织的抢劫，和对财产和贵重物品的掠夺。犹太人多被谋杀并就近埋葬在他们居住的地方，他们的财产大部分流入占领者及他们的邻居手中。

在这第一波杀戮中，数十万人在一对一的枪击中被杀害，埋葬在贯穿东欧和苏联西部的乱葬坑中。帝国领导层对这些有关如何实施"犹太人问题的最终解决方案"的新想法很满意。希特勒的副手赫尔曼·戈林在1941年7月写给海德里希的一封信中请求批准这一解决方案，但学者们对于这一方案是何时决定的意见不一。克里斯托弗·布朗宁（Christopher Browning）认为希特勒是在1941年秋天战胜苏联的"喜悦"中做出这一决定的。克里斯蒂安·格拉赫（Christian Gerlach）提出，希特勒做出这一决定是苏联在莫斯科城门发动反攻，12月初美国加入战争，陷入世界大战后——希特勒早就在1939年警告过这是一场会让犹太人灭绝的世界大战。他认为，这一决定是随后不久海德里希在1942年1月29日的旺西会议（Wannsee Conference）上向帝国高级官员宣布的。彼得·朗格里奇（Peter Longerich）则认为，这一政策随着更有效的杀戮方法和组织的发展而不断衍变，直到1942年春天最终发展为整个大陆的种族灭绝，开始了对犹太人大规模驱往新建灭绝营的行动——首先是从华沙犹太区，然后是同年夏天从波兰和西欧的其他地区。

无论我们接受哪种解释，我们所知道的是，谋杀设施的建设始于1941年底。其目的不是在犹太人居住的地方进行大规模枪击，而是将他们用火车运送到特别营地使用毒气来杀害。最终，德国人建立了四个灭绝营——切尔姆诺（Chelmno）、贝尔泽克（Belzec）、索比博尔（Sobibor）和特雷布林卡（Treblinka）——专门用于大屠杀，大部分是犹太人，还有两个集中营——迈丹尼克（Majdanek）和奥斯维辛-比克瑙（Auschwitz-Birkenau）——一方面作为屠杀设施，同时也用于监禁和强制劳动。据估计，在大屠杀中被杀害的550万至600万犹太人中，约有一半是在这些集中营中被毒气毒死的，其中100多万人是在奥斯维辛，几乎与特雷布林卡一样多。

许多东欧犹太人以及多数从东南欧、南欧和西欧被驱逐出境的犹太人在灭绝营中被杀害，同时还有大量犹太人在东部的居住地继续被杀害。这种杀戮与毒气室中工业的、相对隔离的、非个人的大规模杀戮有很大不同，后者将大屠杀与其他种族灭绝区别开来。相反，这是一场城镇里面个人的、面对面的大规模屠杀，受害者、凶手和旁观者往往事先互相认识，没有人是完全被动的，也没有人声称没有看到、听到或知道这些残杀案。这场杀戮由分散在东欧各地人员稀少的秘密警务固定哨所执行，得到由当地辅警组成的更大的组织的协助，这些组织人员主要由苏联撤军后出现的民族主义民兵组织重组而成。这些民兵坚持自己的政治意识形态议程，致力于建立独立的国家，清除犹太人和其他不受欢迎的少数民族〔例如，最突出的是前波兰东部沃希尼亚和加利西亚（Volhynia and Galicia）的波兰人〕等。因此，东欧犹太人的种族灭绝也是民族清洗和民族国家形成的重要保证之一，德国人本身也起到了辅助作用。这一点在乌克兰民族主义组织（OUN）及其军事部门乌克兰反叛军（UPA）的案例中最为明显。该组织摧毁了波兰东部的土地，并在德国警察现身不多的地区，对屠杀犹太人所占的惊人比例起到推动作用。例如，在加利西亚（Galicia）自治区东部的切尔特科夫–布加勒斯特（Czortkew-Buczacz）地区，一个总共30名德国警官的前哨基地在数百名乌克兰辅助人员协助下杀害了约60 000犹太人，约占当地犹太总人口的95%，这种情况主要发生在1942年秋季、夏季至1943年之间的短暂时期。

集体种族灭绝不限于发生在后来成为乌克兰西部的土地。正如历史学家扬·T. 格罗斯（Jan T. Gross）在其颇具影响力的研究作品《邻居》（*Neighbours*）中所揭示的，1941年7月，耶德瓦布内（Jedwabne）镇的波兰裔居民在没有德国人帮助的情况下杀害了多达60名犹太邻居。进一步研究显示，在波兰的这一地区还有更多这样的案例。立陶宛人、拉脱维亚人和爱沙尼亚人也参与杀害他们的犹太邻居。诚然，这种普遍的暴力行为不应减轻纳粹德国的任何责任，纳粹德国既发动了一场全大陆的种族灭绝，又允许许多地方组织和个人袭击、抢劫和杀害他们的犹太邻居。但是对于居住在这些东欧村庄、城镇和城市中的犹太人来说，他们原本与他们的基督徒邻居几个世纪以来和平共处，但现在在他们的熟人、同事、同学和朋友转而与他们为敌，追捕他们，或将他们交给纳粹杀人犯。这意味着他们经历的大屠杀，不仅仅是外敌的凶残入侵，也是一个在曾经熟悉但现在充满致命敌意的环境中发生的一系列集体屠杀。

灰色地带

毫无疑问，在许多情况下，幸存下来的少数犹太人得到了基督徒邻居或陌生人的庇护；没有这种帮助，他们几乎不可能生存。此外，那些提供帮助的人可以预料到，如果德国人发现他们藏匿犹太人，会杀死他们和他们的家人——尽管这种情况并不总是发生。与此同时，救援动机显然很复杂，常常模棱两可，前后矛盾，而且往往随着时间的推移而改变，从纯粹利他主义的例外情况到对大量金钱或物质利益的贪图都有。大多数被基督徒拯救的犹太人也报告说，他们有时恰恰被藏匿他们的人出卖。没有钱或贵重物品的犹太人可能会被出卖或杀害。相反，一些参与杀害犹太人的当地合作者选择帮助一些犹太人，而那些出于民族主义原因抵制德国人的人中，也有不少将追捕犹太人作为其民族主义行动的一部分。这种复杂性部分地解释了幸存者的矛盾心理，以及为什么他们常常在几十年后才承认他们对救援者欠的感情债，因为他们也有痛苦的记忆——他们的家人被战前认为是朋友的人杀死或供出。

德国的盟国在杀害数十万犹太人和保护本国许多犹太公民方面都发挥了重要作用，这往往（虽然不完全）是出于他们自认为的国家利益。保加利亚交出了居住在其与德国结盟后所吞并的领土上的犹太人，但拒绝让自己的5万保加利亚犹太公民被运送到奥斯维辛集中营。匈牙利虽然受反犹独裁统治，经常残暴对待其犹太公民，但也保护他们不被驱逐出境。直到1944年春夏季，德国人入侵并驱逐了大约40万名犹太人到奥斯维辛集中营——在那里，在阿道夫·艾希曼亲自策划的大屠杀的最后一次大规模杀戮行动中，大多数人被毒气毒死。罗马尼亚人在本国杀死的犹太人比任何其他德国盟友都多，接近25万人，但随后在罗马尼亚的中心地带雷加特（Regat），他们又保护犹太人不被驱逐出境，因此那里幸存的犹太人比其他任何东欧国家都多。在法国，其合作主义政权在1942年底之前一直保持对其公民的警备控制，协助将7.5万名犹太人（大多数是非公民）驱逐到奥斯维辛集中营，他们中绝大多数在那里被屠杀，但法国随后又拒绝配合驱逐法国犹太公民，使法国三分之二的犹太人幸存下来。相反，尽管荷兰没有明显的反犹太传统，当地犹太人在社区融合得很好，但在德国占领期间，该国政府和警察干练地协助德国人将当时居住在那里的15万左右的犹太人中约四分之三驱逐出境并处死，而另有3万藏匿的犹太人中的三分之二幸存了下来。

从纳粹当局角度来看，大规模屠杀犹太人既是一个主要的战争目标，也是一个胜利的障碍。在意识形态上，"驱逐"犹太人势在必行。但是"最终解决方案"也转移了军备的大量人力、组织技能和设施，使德国失去了一支数量庞大、技能高超、意志坚定的劳动力——他们完全清楚只有工作才能使他们免遭杀戮。随着德国命运的转变和军事损失的成倍增加，越来越多的德国工人不得不被派往前线，生产出越来越多的战争物资。正是因为这个原因，德国现在尽量让苏联战俘活着，以剥削他们的劳动。同样，德意志帝国开始在东部和西部被占领土上以前所未有的规模征募劳工，先是自愿、后来强制，这一政策的副作用是加剧了当地男女的武装抵抗，他们害怕在德国工厂被盟军飞机轰炸。尤其是在东欧，犹太人传统上以工匠为生，德国工业家和军事机构不愿意他们被杀。希特勒、希姆莱等意识形态主义者坚持认为必须屠杀犹太人才能赢得战争，而现实主义者则认为犹太人可以先帮助其赢得战争，然后再被处理，这场争论以前者的胜利而告终。但这一目标也是通过在措辞上利用纳粹"通过劳动消灭"（Vernichtungdurch Arbeit）的政策实现的。按照这一逻辑，身体健全的犹太人将被用于基本的战争生产，而其他被视为经济负担和争夺德国公民稀缺资源的无用人口，如儿童、病人、残疾人和老人将被杀掉。这一论调将种族灭绝重新定义为一种经济上合理的政策，而不是全面战争时期的疯狂意识形态。可以肯定的是，一旦身体强壮的人被活活累死，他们也就成了无用的、消耗食物的人，可能会被依次屠杀。

洛兹犹太区被德国人重新命名为利茨曼施塔特是这一逻辑下一个尤为可怕的例子。犹太社区及其领导人也陷入其中，疯狂地试图生存下来。犹太区的首领查姆·拉姆科夫斯基（Chaim Rumkowski），决心通过动员犹太居民为德国人有效地生产战争物资来拯救尽可能多的人。作为交换，他把那些被认为无法工作的人都交给了德国人。1942年9月，拉姆科夫斯基（Rumkowski）要求犹太区（该犹太区在1940年4月建成，已经有超过16 000人）的余留人口"把你们的孩子交给我"，声称他们的牺牲"会让其他人生存下来"。事实上，洛兹犹太区是德国控制下仅存的大型犹太人集中地；但1944年8月，在红军到达前不久，德国人将包括拉姆科夫斯基在内所有余下的犹太人送往奥斯维辛集中营的毒气室。

拉姆科夫斯基是犹太人与德国人合作的一个例子。他们的目标是"拯救可以拯救的东西，但他们的做法往往使德国人更容易杀害犹太人"。德国人在整个东欧建立的众多犹太委员会本应在犹太社区和占领者之间进行调解；他们通常得到犹太警察分队的帮助——这些分队对犹太区或犹太人居住地区进行内部控制。但是这些犹太警察部队装备着棍棒、穿着制服，也帮助德国警察和当地的辅助人员包围犹太人并驱逐他们。许多犹太警察的所作所为既是为了自救，也是为了保护家人。最终，他们中的多数也被杀害，如同犹太委员会的成员一样。同时，这些警察也成为许多犹太区和集中营中形成的犹太人抵抗组织的目标，因为他们被视为叛徒，象征着与德国人的合作。另一方面，不少犹太警察一旦在自己的家人和社区居民被屠杀后，最终也加入抵抗运动。

1941年底，威尔诺（Wilno）犹太区的犹太抵抗运动指挥官阿巴·科夫纳（Abba Kovner）在他的一本小册子中写下的座右铭"让我们不要像羊一样走向屠杀"，成为各地犹太抵抗运动的口号。虽然小股的犹太游击队在森林里活动，有时与苏联游击队合作——尽管他们经常遭到民族主义地下战士的袭击——但1943年4月，在华沙犹太区爆发了对德国人最大的一次抵抗，起因是华沙犹太区30万人中的三分之二在特雷布林卡被毒死。虽然与德军的战斗持续了几个星期，对德军来说不过是一次小规模的、几乎没有代价的调遣，但它对当时和随后的犹太人具有重大的象征意义；它也是直到1944年波兰在华沙暴动之前，被占领欧洲截至当时最大的一次民间暴动，许多幸存的犹太人也因加入战斗而被杀害。

另外三次暴动象征着犹太人在大屠杀中所处的可怕困境。1943年8月在特雷布林卡，同年10月在奥斯维辛-比克瑙和索比博尔，索德尔-孔曼多（Sonder-kommando）小组的大批犹太成员（负责脱掉受害者衣服，把他们带进毒气室，然后在火葬场或柴堆里处理尸体），站起来反抗警卫，试图逃跑。这三次暴动中的大部分成员要么在随后的搏斗中被打死,要么后来被抓获并杀害。至少在比克瑙事件中,起义者还炸毁了火葬场的一处设施,目的不仅是逃跑,而且还希望阻止正在进行的大规模屠杀。然而,这些暴动的道德难题是,在此之前,这数百名年轻、强壮的男子曾极大地协助了德国人的工业屠杀行动,而徒劳地希望尽可能长时间地活命。由于他们还负责整理受害者的物品,很容易将他们洗劫一空,因此索德尔·孔曼多工作人员的饮食和衣着也比其他囚犯好得多,他们在黑暗的中心地带过着一种可怕的特权生活。可以肯定的是,索德尔·孔曼多所有成员都知道,他们迟早也会被杀:他们已经看到了灭绝系统最深处的运作,这意味着他们绝不能活下来讲述这个故事。但他们选择充当这种角色,有时甚至目睹自己的家庭成员和社区成员被杀,这使得他们成为普里莫·列维(Primo Levi)所称的"灰色地带"的象征。拉姆科夫斯基和其他许多犹太委员会成员及犹太警察也有可能属于这一灰色地带。

动　机

1996年,美国政治学家丹尼尔·乔纳·戈德哈根(Daniel Jonah Goldhagen)发表了一项名为《希特勒的自愿刽子手》(*Hitler's Willing Execationers*)的研究。这本书引起了轩然大波,因为他认为在大屠杀中,德国人受到了驱除论者特有的反犹太主义的驱使,这种反犹太主义可以追溯到19世纪,因此,找到愿意杀害犹太人的德国人从不是一件难事,而且他们中的许多人实际上也很喜欢这样做。这本书之所以受到攻击,是因为它把反犹太主义作为大屠杀的唯一驱动力,而德国则被这种恶疾所感染。正如我们所看到的,对犹太人进行种族灭绝还有许多其他原因;只是在希特勒掌权之后,德国的反犹太主义才急剧高涨,其他几个国家至少也受到了同样严重的感染。此外,许多犯罪者不是德国的,而是属于当地的辅助者或盟国。历史学家克里斯托弗·布朗宁在他1992年出版的《普通人》(*Normal Men*)一书中，也尝试考察犯罪动机。布朗宁认为，他调查的后备警察之所以扣动扳机，主要是因为同伴的压力和对权威的服从，因此他们的行为符合社会心理学家斯坦利·米尔格拉姆（Stanley Milgram）和菲利普·津巴多（Philip Zimbardo）的调查结果。但是，虽然有些人最初可能对杀害无辜的妇女和儿童有疑虑，但事实是，德国警察、党卫军甚至正规军，也很少报告说难以招募士兵去杀害其他人，即便是拒绝或逃避命令，其惩罚也最多可能是会被转移到另一个部门或前线。在战后德国无数的司法调查和审判中，人们发现，被告是否对这种行为有任何内心的反对，以及他们在事件发生多年后关于这种反应的陈述，都无法从表面上看出来——德国的犯罪者经常性地、高效地和无情地进行大规模屠杀。

这些行动通常由盖世太保官员以及其他警察和党卫军人员作为安全警察执行，但在德军占领城镇的阵地上，还有许多德国人，如正规士兵、消防队成员、行政人员、工程师、铁路人员等技术专家等，以及这些男人的家人，包括他们的妻子、女朋友和情妇，他们的孩子，有时甚至是他们的父母也同时目睹杀戮，偶尔还参与其中。几乎一半的大屠杀受害者不是在隔离的灭绝营中被杀害的，而是作为公共事件通过大规模枪击执行的。他们被执行时所在城镇的所有居民都能看到或听到，因此，没有谁能逃避以这种或那种方式参与，而且他们往往足以从受害者留下的东西中获利。换言之，我们不能仅仅把大屠杀理解为一场复杂的、机械的和非个人的工业谋杀，而是一种社会现象。这种现象在过去几年里，特别是在东欧，造成了一种人人都扮演着这样或那样角色的种族灭绝惯例。旁观的视众，或漠不关心，或关切，但在事件中没有发挥任何作用，而且（我们愿意认为）"内心是反对的"这样一种安慰的说法，在很大程度上是战后捏造的，受害者的叙述显然没有证实这一点——这些叙述描绘他们被所有人追捕和谋杀。

那些致力于下令和组织种族灭绝的德国领导人当然不承认"灰色地

带",不承认道德模糊,也不承认倒退。1943年10月,海因里希·希姆莱在波森(波兹南)发表了臭名昭著的演讲,他向党卫军官员听众指出,他们正在进行的工作,即犹太人问题的最终解决,是一项艰难但必要的工作。他认识到,一些不属于他的"黑色序列"的弱小德国人,可能会发现很难理解将犹太人斩尽杀绝的必要性,而且可能会懈怠执行这项政策。但是在他看来——而且一直这样鼓动他的部下,他们所做的不仅是史书上光荣的一页,而且是永远不会被书写的一页,尤其是因为人类其他人还没有达成这一理解。从这个意义上说,党卫军的行为超越了传统道德——根据传统道德,杀害无辜妇女和儿童是一种犯罪和暴行,而他们将这种行为改编为一种宏伟、勇敢的自我保护行为。希姆莱说:"我们之所以强大,是因为我们有能力屠杀成千上万的人,并且不受这种行为的玷污。"

战争快结束时,希姆莱做了重新考虑。考虑到自己的个人命运,而不是所在组织发动的世界历史事件,他寻求与盟国谈判的方式,并愿意释放一些集中营囚犯,以换取自身安全。当一切结束时,他持假证件企图逃跑但被逮捕,在可能被识破前实施了自杀。对一个自称是一个由无畏、无情的勇士组成的新种族缔造者的人来说,这是一个悲惨的结局。希特勒认为他的首席刽子手最后的背叛是可鄙的;元首甚至比希姆莱更深信战争胜利和杀害犹太人是同义词。因为德国失败了,雅利安民族(而不是其不屈服的领袖)证明了自己与其他种族不同,特别是斯拉夫人。这是意识形态的一致性,根据这一点,权力即正确。希特勒甚至在下令和策划现代史上最大的一次种族灭绝之后,仍确信帝国的失败是犹太人的胜利。正如1945年4月29日——他在柏林碉堡自杀前不久,在最后的遗书中所写,摧毁德国的战争完全是那些犹太血统或服务于犹太利益的国际政客所期望和煽动的。然而,他仍坚信,"在我们城镇的废墟和纪念碑中,将会滋生出对那些对我们犯下所有这一切的最终责任者——国际犹太人及其帮助者的仇恨"。他的遗书的最后一句敦促"国家领导人和他们手下的人严格遵守种族法,无情地反对所有民族的普遍毒害者——国际犹太人"。

许多被控对犹太人进行种族灭绝的官员从未动摇过必须根除这一种族的信念,甚至在事件发生几十年后,那些仍然活着的人也没有任何悔恨的迹象,而是对自己的成就感到非常自豪。奥斯维辛集中营指挥官鲁道夫·霍斯(Rudolf Hoss)在1947年被处决前不久就这样写过;索比博尔和特雷布林卡的指挥官弗兰兹·斯坦格尔(Franz Stangl)在20世纪60年代末审讯期间接受记者吉塔·塞雷尼(Gitta Sereny)的采访时,未能表露出任何悔恨之意。而帝国驱逐出境问题权威专家阿道夫·艾希曼,其职业生涯贯穿了整个时期——从迫使奥地利犹太人在1938年沦为一贫如洗的流亡者,到1944年将成千上万的匈牙利犹太人驱逐到奥斯维辛,表现出对其在阿根廷期间所作所为的自豪感,并于1962年在耶路撒冷的法庭上说"悔恨是小孩子的事"。正如哲学家贝蒂娜·斯坦尼思(Bettina Stangneth)在其研究《艾希曼在耶路撒冷》(*Eichmann Before Jerusalem*)一书中详细而令人震惊阐述的,他并非种族灭绝机器的一个齿轮,而是一个执着的思想家,即便在他的上司希姆莱下令阻止他之后,他仍试图继续杀害犹太人。事实上,艾希曼在战后阿根廷的德国流亡社区建立了自己的名望,夸大其在实施犹太人种族灭绝中的重要性。汉娜·阿伦特(Hannah Arendt)在其1963年对这一审判——《艾希曼在耶路撒冷》的研究中称之为"恶魔的陈词"。但这并不适用于艾希曼,或其他许多犯罪者。她认为他们只是"案头杀手"、小职员和野心家,他们既没有良心,也没有任何特别的反犹太偏见,只是想继续自己的事业。如果说这里有什么陈词滥调的话,那就是他们认为他们所精心策划的那些巨大罪行是解决一个需要解决的问题——即犹太人问题的一种完美的合理方式。这有助于他们晋升职位,加强他们的权力和影响力,自然是令人高兴的;但让他们充满自豪和成就感的是,他们成功地完成了这一不可想象的任务,并在这个过程中使之成为惯例。

德意志联邦共和国前国家司法行政局路德维希堡(Ludwigsburg)国家社会主义犯罪调查中心主任威利·德莱森(Willi Dressen)计算过,到

2005年，共有10.6万人因国家社会主义犯罪被调查，其中只有6500人被判刑，只有166人被判无期徒刑。他指出，这意味着"纯粹从统计上讲，每起谋杀案付出10分钟监禁"。因此，大屠杀的组织者对他们的成就感到自豪，而扣动扳机的凶手很少受到惩罚，战后又回归正常生活；他们中似乎很少有人感到，也很少表达出任何个人的罪恶感。

清 算

相反，种族灭绝幸存者经历的解放是一个远比人们通常认为的更令人不安和矛盾的事件。一方面，从德国占领下解放出来，对不同的人和不同的地理位置意味着不同的事情，这些差异投射到那些经历过这一事件的人的记忆中。1944/1945年，当红军席卷东欧和中欧时，解放了仍躲藏在小股游击队和森林营地中的少数幸存犹太人。苏联人也到达了灭绝营，其中一些已经被德国人完全摧毁，而奥斯维辛集中营和迈丹尼克集中营已经部分撤离。苏俄犹太作家瓦西里·格罗斯曼（Vasily Grossman）写了一篇令人痛心的报道，讲述他第一次见到特雷布林卡的遗址，了解到特雷布林卡是一个专门用于大规模产生尸体的设施。波兰犹太电影制片人亚历山大·福特（Aleksander Ford）制作了第一部关于解放迈丹尼克灭绝营的纪录片。

对犹太人来说，红军的到来意味着解放，而对他们的许多基督教邻居来说，这意味着重新被占领。在乌克兰西部，直到20世纪50年代初，奥恩-乌帕（OUN-UPA）的战士仍在继续抵抗苏联，这些自由战士杀害犹太人的行为甚至在红军到达后还在继续。民族主义者经常将苏联人视为犹太人或为犹太人利益服务的人，而对于犹太幸存者来说，意识到一些前线的苏联部队是由犹太人管理的，这几乎是奇迹。在波兰，苏联强加的共产主义政权被许多人视为犹太人的报复，而逃亡到苏联的犹太人返回波兰，引发了对他们可能要收回财产的恐惧。这些情绪，再加上战前时代内化的反犹太主义，以及德国统治期间犹太人被视为猎物的看法，引发了暴力大屠杀。其中最臭名昭著的一次发生在1946年的基尔切（Kielce），40多名犹太人被杀。这种对犹太人回归的反应，以及"犹太共产主义神话"（Zydokomna）的复苏，导致在大屠杀后返回波兰的近25万犹太人，向西方和巴勒斯坦–以色列大规模移民。

在西方，盟军的到来解放了许多集中营，这些集中营在政权存在的大部分时间里都被用来监禁纳粹主义真正的以及被认为的政治上和意识形态上的社会敌人，而不是犹太人。这些集中营，如卑尔根–贝尔森（Bergen-Belsen）、布痕瓦尔德（Buchenwald）和达豪，只有在战争结束时，随着红军不断深入德国占领区，东部劳改营的囚犯被派往西部进行可怕的死亡迁徙，才关有犹太人。这些死亡迁徙的幸存者到达德国集中营时，饥肠辘辘、病态不堪、精疲力尽，正赶上这些机构的管理开始瓦解，许多人死在那里。对西方盟国来说，他们在那里遇到的情况塑造了他们对大屠杀的看法，或者说他们对于纳粹政权对政治抵抗者和无辜平民所犯罪行性质的理解。正如在西方，人们并没有意识到，也一直不清楚，在东方，国防军的后方被红军击溃——在那里，绝大多数德国军队战斗并被杀害，因此，这次与集中营的遭遇也造成了对纳粹罪行真正含义的错误理解。

这种扭曲的看法也反映在1945年纽伦堡特别法庭上。在那里，纳粹政权幸存的重大战犯受到审判，但有关犹太人的种族灭绝案件却参与甚微，几乎听不到幸存者的声音。直到20年后对艾希曼的审判期间，100多名大屠杀幸存者才首次在国际范围报道的专门针对犹太人种族灭绝的司法环境中做证，讲述他们的经历。这些证词中许多与艾希曼的具体罪行没有什么关系，也不能直接与他联系在一起，这引起一些观察人士的愤怒，尤其是汉娜·阿伦特。尽管关于他的动机的争论一直持续到今天，但毕竟，艾希曼的罪行和责任是毋庸置疑的。但作为一个警示式的司法事件，审判发挥了重要作用，它使人们意识到大屠杀是一个与纳粹主义与第二次世界

第七章 | 大屠杀

大战有着密切联系并且是其重要组成部分的事件。

在写《艾希曼在耶路撒冷》的时候，阿伦特很大程度上依赖于劳尔·希尔伯格（Raul Hilberg）当时刚发表的研究报告《欧洲犹太人的毁灭》（尽管她曾作为普林斯顿大学出版社的读者反对该报告发表）。希尔伯格使用了为纽伦堡法庭收集的德国文件，与该法庭一样，他认为，使用幸存者证词增加了一个主观因素，这既不具有历史可靠性，也无助于说服公众"似乎根本无法想象的事情实际上已经发生"。但他的书，基于一篇被他导师警告说将结束他学术生涯的论文，在20世纪70年代和80年代，作为先导引发了越来越多的学术研究，最终确立了大屠杀在20世纪历史中的中心地位，并将其从"仅仅是犹太历史的一部分"的观念中解放出来。今天对大屠杀进行的重新解读和重写都是基于一个几十年前不存在的前提，即我们不可能在不将大屠杀的历史融入其中的情况下了解我们所处时代的历史。如果这里有一个警告的话，那就是：同样道理，我们不能将自己与已经成为21世纪标志的大规模危害人类的罪行割裂开来。

| 第八章 |

战争与帝国

迪特尔·波尔（Dieter Pohl）

  毫无疑问，德国在第二次世界大战中统治的领土是一个帝国。到1942年底，它扩张到覆盖14个完全或部分被占领的欧洲国家和另外5个作为盟国而依赖德国的国家。德国占领下的人口不少于2亿。帝国的建立是"第三帝国"历史的核心。它是一种获得世界大国战略地位的手段，是一种利用欧洲来促进德国战争经济的手段，是一种在人口结构上对欧洲大陆进行重新配置的手段，或者用国家社会主义的术语来说，是一种种族路线的手段。加上日本和意大利的战时帝国，及维希法国和比利时的殖民地——尽管这些只是间接的一部分，德意志帝国将最终决定世界的命运。

战　争

  所有这些狂妄扩张的计划和政治策略的根源是德国对1918年失败的反应。德国保守派精英的代表们首先在全力修改《凡尔赛条约》，并在一定程度上争取中欧霸权。而巴伐利亚州的政治家阿道夫·希特勒自1925年以来，一直提议在苏联取得生存空间。"生存空间"的概念并没有精确的定义，也没有把德国人可以定居的范围表示为一个可以开发的地区。

1933年2月3日，就在希特勒掌权几天后，希特勒在军事领导人的一次秘密会议上宣布，他打算立即进行一场"掠地"战争。于是，他开始重整军备。新政权可以建立在魏玛共和国政府所做工作的基础上，因为他们已经制订了全面重新武装的秘密计划。1933年后，军事扩张迅速越过了《凡尔赛条约》规定的限制。公众首次意识到这一点是从1935年开始服兵役。1936年起，重整军备迅猛加速。到1939年战争爆发时，多达450万新兵源扩充到新的军队，2600辆坦克和3600架战斗机准备就绪。

在1937年秋季的一次秘密会议上，希特勒确立了他的战争战略：首先，捷克斯洛伐克将受到攻击，借口是保护那里的德国少数民族。这将导致与捷克斯洛伐克的盟友——法国的战争。然而，事实上，意大利领导人墨索里尼和西方多国为防止战争进行了干预。在1938年9月的《慕尼黑协定》（Munich Agreement）中，他们迫使捷克斯洛伐克将苏台德地区割让给德国。希特勒预想的战争权被剥夺了。即便如此，1938年3月吞并奥地利和1939年3月事实上吞并捷克领土，也等于大幅扩大了德国的经济资源和军备基础。

希特勒现在把注意力转向波兰。他选择了波兰作为他在对苏战争中的初级伙伴，波兰也要把领土割让给德意志帝国。然而，波兰政府试图在与德国和苏联的关系中保持谨慎的平衡，不愿意被敲诈，将信任寄托于西方的支持。因此，从1939年5月起，希特勒准备对波兰开战。1939年8月，《莫洛托夫-里宾特洛普条约》消除了苏联作为战争敌人的危险之时，他发动了一场决定性的政变。作为回报，希特勒提出自己可以和斯大林一起瓜分中东欧。

1939年9月1日，斯洛伐克也加入了德国的入侵队伍，波兰军队对此几乎毫无抵抗力。四个星期内，波兰西部投降。1939年9月17日，斯大林也入侵了波兰，波兰被分成了两个占领区。虽然对波兰的军事胜利使希特勒更接近他对苏联战争的最终目标，但他在这一过程中引发了一场世界大战——因为1939年9月3日，法国和英国遵照与波兰结盟的条款对德宣战。英属加拿大、澳大利亚和南非逐渐加入了对德国的战争，这样一来，欧洲以外的国家从一开始就卷入了冲突。

希特勒长期以来一直希望与反对布尔什维克主义的英国一起发动战争。然而，现在英国成了他的长期对手。尽管英国和法国都没有在1939年夺取军事主动权，但在1940年春，英国政府试图在挪威登陆，以切断瑞典对德国的铁矿石供应。德国人先发制人，一场持久战役后，毫无阻力地占领了丹麦和挪威。

入侵法国，很早就在计划之中。该计划被定在1939年底，但之后一再推迟。法国军队多年来一直是欧洲最强大的军事力量，然而1940年5月/6月，却以惊人的速度溃败。法国军事领导人没有预料到，德国国防军没有南下，而是穿过比利时茂密的森林，向默兹河（River Meuse）前进，然后到达大西洋海岸。法国和英国军队驻扎在比利时和法国北部，因此被包围。尽管如此，仍有相当一部分人成功地从敦刻尔克（Dunkirk）地区撤离到英国。德军此时已占领了法国北部和大西洋沿岸。尽管如此，未能入侵不列颠群岛，主要还是因为德国空军无法取得制空权。

在法国战败前不久，墨索里尼站在希特勒一边加入战争，占领了尼斯（Nice）附近地区。也正是在1940这一年，墨索里尼将战争扩展到东南欧和非洲，以实现其将东地中海纳入意大利控制之下的扩张计划。1939年3月，在战争爆发之前，意大利已经占领了阿尔巴尼亚。1940年9月和10月，墨索里尼下令袭击希腊、埃及以及英国和法国殖民地非洲之角。然而，意大利军队失败了，这促使希特勒在1941年2月派分遣队前往利比亚，从而开创了一个新的战争舞台。与此同时，他做好准备入侵希腊。由于政变的结果，最初是德国联盟的一员的南斯拉夫，似乎有撤离"轴心"的危险，于是希特勒下令同时入侵希腊和南斯拉夫。两个国家都在几周内投降了。在这场战争中,德国领导人不仅有意寻求墨索里尼的协助,同时也有意避开英国在东南欧的任何影响。

入侵苏联的计划早在1940年6月就开始了。1940年11月/12月,希特勒决定在1941年春发动这场战争。这场战争实际上是希特勒野心的核心。这是由他的"生存空间"概念所推动的,是一个战略上的农业项目,是他为德国掠取给养并确立其统治计划的核心。希特勒同大部分德国精英一样有着狂热的反布尔什维克主义信仰。1940/1941年之交的情势之下,德国对英国的战争陷于停滞,希特勒希望消除苏联作为英国潜在盟友的地位——这是一个决定性因素。尽管国防军高级司令部认为对苏联发动战争是危险的,但最终没有人对1939年底/1940年初提出的进攻准备工作提出批评。

事实上,有一种强烈的信念,认为德国人有正确的战略来征服这个庞大的国家。对苏战争是唯一一次有计划的"闪电战":快速坦克部队深入苏联领土,包围莫斯科以西的大部分红军;然后跟随其后的步兵将消灭困在"口袋"里的部队。乐观的德国评估认为,苏联将在8至12周后被击溃。德军可以转而打击英国海空力量,最终对美国的空战需要的也仅仅是差不多同样短的时间。

灭绝战争同样是德国战略的一部分:德国领导层相信,如果布尔什维克主义的基础被摧毁,苏联会更快地崩溃。根据德国领导层的信念,这一基础不仅包括国家工作人员,而且还包括大量的犹太少数民族。因此,其至在入侵之前,国际法对平民和战俘的保护就被取消,德国对军队、党卫军和警察部队发出了广泛的屠杀命令。此外,德国的策划者还制订了大量计划,它将使民众挨饿。军队完全依靠苏联的农业自给自足,其他农产品将被运往帝国。策划者预见到将发生大规模饥荒,会主要发生在城镇和苏联少数民族地区。3000万居民将被饿死或被迫逃离。

1941年6月22日,德军与芬兰和罗马尼亚军队一道,对苏联发动了史上最大的战争。在几周内,他们征服了波罗的海的广阔地区、白俄罗斯和乌克兰。但早在1941年7月中旬的斯摩棱斯克（Smolensk）战役中，德国的推进停滞了几个星期，因此闪电战的计划已经基本过时。尽管到了10月，军队占领了列宁格勒地区和几乎整个乌克兰，但1941年10月和11月两次对莫斯科的进攻却失败了。苏联在1941年12月发动了反攻，德国的进攻计划最终失败，战争的结束遥遥无期。事实上，希特勒现在孤注一掷了，随后在1941年12月日本袭击珍珠港的美国海军之后，向美国宣战。

1942年6月，德军的第二次进攻开始于苏联南部，延伸至斯大林格勒和高加索地区。然而，德军这次进攻的中心目标——占领高加索地区正在开采的油田和炼油厂，却无法实现。军队甚至不能完全占领斯大林格勒市。然而在1942年11月，苏联军队包围了德国及其盟国军队，到1943年1月底，德国遭遇第一次惨败，希特勒被迫从北高加索撤军。1943年6月，他试图在库尔斯克（Caucasus）地区发动新的进攻，却以失败告终。渐渐地，红军开始从德国的占领下解放苏维埃领土——首先是于1943年秋解放了乌克兰。

在斯大林格勒战役中，德意军队在埃及靠近阿拉曼村（Alamein）附近遭遇失败，被迫向西撤退。1942年11月，美国军队也介入欧非战争，并在摩洛哥登陆。到1943年5月，西方盟军终于在突尼斯战胜北非的德意军队，从而在1943年7月将战事从非洲转移到西西里。结果，意大利法西斯政府在当月废黜了墨索里尼，于是德军于1943年9月占领意大利本土，意大利军队投降。盟军也在此时越过大陆，尽管他们的进攻在意大利南部陷入困境。

盟军经过长时间的准备，于1944年6月在法国北部登陆，开辟了第三条战线。德国领导层早就预料到这一事态发展，并将其视为决定性的战役。虽然盟军也于1944年8月登陆蔚蓝海岸，相对较快地解放了法国和比利时，但到1944年底，进攻已不再有新的突破。

然而，德军最大的失败是在东部。1944年6月，苏联红军也在东部发动大规模进攻，粉碎了德军的整个"中心"集团，为挺进华沙扫清障碍。

德军在1944年3月进军匈牙利,现在又进入斯洛伐克,以阻止红军。苏联军队毫无阻力地横扫了罗马尼亚和保加利亚——因为他们现有的政府被推翻,继任者对德国宣战。继红军在1944年10月第一次踏上德国土地后,到1945年1月,红军占领了奥得河(Oder)和内塞河(Neisse)以东的全部德国占据领土。西方盟军对第三帝国领土的最后进攻,也是伤亡最惨重的一次进攻,直到1945年2月/3月才开始。直到此时,匈牙利、捷克斯洛伐克、荷兰北部和意大利北部才摆脱德国的统治。1945年5月7日,德国陆军高级司令部在莱姆斯(Rheims)签署了投降书,协议第二天生效。5月9日午夜后不久,在柏林,在有红军出席的情况下,同一仪式再次举行。

德国的战争首先是一场在欧洲取得霸权的战争,其次是一场波及北非"侧翼"和大西洋海军的战争,一场由美国向英国输送补给引起的斗争。然而,德国战略的基础是统治世界的野心。通过与其盟友日本的合作,德国的目标是统治欧亚大陆,在希特勒看来,欧亚大陆是地缘战略世界的重心和中心地带。此外,意大利帝国和维希法国的殖民地是为了确保在非洲的霸权。希特勒从未停止过梦想,有一天,一个亲德政府将在英国上台,与德国讲和。这一权力基础将确保"轴心国"最强的和最后的对手——美国,可以与欧亚大陆保持一定距离。

然而,这场战争远远超出了德国的经济和人力资源能力。因此,德国领导层不得不依赖两个核心行动领域:一方面削弱国际体系,巧妙地以谋略制胜他国;另一方面是广泛的经济发展和人力政策,这些政策的奉行越来越以牺牲被占国家为代价。从1935年起,希特勒系统地摧毁了在凡尔赛建立的战后定居点。西方大国几乎没有反对他,也没有反对德国吞并奥地利和占领捷克领土。1939年的《德苏反侵略条约》对希特勒来说是一次决定性的、令人震惊的政变,它把中东欧完全送交给独裁者们。除了波兰之外,罗马尼亚首先发现自己身处火线之中,其石油供应对德国战争至关重要。这个国家当时在很大程度上依赖德国。

然而，就结盟而论，希特勒的政策并不那么成功。一方面墨索里尼高估了他的国家所能做的，并且遭遇了一次又一次的失败。另一方面，与日本的联盟几乎没有带来实质性合作。双方都有太多的怀疑；日本政府得到了《莫洛托夫-里宾特洛普条约》的警报，但随后德国对苏联的进攻却没有预先警告。希特勒于1941年12月对美国宣战的目的是把美国的资源分成两个阵营，一个日本的，一个德国的。尽管德国在东欧的其他盟国，除了保加利亚，都参加了对苏联的战争，但从1943年开始，他们一个接一个地开始脱离"轴心"。因此，联盟政治失败了。

只有系统地开发国外资源，才能发动和维持战争。甚至1938年对奥地利的吞并也与"回归帝国故里"的民族主义情绪无关，而更多的是与奥地利的财源、原材料和劳动力储备有关。1939年3月进军波希米亚（Bohemia）的主要动机是觊觎它的军备工业。东欧被占领土的首要作用是提供粮食和煤炭，他们主要来自西里西亚煤田和乌克兰多涅茨盆地（Ukrainian Donets Basin）。然而，逐步适应西欧工业以满足德国军备需求在经济上更有价值。德国从被占领土获取的约70%的产品来自西欧。掠夺东欧获得的最重要的战利品是强制劳动力，该点自1942年起便表现得尤为突出。

尽管到1944年夏天，德国占领的领土不断缩小，但他们的军备产品的开发和生产却在提高，尤其是通过对大约70万名集中营俘虏的残酷剥削。到了1944年中，当德国经济失去了罗马尼亚石油和西欧工业，化学工业越来越成为盟军轰炸的目标时，德国的资源终于耗尽。

所有这些都说明了为什么尽管国家社会主义德国资源有限，却能够在欧洲大陆行使近5年的完全霸权。从结构的角度来看，1942年经济优势的杠杆已经倾向于支持盟国。尽管失去了西部工业区，但早在1942年，苏联经济就能够创造巨大的军备产出，同年底，美国的军备生产也达到顶峰。

即便如此，起决定性作用的不光是相对的经济实力，还有政治及战争的进程。由于西方盟国在1939年至1940年的战争中只进行了非常有限的干预，所以希特勒在1941年春之前能够征服一个又一个国家。1941年至1942年两条战线上的战争之所以能够成功，也是苏联领导人严重的军事失误所致——最后一次是1942年5月的哈尔科夫战役（Battle of Kharkov）。直到1942年秋天，经过三年的战争，形势才开始扭转。德国的军事领导人失去了主动权，美国的经济实力加上苏联的军事储备，赢得胜利只是时间问题。此外，德国海军在北大西洋战败，主要原因是盟军军事情报部门能够解码德国的无线电情报。不可否认，从斯大林格勒到战争结束，盟军又花了两年半的时间才击败希特勒，并耗尽了德国巨大的人力和财力。

希特勒在欧洲的战争造成3500万至4000万人丧生，另有2000万至3000万人死于亚太地正的冲突。到目前为止，苏联和波兰的受害人数还没有确切的统计数字。1400万至1800万士兵死于欧洲和北非战场（取决于苏联损失的数字）；1100万至1200万人死于德国罪行，其中至少250万人是红军战俘。在大屠杀的受害者中，大约有60万是德意志帝国的公民，因此，大屠杀受难者绝大多数来自被占领土。

只有更仔细地审视德国战时帝国的结构，才能解释这令人震惊的破坏规模。因为这一领域不同于传统帝国，其目的不在于整合各种民族团体，而更多地在于"种族重组"和激进开发剥削。该帝国的存在与不断的战争相连，政治稳定从未实现。希特勒既不希望在他所征服的国家实现和平，也不希望与其达成任何解决方案。

德意志帝国

希特勒缔造了自拿破仑时代以来欧洲最大的大陆帝国，却从未实施过详细的计划。很明显，从早期开始，他就想要吞并奥地利，征服捷克斯洛伐克和法国，最终在苏联建立一个激进政权。然而，德国势力范围在第二次世界大战中的实际发展，首先取决于战争进程（这在许多方面出乎意料）以及战后德国精英们的政治态度。第一次世界大战期间，德国制订了在欧洲建立霸权的计划，在很短的时间内，整个俄罗斯南部被占领。

在世界经济危机时期，德国霸权的间接形式应在"更大的经济空间"（Grobraumwirtschaft）背景下讨论——例如着眼于东南欧。国际法专家卡尔·施密特（Carl Schmitt）等正在研究"更大的德国地区"理论，在这一地区，美国等"外来"势力是不被允许介入的。党卫军内宣传扩大日耳曼帝国计划，包括佛兰德（Flanders）领土——一直延伸远至挪威和波罗的海国家，与此同时，德国种族专家为重建中东欧种族秩序制订了蓝图。德国不仅要将那些拥有德国少数民族的领土日耳曼化，还要将那些被认为已经受到德国文化影响的地区日耳曼化。纳粹党卫军司令海因里希·希姆莱，1939年起作为帝国委员负责巩固德意志，他越来越多地将这些计划纳入自己的政务当中。1941年底，这些设想在"东方总计划"中达到了高峰——这是一个影响波兰、波罗的海国家、苏俄北部和乌克兰大片地区的大规模重新安置项目。预计多达3100万斯拉夫人将被重新安置，以便在更长期内为德国殖民创造空间。

这一占领计划的框架不仅是出于脱离实际的理论方案，而且还源自普遍和广泛的文化种族主义。这种种族主义并不是国家社会主义所特有的，而是回到了更早的论述。虽然大多数德国人认为西欧人颓废但也高度文明，而斯拉夫人则被视为在文化上居于劣等。来自士兵和占领军的信件充斥着资产阶级的刻板印象，他们声称卫生和秩序"在东方"是缺失的。众所周知的作为缺乏生产力的代名词"波兰商业（PolnischeWirtschaft）"在那里很常见。在占领期间，有关土著人民低劣的殖民话语占主导地位。有时这些人被称为次等人，尽管事实上这个名称应该是为"犹太莫斯科人"保留的。尽管德国天主教徒觉得与波兰的天主教文化有某种联系，但对于苏联而言，却没有这种感觉。因为苏联的城市居民和年轻人首先被视为布尔什维克，而被称为"大俄罗斯人"的俄罗斯人则被认为比较原始，当然也很温顺。一个隐含的种族等级建立起来：树的顶端是爱沙尼亚人，德国人和爱沙尼亚妇女之间的婚姻是不被禁止的。在那下面是库尔兰、利沃尼亚、拉特加利亚、立陶宛和乌克兰的土著人，往下是白俄罗斯人，最下面的是俄罗斯人。不过总的说来，一方面德国的反奴役主义是灵活的，与斯洛伐克人或克罗地亚人结盟不成问题；另一方面，在波兰、波罗的海国家和苏联西部拥有大量犹太少数民族的领土上，践行的个别城市和地区犹太化的意识形态学说，产生了特别可怕的后果。

对巴尔干半岛经典的刻板印象在占领当局中也很普遍，即众所公认的，那里的人有着狡诈又残忍的倾向。塞尔维亚的形象仍然受到第一次世界大战口号的强烈影响。这些说法在德国和占领军中很普遍，并作为基础形成了一种共识，即在东欧的大部分地区，人口较为低劣，且在某种程度上是危险的。

关于国际法的特定论述也是这一进程的决定性因素之一，它取消了对剥削和使用暴力的最后限制。波兰被征服后，被视为一个已解散的国家，在国际法上没有地位，也无权得到更广泛的国际社会的保护。这同样适用于被占领的南斯拉夫。在被占领的苏维埃领土上，国际法的权威在任何情况下都是完全无效的。在这些领土上，德国占领者认为暴力是合法的手段，例如，这是对1939年8月/9月在波兰对德国少数民族犯下的罪行的报复，及后来对游击队活动的报复。在西欧和北欧，占领者更警惕国际法——例如在对待战俘方面，尽管这在用于犹太人时很快就被废止了。红军中的犹太士兵都被杀害了，但被德国俘虏的波兰军队中的犹太军官，尽管人数不多，但却得到了国际法的保护，在战争中幸存下来。

经济剥削对占领政策的制定和实施具有重要意义。随着战争的继续，它扮演着越来越重要的角色。洗劫——无论是有组织的还是个人的，从一开始就成为每一场德国战争的特点。在对待民族的方式上，东西方也有着明显的区别：在波兰的大多数地区和被占领的苏联，支持工业的结构将被摧毁，因为这些国家的经济活动将同南斯拉夫和希腊一样，被削弱为帝国的农业腹地的经济活动。只有波希米亚仍然被认为是一个工业国家。

波兰和苏联的工业基础设施中有相当一部分确实遭到了破坏、蚕食或封存。只有在波兰西部，被指定用于日耳曼化进程的工业才得到了实质性的保护——尽管它们被完全征用。当战争与德国的期望相反，开始对他们不利时，他们改变了路线。甚至波兰和被占领的苏维埃领土现在也要利用他们的工业来支持德国军队。最后，甚至德国公司从1942年开始也将生产转移到波兰，以便脱离盟军轰炸的范围。

在被占领的欧洲西部和北部地区，工业生产基本上继续进行，尽管越来越多地是为满足德国军备工业的需要。然而，犹太人拥有的企业被没收。如果被占领国的制造商在德国入侵前一段时间没有承诺他们的公司从事特定的产品和市场，他们就会发现自己或多或少要与德国经济管理局合作。雷诺（Renault）在法国的工厂就是一个例子。在这种情况下，经济方面的考虑比民族身份方面的考虑更为重要。被占领国的国民经济面临着出口和原材料市场的丧失，消费品行业的崩溃和货币贬值。即便如此，影响也千差万别。在东欧，它们有时是灾难性的；而在荷兰，它们几乎可以忽略不计。

随着时间的推移，虽然被占领国在经济上对德国越来越重要——尤其在1942年以前，但促使德国统治欧洲的却是种族意识形态，它也决定着政策走向。一开始，国家社会主义领导人和他们的规划者致力于第三帝国的扩张，或者更确切地说是德国临境许多地区的日耳曼化。这些扩张主义思想并不局限于那些在1919/1920年和平条约中丧失的领土，而是超越这些之外。自1939年以来，这项政策的核心地区一直是波兰西部，正包括从未归属德意志帝国的洛兹市，然后是1940年阿尔萨斯-洛林（Alsace-Lorraine）的加入，1941年4月起斯洛文尼亚北部也加入其中。日耳曼化包括三个要素：首先是对"不受欢迎"的那部分人口的驱逐和征用；然后是来自东欧其他地区的德国人的安置；最后是根据德国种族名（German Ethnic List）确定种族选择。大规模的驱逐计划被制订出来（例如，波兰西部大约300万居民将被驱逐到波兰中部），并已经开始实施。他们经常因为执行不力而陷入困境，且多数情况下是因占领地的抗议而以失败告终。阿尔萨斯和洛林的居民要被驱逐到维希（Vichy）地区，斯洛文尼亚人要被驱逐到大克罗地亚（Greater Croatia）。这些驱逐往往以失败告终，取而代之的是在原领土内重新安置。在一些情况下，在被侵占领土以外的地区开始"日耳曼化"，并开始执行东部总计划。因此，从1942年秋到1943年春，卢布林（Lublin）以南的扎莫斯（Zamość）地区有11万波兰人被逐出或驱逐出境，相当一部分人被屠杀。原本是要他们为德国移居者腾出空间，而事实上，这些移居者只有少量迁往该地区。在第二次世界大战中，共有大约200万人成为纳粹重新安置项目的受害者。然而，由于斯大林在1939/1941年的扩张，那些被迫离开祖国的德国人的安置在很大程度上已被终结。

在吞并的领土内进行的基于德国人种筛选整个人口的过程，在各个区域产生了不同的影响。因此，在丹泽（格但斯克）-西普鲁士，相当一部分波兰人被认为适合日耳曼化。其结果是大批男性士兵被征召入伍。从整体上看，"日耳曼化"进程的范围非常广泛，尽管在各领土上以不同的方式进行。然而，对于驱逐和征用以及被吞并领土上的歧视行为的受害者来说，这是影响深远的，在某些情况下甚至是致命的。

第二个有种族动机、无疑也是最激进的项目是在被占领土上迫害和屠杀犹太人。这是本书另一篇文章（第七章）的主题。我在这里只想指出，一方面如果东欧部分地区没有激进的占领政策，这种有系统的大规模屠杀就无法解释。如果不普遍取消东欧人的权利，不对他们使用暴力，那么"最终解决方案"是无法想象的；另一方面，这起大规模屠杀导致大片被占领区的人们普遍遭受残酷对待。事实上，这被视为一种警告：他们将遭受同样的命运。对罗马吉卜赛人的屠杀也是有系统地进行的。尽管他们不被认为是雅利安人的敌人，但他们在种族上被认为是低等的。最重要的是，地区行政当局和警察总部要求屠杀罗马人，因为这些人被他们认为是

"社会公害"。甚至从德国到一些被占领土，由激进的优生政策所产生的对精神病患者的屠杀也在持续发生。在波兰和苏联的许多地方，党卫军和警察杀害精神病院的病人，以便征用他们的建筑物。而在法国维希，卫生服务管理部门听任该地区的大量精神病患者饿死。

从国家社会主义的角度来看，迫害和屠杀是适宜加强占领国安全的措施之一，作为反犹分子，他们认为犹太少数民族是一种威胁，是布尔什维克主义的温床。当然，德国在被占领土上的"安全"概念远不止反犹太主义。从德国的角度来看，不仅布尔什维克主义，而且任何增强少数民族认同的东西都可能被视为威胁，特别是在那些以自信著称的国家，如波兰、塞尔维亚和某种程度上的希腊。1939年，战争爆发后不久，德国秘密警察开始屠杀波兰精英和反德组织的成员。受害者为知识界人士，如大学毕业生和牧师，还有1919/1920年在德波边境制造冲突的激进分子。据波兰方估计，1939/1940年，约有6万波兰人被枪杀，其他一些则被关进集中营。从1941年6月起，德国警察和军队一直在对苏联官员采取类似的激进措施，即使他们不是犹太人，他们中也有数万人被枪杀。

然而，德国占领军在1941年夏天以后才遇到了真正的抵抗。南斯拉夫军队的残余分子联合起来并号称切特尼克人（Chetniks）抵抗占领，不久，苏联和南斯拉夫的共产主义团体也跟着加入。占领者随后威胁要对民众采取激进的、致命的反制措施——一名德国士兵死于平民之手，作为报复，有100人将被射杀。德国警察和军队不愿意从民众中的多数群体中挑选受害者，而是首先以犹太人和乌克兰的俄罗斯人为目标。1941年秋，这些屠杀达到了种族灭绝的程度；到1942年初，大约6万人在苏联被枪杀，在塞尔维亚，这个数字大约为3万。然而，这一暴力政策并不成功。从1942年夏天起，苏联的武装抵抗有所加强，而在南斯拉夫，抵抗则转移到克罗地亚和波斯尼亚。在被占领的苏维埃领土上，党卫军、警察和军队在与游击队的战争中发展了一个大规模的"带状行动"（Band Operations）体系，每一次行动都造成数千人死亡。民众的总死亡人数接近50万。从1942年底开始，随着抵抗运动的发展，德国占领者也扩大了暴力的使用范围。最初是在波兰地区，然后是在斯洛文尼亚和希腊，到1943年秋，对被占领的意大利也使用了暴力。最后，从1944年中期开始，甚至在法国也发生了一些隔离大屠杀。这种暴力在1944年8月华沙暴动期间达到可怕的高潮。几天里，德国党卫军和警察部队有计划地试图屠杀该市整个地区的居民，直到他们被控制住。尽管如此，仍有大约16万居民死于暴动。在东南欧和西欧，这种使用极端暴力的做法在占领区的官僚阶层中引起强烈反对，事实上许多人认为这种做法适得其反，因为它驱使民众加入抵抗运动。

如果我们审视占领政策的基本要素及其执行情况，各领土之间的差异似乎就不那么明显了。研究一再强调占领区官僚主义的复杂性——甚至是混乱的性质，声称在各行政机构内部，各当局和个人之间的竞争是普遍存在的，就如同在帝国一样。诚然，这类冲突——关于责任和资源范围的争论，甚至关于个人虚荣心的争论不断出现，但在以下关键问题上仍然达成了广泛共识：确保占领，进行经济开发，屠杀犹太人和"日耳曼化"。不同部门之间甚至有着密切的合作。

整个国家社会主义政权占领政策的核心参照点是"元首"阿道夫·希特勒。与第二次世界大战中的意大利或日本相比，德意志帝国并不拥有控制占领地的中央权力机构，只有各占领军的首脑在争先接近希特勒。尽管他不断地了解被占国家的发展概况，但他对这些问题的兴趣有限。中央帝国政府基本上被排除在这一领域之外，甚至没有任何实际权力干预波兰、法国或南斯拉夫事实上被吞并的领土。取而代之的是，来自边境地区的全国民主行动党高莱特（NSDAP Gauleiters）统管这些地方，其在管理占领区方面往往具有双重职能。决定占领政策的中央当局是戈林的经济管理局、四年规划局以及希姆莱领导下的党卫军和警察组织。此外，还有劳工全权代表等特别专员，甚至外交部也可能影响占领政策。

从结构上看，各占领当局之间有很大不同。在比利时和法国北部以及

223

塞尔维亚和希腊中部，或多或少地按照国际法建立了军事管理机构。这些名义上是国防军高级司令部的职权，但事实上，他们成立了自治的占领官僚机构。处在战争中的被占苏维埃领土的东半部，政府由军队指挥。在这种情况下，负责的陆军军需长没有制定独立的占领政策。尽管军事管理部门被认为是更传统、更少纳粹化的机构，但他们采取的剥削政策和镇压的方式与其文职对应部门类似。这样做的一个重要原因是，在军事管理部门内，文职人员主要负责占领政策。

挪威、荷兰和被占领苏维埃领土西部（包括波罗的海国家和波兰东部部分地区）的平民占领行政当局被称为帝国军需部。在波兰中部和南部，对应的部门称为中央政府。职务保留在帝国内部的高级国家安全行动党（NSDAP）干部，则在其中工作。这些文职行政机构的设立是违反国际法的，因为只有与德意志帝国接壤的领土才出于表面原因没有被公然吞并，而事实上它们已经被吞并。

在政治上有利的地方，甚至可以保留本国政府。因此，一方面丹麦的政治制度在占领期间基本上仍然存在——尽管有一个所谓的帝国全权代表置于其上。另一方面，为了达到占领目的，法国被分为三个地区：北部和大西洋海岸分别隶属于两个不同的军事行政区，法国中部和南部受控于一个独裁的法国政府，其官方所在地是温泉镇维希（Vichy）。尽管维希政府有一些行动自由，但它还得服从德国指示。在匈牙利，1944年德国军队占领该国后，其政治制度也基本上得以保留。在荷兰、比利时、波希米亚、摩拉维亚、塞尔维亚和希腊等其他国家，当地国民政府享有的自治权明显减少。

希特勒和德国占领军很少发动占领区本土法西斯运动，这一点令人惊讶。中央政府雇用的是那些属于保守派和右翼民族主义圈子的人员。他们的德国上级相信，他们可以依靠这些人更加谨慎和高效地执行政策。只有在被占领的挪威，纳斯乔纳尔·萨姆林（Nasjonal Samling）才在1942年初接管了政权，就如同匈牙利的箭十字党从1944年10月起接管几个月一样。在警察和地方政府中，通常有更多的法西斯分子来自当地民众中。总的来说，所有这些招募当地人的机构都有效地执行了德国人要求的任务，这意味着在大多数情况下他们都参与了对犹太人的迫害。他们确实试图减轻剥削政策。这些机构的一些代表与西方政权或其流亡政府秘密接触。然而，总的来说，没有被占领国行政人员的合作，德国在欧洲的统治是难以想象的。

德意志帝国并不是希特勒在欧洲唯一的统治区。东南欧被视为意大利的领地，到1943年，意大利控制了地中海沿岸从尼斯到伯罗奔尼撒（Peloponnese）的领土。匈牙利从希特勒那里得到了它在1920年依《特里亚农条约》（the Treaty of Trianon）失去的部分领土，其不仅包括南斯拉夫境内，还包括罗马尼亚的北特兰西瓦尼亚（Northern Transylvania）领土和捷克斯洛伐克的一部分——卡帕托-乌克兰。保加利亚在南斯拉夫的西马其顿、希腊的马其顿以及西色雷斯（Western Thrace）建立了自己的占领政权。作为对参加希特勒对苏联战争的奖励，罗马尼亚在敖德萨（Odessa）地区获得了占领区，芬兰在拉普兰（Lapland）获得了占领区。在区域层面上，"轴心国"甚至在德国主权下也能推行自己的占领政策，就像乌克兰东部匈牙利军队那样。一方面，另一些"轴心国"得益于被希特勒占领的欧洲，凶残地追求自己的压制政策；另一方面，由于轴心伙伴之间潜在的紧张关系，希特勒也可以占据一个舒适的裁判位置。

占领区的社会结构

占领造成的社会群体如同领土以及不同的组织模式一样各具形态。然而，把它们看作一个整体也属合理，因为它们经历了根本性的变化。最重要的变化是，以德国占领人员的形式向这些国家强派了新的管理者。数十万占领官员被派往占领区，以及负责"安全"的军警人员进行补充，二者总数可能超过100万。特别是在被占领的苏维埃领土上,以及南斯拉夫,有大批军队驻扎在腹地。占领军从帝国的各个角落抽调人员。其中约10%来自奥地利,主要受雇于被占领的东南欧。苏台德德国人于1938年被收归德意志帝国,几乎只在被占领的波希米亚(Bohemia)和摩拉维亚(Moravia)工作,而其他德国人则主要只在地方政府或警察等部门担任中下层职务。

到目前为止,占领人员大多数是男性。管理部门的女性主要是秘书,她们中的一些人在军队中做辅助工作,也有的被分配到德国基础设施或"兰迪恩斯特"(Landdienst)工作——在那里,纳粹少女组织——德意志少女联合会(Bund Deutscher Madel)的成员会协助被占领地区的农业发展;另一些则被用于党卫军、集中营的女性部门。高级文职人员允许带家属到工作地点。后来,这种做法促成了德国商店、学校和幼儿园等常规德国基础设施建设。尽管占领管理部门通常尽量将德国人居住的地区与当地居民居住的地区分开,但这一尝试只是部分成功。

德国占领人员分布很不均匀。在被侵吞领土上设有一个完全的德国行政机构,每个职位都由德国人担任,一直到最低级别,且每个专门部门都由德国人配备职员,而在帝国的粮食部门和总督辖区,这只适用于区和市一级。在军事统治的领土上,德国占领人员比例最小。在那里,工作是由相对较小的地方军事管理部门完成的,尽管在靠近前线的地区或有许多游击队的地区,往往也会有成千上万的德国士兵。

占领官员一部分来自纳粹党机构,另一部分来自帝国内部政府。在管理层以下,人员是多种多样的混合体,有时包括自愿在被占领土服务的人。然而,在专门部门,大多数工作人员都受过专业培训,例如在经济、劳动管理、铁路、邮政等领域。在后一类工作人员中,以及在从军队中任命的占领军官中,有着更复杂的政治态度,而高层则可以说是高度纳粹化的。

特别是在东欧,占领者将纳粹信仰与把自己视为"优等民族"的姿态结合起来。对他们来说，当地居民低人一等，而实际上，当地居民也确实是这么被看待的。他们极为迅速地使用暴力，无论是针对犹太人还是镇压抵抗——尽管有人针对非犹太人的大规模暴力的适宜程度进行了辩论：这不应触及破坏占领军统治的程度。

在占领官僚机构中谋职一般来说能保证让人过上舒适的生活。一方面，尤其是男人，免于被征召到前线作战相对来说比较安全；另一方面，在有许多游击队活跃的地区，成为占领工作人员是他们最喜欢的目标。即便如此，总体来说，在国外供职为人们提供了获得可观财富的机会，尤其是通过对犹太人和其他东欧人的大规模掠夺。正如最近的研究所证明的，其腐败至少和帝国内部一样广泛。尽管如此，并非所有的占领工作人员都对自己的工作感到满意，尤其是在东欧。他们抱怨生活水平差，基础设施不足。许多职员在工作岗位上没干多久，就被转移到其他被占领土，而有些人则进行了名副其实的"欧洲行政之旅"。这是不同占领区行政当局有如此密切联系的一个重要原因。

占领者在各地享有不受挑战的地位，而且在被占领的东欧，他们可以成为生死攸关的仲裁者，在大多数情况下，土著居民不得不屈从于丧失民族自决权和人身自由的处境。各国的镇压程度差别很大。那些被柏林认为是日耳曼人的社会相对来说处于最有利的地位。佛兰芒人（Flemish）、荷兰人和斯堪的纳维亚人被视为日耳曼人，最有可能受到占领者的尊重。法国人和瓦隆人（Walloons）被视为文明人，与德国人几乎相当地位，尽管这并不适用于战前被说服的民主党人，不适用于任何被怀疑抵抗的人或被追捕的共产主义者——他们被占领国追杀，在出于政治动机的法庭诉讼中被定罪，或未经任何正当程序便被驱逐到集中营。

特别是在西欧和东南欧，占领者利用宣传为民众提供融入新秩序的机会。起初，国家败在德军手下给人们的民族认同感带来了严重冲击，各国的政府和政治制度都因此失去了合法性，支撑民族凝聚力的象征和惯例被占领国破坏或禁止。但丹麦是唯一一个在德国占领期间可以保留王室和政府的国家。甚至连政党都继续存在，并在3月4日举行了正式的议会选举。其他国家的国家领导人则纷纷逃亡，并通常在伦敦建立一个流亡政府。精英阶层在被占领下所经历的根本变化表现为多种形式。波兰和苏联的精英遭到迫害和谋杀，而其他国家则受到"清洗"，也就是说，自由主义和社会主义人员被解雇。军队的首脑们不由分说都成为战俘或被遣散。而对于行政、商业和教育领域的精英来说，情况又不同。如果他们没有逃走或被解雇，这些精英，特别是西欧和北欧的精英，可以继续留任。甚至当地的警察武装也有相当高的承续性。最近的研究表明，在被占领的苏联，多达10%到15%的辅警曾在斯大林政府的某个时期服役过。

尽管大多数国家的农耕社区因年轻人被征召入伍而遭受损失，但技术工人较少受到影响。一些人收到占领国特别是工业区向他们提供的相当可观的物质利益。当然，任何带有社会主义或共产主义色彩的政治活动都受到严厉的镇压。特别是在西欧和北欧，占领国允许企业家和雇员建立新的组织，以此促进社会和谐。这些组织只不过是被禁止的工会的名义上的替代品，因为占领当局希望防止工资上涨，以遏制通货膨胀。

在德国占领下，保持民族特性的机会非常有限，只有在"新秩序"的环境下才有可能。特别是有合作政府的国家，形成了右翼民族主义独裁文化。法国维希政府的口号"工作、家庭、祖国"（Travail、Famille、Patrie）是这种社会保守主义倾向的典型代表。这种口号有一定反响，因为许多人在战败后寻求国家复兴。这样，法西斯倾向被融合进来，却并不主导公共话语。

在这种环境下，一种右翼民族主义文化发展起来，许多知名艺术家、知识分子和学者投身进来，他们中大多数人在战前表达过有利于德国的观点。尽管印刷媒体由占领国控制，要通过审查制度，但他们仍然是广泛和老练的。大多数国家有自己的文化机构。例如，比利时见证了佛兰芒文化名副其实的繁荣——原本在战争之前佛兰芒文化曾感到有些衰落。在占领期间，除了波兰和苏联取缔了无线电广播外，当地的记者主导着新闻和无线电广播。当然，这种文化是极大地适应"新欧洲"（New Europe）的，而且是强烈反犹的。

至少到1942年，各社会不得不适应德国永久统治的认识，直到斯大林格勒战役的转折点之后，一种新的观点才发展起来，以期在战后时代恢复主权。在此阶段，占领国寻求其他的融合战略，反布尔什维克的宣传已经全面展开。

德国对苏联发动进攻后，描绘了欧洲大陆在1943年苏联开始进攻后将受到严重威胁的场面，并号召大家加入到反布尔什维克的斗争中来。卡廷（Katyn）附近的乱葬坑是发现苏联秘密警察的受害者的地方，其在德国的宣传运动中发挥了特别重要的作用。它坐落在中东欧和东南欧异常反共社会的沃土上，当地人担心他们将会是第一个被红军侵略的对象。与此同时，德国宣传部正敦促向斯拉夫人，甚至是波兰，提出更积极的合作提议，公众歧视即将被消除。

正是在这一背景下，个别团体开始与占领国合作（尽管通常被蔑称为"勾结"）。占领者最先接触的是支持德国统治的右翼民族主义团体。尽管这种支持必须完全符合德国的计划，因此换言之，这种支持通常没有呈现为民族自治的前兆。因此，德国人很快就对波罗的海国家或乌克兰西部的民族主义地下组织在1941年提供的服务感到失望。在波兰，占领国拒绝任何形式的政治合作提案。然而，在大多数国家，依靠社会较保守阶层的支持建立起了合作政体。有足够数量的本地人随时可以来管理部门和行政部门工作，甚至可以建立民兵组织替代兵役。特别是武装党卫军很快就试图招募本国民众参与到国外军事行动中来。起初，这些人主要是来自法西斯集团的西欧和北欧人，但从1943年春天开始，组织还招募了反对共产主义的东欧人。此外，党卫军首领希姆莱也成功地从德国境外的德国少数民族中招募了许多人加入武装党卫军。

尽管到1942年底，处于占领之下的社会融入"新秩序"的进程明显加快了，但大部分民众不想与其有任何瓜葛，并希望很快摆脱德国的统治。不可否认，在这些社会中，几乎没有自治的领域，而另外建立一个公共领域也是不可能的。在德国的占领下，教会难得地可以相对自主地行事。在波兰，天主教神职人员压力很大，因为他们被视为波兰民族自信的凝聚。数千名牧师死在德国集中营。相比之下，在苏联，教会在经历了多年共产主义迫害之后在德国统治下得以复兴，因此明显效忠于占领政权。其他被占领土上的教堂也基本如此。然而，这些教堂不仅是只为德国占领者提供有限触碰的空间，而且还象征着民族身份的延续。特别是在1943年初战争开始出现转折后，一些教会与那些跟占领者勾结的政权保持距离；梵蒂冈寻求与西方盟国的接触。然而，情况很复杂。例如，西欧教会或希腊东正教批评杀害犹太人的行为，而乌克兰和罗马尼亚东正教的主教在1942/1943年仍经常公然发表反犹言论。

只有地下运动在德国占领下享有真正的自治权，尽管这些运动实际上比长期以来所被认为的要复杂得多，范围也更为有限。在德国入侵苏联之前，反对派组织规模很小。国家社会主义的主要政治对手——欧洲的共产党人，一直在等待中，直到1941年6月《莫洛托夫-里宾特洛普条约》被打破。其后白俄罗斯、俄罗斯和南斯拉夫的武装抵抗快速发展起来。特别是在苏联，这些组织往往是由共产党、红军或秘密警察组织起来的，虽然这些组织大多在1941年底被捣毁，但在1942年又系统地集中建立起来。在其他国家，地下组织只是逐渐发展起来的。抵抗运动在波兰发展得最为广泛，流亡政府建立了一个名副其实的地下国家，有政府、武装干部及反文化运动。与共产主义团体形成对比的是，"本国军队"（Home Army）起初并没有挑起与占领国的武装对抗，以避免遭到以屠杀平民的形式进行的可怕报复。1943年初战争开始出现转折后，地下组织吸引了越来越多的成员，随着德军在1944年夏天的大规模撤退，解放指日可待。

对占领的抵抗普遍来自各政治派别。尽管从1941年中期开始，共产党就一直走在前面，但与此同时，南斯拉夫的切特尼克人的出现开创了一个保守的大塞尔维亚运动（Greater-Serbian movement）。从1943年开始，越来越多的右翼团体加入其中，而这些右翼团体中的一些在1941年还曾与德国人合作。在波罗的海国家和西乌克兰也成立了一些组织，这些组织在首先打击共产党的同时，也打击德国占领军。即使在法国，也存在着对德国占领的极端右翼抵抗。

这些政治方向上的差异很快形成了竞争，并在一些国家引发内战，以决定战后的秩序。早在1941年春，克罗地亚和波黑的极端民族主义的乌斯塔沙运动（Ustasha）就因屠杀塞尔维亚人民挑起了内战。到1941年秋，内战蔓延到包括南斯拉夫在内的大部分地区。1943年初，人们看到了一个战后新秩序的希望，这场冲突变得更加激烈。波罗的海国家、波兰西部和乌克兰西部的反共地下组织此时正在与苏联游击队作战。乌克兰抵抗军则走得更远。由于预期战后乌克兰会出现"种族"同质化，于是个别团体开始屠杀并驱逐波兰少数民族。大约6万波兰人在德国占领军的监视下丧生。在被占领的希腊，地下民族保守党爱德党（EDES）和共产主义人民解放军（the Communist ELAS）之间爆发了冲突。这些内战部分持续到1947/1949年，彼时已是德国占领军撤退很久之后了。

然而，这些并不是其他矛盾取代德国入侵的唯一占领区，因为在几乎所有从德国控制下解放出来的国家，战争结束前很多问题都是以暴力方式解决的。这不仅是为了惩罚曾经与占领军合作，也是为了决定这些国家战后走向而进行的政治斗争。

被占领土上的生活

对被占领社会的仔细研究表明，它们与战前状态的不同不仅仅是精英阶层和文化重心的改变。首先也是最重要的是，社会的构成发生了变化。这就从根本上衍生出一个悖论：文化变得更加男性化——因为它是由战争中传统的性别角色和暴力决定的，而社会变得更加女性化。苏联的妇女数量一直都比男子多，这是1918/1920年内战的结果，但在第二次世界大战中，这一比例又发生了重大变化。到处都是男人被征召服役，然后成为战俘或被杀。当德国人入侵时，设法逃跑或被疏散的主要是男人。最后，在那些被驱逐成为强制劳工或被关押在难民营和监狱的人中，男性占了大多数。其结果是，生活在被占领区的妇女明显多于男子，特别是在苏联领土上，在一些城市，妇女占到人口的三分之二。

家里养家糊口的人常常不在家，妇女们涌入了一个起初往往非常有限的劳动力市场。直到1942年出现劳动力短缺，女性的就业前景才有所改善，尽管总体上她们的薪酬低于男性同事。

同样原因导致劳动力市场上儿童的数量明显增加，尽管战时出生率有所下降。起初，老年人的情况也是这样。然而，他们最先受到艰苦的生活条件的影响，死亡率急剧上升。因此，战争极大地改变了家庭生活，母亲比以往承担起了更为重要的角色也就不足为奇。

除了对德国暴力的恐惧外，占领区的日常生活还受限于担心是否有东西可吃。战争在一定程度上摧毁了基础设施，经济重心的重新调整导致许多东西短缺。原则上，粮食实行定量配给，与战前相比，因为许多进口市场关闭，所以粮食在数量和质量上都较差。粮食状况大致可以分为三类。在这方面供应最好的国家是比利时、荷兰、挪威和波希米亚、摩拉维亚。法国、波罗的海国家、波兰和南斯拉夫的情况要糟很多。在被占领的苏维埃领土上，这种情况多半坏到灾难性的程度。在被占领的苏联东部领土，特别是大城市，德国人实行的政策几近于饥饿政策，而在被占领的希腊，多重因素引起粮食短缺危机，这在意大利占领区尤为严重。在战争的最后几个月，在1944/1945年冬天，占领国故意实施饥饿封锁，以打击荷兰北部的罢工。

粮食短缺并不是同等程度地影响到每一地区的人口。重工业工人的口粮是最慷慨的，而犹太人的口粮是最微薄的。总的来说，有工作的人获得更好的配给，军需品工人占有最大的份额。影响不同的另一个因素是城镇居民可以获得额外的供给,例如从乡下亲戚那里。而独居的老年人只能依靠自己,因此处境岌岌可危。

由于德国的财政和劳工政策,日常生活变得更加困难。在大多数国家,为了更容易地为占领区秘密提供经费,本国货币价值下跌。尽管占领当局下令冻结工资和物价,但随着物价的迅速上涨,很快就形成了广泛的黑市。在德国占领希腊期间,希腊出现了恶性通货膨胀,德国人被迫稳定货币。总的来说,被占领国的工资实际购买力明显下降。

因此,在许多地区,人们的健康状况恶化也就不足为奇。药品短缺,医院被德国军队征用,以及犹太医生被屠杀,这些使得问题更加严重。例如,在波兰和法国,相当一部分学龄儿童患有营养缺乏症。

许多地区的工作年限也发生了重大变化。尤其是在波兰和苏联,企业的破坏和关闭首先导致了失业率的急剧上升。在西方,市场的丧失和企业的倒闭带来了类似的影响。与德国本国一样,占领当局很快采取措施,对劳动力市场进行监管和控制。德国的职业介绍所是所有被占领土上最重要的机构之一。在波兰和被占领的苏维埃领土上,德国颁布了一项普遍的义务工作令,基本上每个有工作能力的人都有义务登记。德国很早就开始招募工人。起初这是自愿的,但从1941年底开始,波兰和苏联的招募活动变得越来越强制,于是合同工作变成了强制劳动。最迟到1942年秋,西欧和北欧也开始强制招募。

1942/1943年,警察和德军积极地征招新兵。由于那时已经几乎没有登记失业的成年人了,占领当局便将目标转向年龄更小的群体。当乌克兰的突袭行动在1942年夏天达到高峰时,被抓获的主要是14~20岁的女孩,她们被安排在德国家庭或农场工作。最后,在1943年,德国人将她们从游击队势力强大的地区举家驱往德国。

对于新兵来说,风险各不相同。西欧强制劳工的条件比P工人(来自波兰)和"东方工人"(来自苏联)要好——他们被安置在兵营里,待遇极差,经常被编为罪犯。大约850万人来到帝国工作,其中大约有1.5万名东欧工人没能活下来。

虽然对在德国或奥地利进行的强制劳动已有充分研究,但我们对被占领土上强制劳动的了解仍然显得零碎。这种情况也集中于波兰和苏联。农民和农场工人,由于没有充分完成他们的定额任务,所以同可疑的游击队员和其他人一起被关在许多工棚里。苏联妇女被强迫为德军挖土方工程是很平常的事。而在白俄罗斯,撤退的军队则组织大批强制劳工,让他们随军。总的来说,可以认为被占领土上的强制劳动几乎和德意志帝国一样普通。

总的来说,要避免以这样或那样的形式为德国人工作是不可能的。军火工人情况也如此,就如同农民必须向占领者交付定额产品一样。为了维持占领地的公共生活,他们没有任何办法避免合作:地方行政、社会和经济服务等都必须保留,公共秩序也必须依靠警察保证。

特别是在那些条件异常艰难的被占领土,这些工作是令人羡慕的。工作确保了更好的口粮,并提供人身保护,使人们免于被驱逐到德意志帝国进行强制劳动。由于这个原因,在被占领的苏联,有不少地方政府都人满为患。但特别是在东欧,从事为占领当局提供公共服务的工作是一项很成问题的事业。地方行政当局经常参与对犹太人的迫害,而辅警通常在驱逐或直接屠杀中充当一定角色。

民众与加入行政部门的人员之间的关系也出现分化:不少市长或辅警摆出众所熟悉的法西斯分子模样,或者利用他们与德国人的关系,使他们能够在当地获得权力。特别是在乡村,他们通常是占领当局的唯一代表。

事实上,土著民众与德国占领者之间的日常接触并不常见。尽管数万德国士兵被部署在许多靠近前线的苏联城市,并逐步超过当地人口,但在一些农村地区,在被入侵后也几乎见不到一个德国人。然而,在城市里,占领者几乎随处可见,为他们工作的人员总是受到优待。在被吞并的波兰领土上,对土著居民的歧视达到了当德国人向他们走来时,他们得避到马路旁的地步。然而,随着时间的推移,民众能够非常清楚地区分哪些占领工作人员是凶恶的，哪些是友好的。一份波兰地下组织的报告指出，只有对大约1%的德国人可以毫无保留地持正面看法。尽管如此，当地民众还是适应了与德国人的日常接触，尤其是因为经常需要获得官方文件。

而在德国人这一方，许多德国男子利用身处国外及在占领区的权力关系之便，从事性冒险活动。迄今为止，只可能拼凑出被占领土上性暴力程度的一个非常零碎的画面，但在东欧，情况似乎相当严重。德国军队在被占领土上为士兵开设妓院。然而，与当地妇女的亲密关系是日常生活的一部分，只要不是犹太妇女，德国当局就会容忍这种关系。在这些关系中，妇女的动机是多种多样的，从贫穷导致的卖淫，到寻求保护，再到真正的恋情都有。然而，这些妇女，如同荷兰的"糖蜜"（Moffenmeiden），被大多数当地居民视为叛徒。解放后，她们经常受到严厉的惩罚，她们及通过这种私通关系生下的孩子在很久以后也都受到歧视。

对占领者一方的暴力干预主要针对男子，他们被认为比妇女危险得多。然而，在针对犹太人、吉卜赛人和精神病患者的犯罪案件中，以及在对游击队战斗中的屠杀案件里，这些区别没有得到遵守。

德国占领下各地区的日常生活存在巨大差异。在丹麦，甚至连公共生活都得以继续而几乎没有中断，而波兰的城市却目睹了犹太区的大规模死亡和犹太人被野蛮驱逐到灭绝集中营。在荷兰，经济蓬勃发展，而在游击队活跃的东欧地区，德国占领者不断威胁要进行报复性射杀。因此，有必要更详细地确定暴力在哪些地区、在什么时候发挥了重要作用，以及暴力针对的对象。在被占领的波兰、苏联西部和塞尔维亚，暴力几乎无处不在。

这是大型犹太社区的基地，也是灭绝集中营的所在地。在这里，数千名红军士兵在德国战俘营中丧生，而在白俄罗斯和俄罗斯，屠杀是对游击队战争的一部分。正是在这一地区，发生了大规模驱逐非犹太人的事件，也发生了将人残忍地围捕为强制劳工的事件。在这些领土上，德国占领者不必为他们的罪行特别保密，因为不仅被迫害的群体，而且整个民众都被视为没有任何权利以及不受国际保护。此外，当地民众也以各种方式参与暴力，而不仅仅是作为受害者。

然而，最重要的是，他们是暴力事件的目击者。波兰和苏联的每个人都知道大规模屠杀，许多人亲眼见过。这一经历不仅向人们展示了他们自身的无力，也向人们展示了文明行为准则的瓦解——正如斯大林时代的暴力曾展示的。这些都是处于危机中的社会。

另一方面，在其他被占领土上，暴力则针对相对明确定义的群体——主要是犹太人、吉卜赛人和抵抗运动成员。它也没有在公开场合执行，而主要是驱逐出境或在监狱墙后射杀。直到1943年秋天，公开使用的暴力才扩展到波兰、苏联和南斯拉夫之外，但这仍然局限于特定的地区和地点。然而，暴力威胁笼罩着整个被占领的欧洲，如果德国人的规则受到侵犯或遭到积极抵抗，他们就会使用暴力威胁。因此，这毫不奇怪，与历史情况类似，处于被占领国的民众采取的基本政策是适应和遵守。尽管绝大多数生活在被占领国的人反对德国的统治，但这种观点只能在私下表达。抵抗运动起源于旧的组织，如前军队或共产党的分散组织，或在苏联国家机关中工作的组织。直到1942年末/1943年初，抵抗才得到了更广泛的支持。在东欧，年轻人成群结队地试图躲避那些派出去强迫他们成为强制劳工的小分队，而各地的情况都变得越来越明晰：德国人将输掉这场战争。直到1944年，抵抗运动才发展到其战后神话所描述的规模，当然，它们还不是广泛流行的运动。

转入地下是极其冒险的。不仅德国机构积极调查所有的抵抗组织，而且这些组织被告发的风险很高。毕竟，人们，特别是东欧的人们，会使他们周围的家人、邻居、整个社区置于遭报复的危险中。许多社区，甚至许多家庭被分割——一个儿子加入辅警，另一个儿子或女儿跟随游击队。最后，合作和抵制都在转型，在被占领期间，有相当多的人改变了立场，有时不止一次。因此许多曾经参与过大规模屠杀的辅警最终加入游击队的行列。在这些特殊情况下,没有一个人的生活轨迹是简单的,无论是战前的政治忠诚还是职业生涯,都无法决定任何人在被占领土上的命运。

小　结

尽管希特勒早就蓄谋扩大德意志帝国和征服苏联的生活空间的战争,但这场战争走了一条出乎他预料的道路。尽管西方各国的不作为也起到了一定的作用,但由于一项只着眼于扩张的残酷外交政策,他在1941年4月成功地控制了欧洲大陆的大片地区。然而,在早期,他的中心战争——征服苏联——并没有成功,但通过动用和开发欧洲资源,他得以将战争延长四年,直到他扫荡了半个大陆。

就短时期而论,希特勒和德国的首脑们缔造了历史上最激进的帝国。其目的是激进的:在欧洲实现"雅利安种族"的世界统治和犹太人的灭绝;此外,驱逐了3100万斯拉夫人,使3000万苏联居民饿死或逃亡。

它在实施中也是激进的。成批地杀害犹太人和吉卜赛人在历史上是绝无仅有的。虽然在日本和意大利也有用屠杀来镇压抵抗的类似做法,甚至某种程度上与其他国家在殖民地的做法也有相似之处,但德国的情况因其方法而尤为突出。德国在苏联的饥饿政策是建立在远比1931/1933年斯大林计划要多得多的基础上的。激进的剥削政策加速了大规模屠杀。最重要的是,对苏联农业的掠夺不仅对一些地区的平民造成毁灭性的影响,而且对苏联战俘的影响更大,他们中有相当一部分人饿死。最后,强制劳动成为剥削的中心手段,尽管它驱使越来越多的人加入抵抗运动,而且从1943年起,强制劳动显然与针对游击队的屠杀行动有关。

1100万至1200万欧洲人因德国的罪行丧生,另有数百万人被监禁或驱逐出境——尽管他们在战争中幸存下来。数百万人在遭受暴力、伤害或失去身边的人之后,承受被占领的创伤。饥饿的经历也影响着人们的余生。

总而言之，德国的占领是对人类生活、社会结构和社会资本的巨大破坏。然而尽管如此，生活在德国统治下的大多数人，在困难的情况下，也试图在不损害自己的前提下过正常的生活，他们通过对占领者做出或大或小的顺应做到了这一点。解放后，是那些拥有最强大政治权力的人决定什么是超越国家忠诚界限的行为。最终，远比德国人数量更多的土著居民因参与德国人的犯罪或各种形式的合作而受到惩罚。而大多数占领的德国人则设法逃脱，并逃避了对他们行为的惩罚。

| 第九章 |

家庭阵线

茱莉亚·S. 托瑞（Julia S. Torrie）

介 绍

1944年6月初，德国士兵库尔特·F.（Kurt F.）在等待盟军登陆法国时，写下一封给父母的信。一位朋友告诉他，他的家乡哈姆（Hamm）又被轰炸了。当他看着飞过头顶的飞机时，他想也许盟军永远不会降落，会试图完全通过空中摧毁第三帝国。他写道："战争的面貌已经发生了很大变化，不再像电影里那样，最好的地方在后方。"

典型的战争故事描述坚强的男人勇敢地面对敌人，而女人则在相对平静的家里维系家庭。我们倾向于从对立的两方来思考冲突：战争与和平；前线与家园；男性与女性。当然，这些对比只是方便思考的工具，但是像库尔特·F.这样的信提醒我们，这种区分可能是武断的。家庭和前线之间有许多联系，因为士兵们经常写信，讲述他们的经历和感受，而他们的妻子、家人和朋友每天分担忧虑和希望。战斗的胜利，或许可能更多的是战斗中的挫折，影响着平民的情绪，而家里的士气打动着前线的士兵。除了共同关注的问题，"家"和"前线"是同一冲突的不同部分，正如库尔特·F. 所指出的，在第二次世界大战中，后方不再像过去年代中那样安全。在战争期间，暴力从一个地区蔓延到另一个地区，士兵和平民都清楚地意识到了这一点。

本章在第三帝国战时大背景下，通过三大主题来考察德国国内战线的生活。第一个主题是民众的士气，特别是动员社会发动战争的必要性与政府担心对民众要求过多会削弱他们的支持之间的紧张关系。我们鼓励读者考虑阿道夫·希特勒和其他重要人物的相互作用，如宣传部长约瑟夫·戈培尔、警察和党卫军总司令海因里希·希姆莱、空军总司令赫尔曼·戈林及"人民共同体"。这些人在多大程度上关注民众的士气，这对他们追求战争有什么限制——如果有的话？

第二个主题探讨长期战斗如何依赖对德国所占领土的开发来为工业提供劳动力、粮食和原材料。德国人在多大程度上意识到他们对征服资源的依赖？他们如何与国内战线的许多非德国人——包括强制劳工和战俘——相互影响？他们知道多少对这些人的非人道待遇，以及对犹太人和其他人歧视、清除，然后大规模屠杀——本书其他章节较翔实论述的主题？

最后，本章强调在整个冲突中，家庭阵线和战争前线之间的关联性。随着战争的继续，最初的胜利被僵持和德国命运的逆转所取代，德国民众的反应如何？妇女的情况如何？确切地说，她们同工作岗位上的男人、休养的士兵、老人和儿童一起构成国内阵线，是其最大的群体。空中轰炸带来的威胁越来越大，它比其他任何威胁都更倾向于消除战争和家庭阵线之间的差异。当空战蔓延天际，平民们蜷缩在掩体里，看不出他们自己的处境与士兵的处境有什么差别。这一印象逐步加深——当最后的动员导致年轻人和老年人、妇女及男子一样被征召入伍时，从来没有完全分开过的家庭阵线和战争前线正逐渐融合在一起。与此同时，恐怖肆虐，秩序崩溃，第三帝国滑向崩溃。

战争初期的士气

第二次世界大战开始时,即便是在人们一致支持希特勒扩张主义的德国,也没有多少民众对此抱有热情。从上一场战争结束到现在还不到30年,德国人并不想再卷入新的冲突。第一次世界大战的显著特点是粮食和燃料短缺,同时人们普遍感到资源没有被公平地分配给全体人民。那场战争以惨重的损失和《凡尔赛条约》而告终,这一条约在未来几年里使德国陷于瘫痪。也许最重要的是,许多军事和政治领导人将失败归咎于家庭阵线,他们表示,如果平民的士气更加旺盛,德国可能就会赢得这场战争了。这显然是错误的,但对平民能否挺得过另一场冲突的担忧,影响着新的战争计划。

20世纪30年代以来,国家社会主义者在经济、政治和宣传上都在为战争做准备。市民们被鼓励不要把第三帝国看作一个扩张主义的侵略者,而是一个被四面八方敌人包围的被围困的岛屿。战争开始时,他们自认为是不情愿的战士,为责任所迫而保卫家园。

战争最早的一些影响是在西部边境地区显现出来的,特别是从1938年起,类似于建造"西墙"这样的防御工事将数千名年轻男子送到沉睡的乡村。到1939年8月下旬,为军事行动清扫德国边境以及避免平民落入敌人手中,大约50万人被从萨尔、普法尔茨和巴登(Baden)预先撤离。尽管大多数人在与陌生人一起不舒服地待了几个月后返家,但这次撤离显现出整个战争期间大规模人口转移将带来的挑战。

随着冲突的深入,党和国家机构的最高成员观察民众的情绪,查找衰弱迹象。整个战争期间,帝国安全部(Sicherheitsdienst或SD)的详细报告追踪了普通德国人的希望、担忧和恐惧。尽管一些学者认为,帝国安全部报告告诉我们的更多的是编撰者的观点,而不是民众的士气本身。但柏林当局要求提供这样的报告,因为他们希望得到有关当地情绪的清楚反馈。对于一个独裁政体,希特勒政权对民意非常敏感,并做出回应。它需要人民的支持以继续战斗,这种敏感性有时给平民以惊人的力量去影响家庭阵线的政策。

　　与此同时,当局竭力确保顺从,特别是向那些收听国外电台、与战俘亲密接触、抢劫撤离人员的房屋或以其他方式破坏战势的人公布惩罚措施。虽然警察可能希望控制帝国生活的方方面面,但其极权主义的愿望受到其手段的限制,而且在很大程度上依赖公众的合作。基于邻居、熟人甚至家庭成员的告发,警察可能会调查违法行为并定罪。演说者变得小心翼翼,担心会泄露自己一直在收听外国广播,或者让邻居怀疑自己可能在这么做。发表批评当局的意见,或对战争结果表示关切——如果不是不可能的话,也是很难的。

　　尽管政党把人们告发察觉到的犯罪行为的意愿视为支持其政策的一种表现,但这一点远不明确。事实上,历史学家罗伯特·格拉特利曾指出,所有告发中约有四分之三是"提供这些信息的原因与明显或明确支持纳粹几乎没有关系"。相反,它们是嫉妒、竞争和吸引关注的结果。尽管如此,不断出现的被告发的危险还是起到了吓唬民众的作用,并加深了当局对日常生活的渗透。

初步成功

　　随着希特勒的军队轻松击败波兰,德国人那种发动战争的被迫感很快就得到释放。整个冬天,人们热切地关注着丹麦和挪威战争的消息,但也都知道真正的较量是在西方——对法国和英国。直到春天来临,在英军被赶出欧洲大陆前,法国也被德军打败时,滋长的焦虑情绪才得以缓释。战胜法国具有巨大的象征意义,因为德国人战胜了他们的"死敌",为1918年的失败报了仇,并纠正了被他们视为非公正和平的《凡尔赛和约》。

第九章 | 家庭阵线

这是战争大获全胜的阶段，西部占领区沉浸在欢乐中的士兵的热情即为明显标志。年轻人写信回家，讲述他们参观法国的历史古迹，第一次在海里游泳，大口大口地吃高卢美食。就在巴黎被征服后，美国记者威廉·谢勒（William Shiler）看到了占领者，"拍摄圣母院、凯旋门、荣军院"，他写道："数千名德国士兵整天聚集在无名士兵的墓前，那里，火焰仍在圣弧下燃烧。他们仰起露出金发的头颅，站在那里凝望。"

尽管他们在家中的亲人都知道士兵们在光荣地履行职责，他们表现得像踏上土地的征服者一样。1940年的西部战争，仅延后于东部战争一年，就没有了当初表现出来的残暴，但这也不是一场完全"干净"的战争。两条战线都处于不断升级的暴力之中，正如学者拉斐尔·舍克（Raffael Scheck）所指出的，1940年，法国殖民地约1500～3000被俘士兵被屠杀就是明证。尽管这种针对某一特定群体的暴力行为，与最初对法国平民的普遍温和是并存的，但平民的财产经常遭到掠夺，而且德国马克和法郎之间的汇率被定得很低，只有20比1，甚至购买商品和服务也成了一种极不平等的协定。

士兵的妻子应该忠于他们不在身边的丈夫，但占领者很少考虑被征服土地上对性及其他可及诱惑的享受。占领者的行为可能会有损德国人急于在欧美地区展现的他们自己的正面形象，但军队也认识到，占领区的娱乐是对艰苦作战的重要补偿。他们不禁止享乐，而是通过为占领者建立官方妓院，邀请他们乘坐巴士游览旅游景点来引导享受。经过精心审查和管理的娱乐活动对士气有积极的影响，因为他们的家人喜欢从来信中读到征服带来的旅行和消费。

希特勒凭借战胜法国的力量，在国内掀起了一股狂喜的浪潮，现在准备入侵英国。英吉利海峡上空的主要空袭开始，首先是针对英国航运，然后是机场，接着是伦敦和其他主要城市。然而，德国人对于战争正被带向英国的满足感只是短暂的，因为英国皇家空军很快加强了自己的突袭，空战开始直接触及德国。

自希特勒上台以来，防空一直受到鼓励，因为它在几个方面与国家社会主义的当务之急一致。德国人痴迷于飞行技术，他们和欧洲邻国一样，坚信下一场战争将以突然的空袭开始。为这一不测事件做准备，使希特勒得以动员社会，并将其置于战争的基础之上。早在1933年9月，法国《马汀报》（Le Matin）就评论说："德国防空活动推进得十分激烈，这使得人们会认为德意志帝国正处于敌机入侵的前夜。"人们对德国受到威胁的感觉得到了德意志帝国防空联盟（Reich Air Defence League）的强化，到1936年，该联盟共有820万成员，占柏林全部人口的六分之一，黑森（Hesse）、普法尔茨和巴登（Baden）人口的10%以上——这些地区被认为是薄弱地区，因为法国和盟国的飞机很容易进入这些地区。

尽管戈林曾向平民保证，英国飞机甚至永远都无法到达西部的鲁尔工业区，但对首都柏林的第一次突袭于1940年8月下旬发生。到9月底，年轻人从柏林和汉堡提前撤离。儿童被视为国家的未来，仍然是德国疏散方案的重点，下文将详细探讨这些方案。

适应长期而残酷的冲突

德国在1940年至1941年整个冬天继续轰炸英国，但部分原因是为了掩盖希特勒的注意力已经转向东方这一事实。1941年6月22日拂晓，军队向入侵苏联的"巴巴罗萨行动"输送了350万人。就像战争开始时对波兰的进攻和一年前西进的行动一样，这种新的进攻对民众来说是正当的——理由是防御。希特勒认为，德国需要采取先发制人的行动，以避免英国人和苏联人的包围——他们正努力合作以摧毁德意志帝国。

虽然人们可能没有料到对苏战争会这么快开始，但他们基本上很快就适应了。但也有人对长期战争的人力成本表示担忧，并对苏联军队可能如何对待俘虏发出质疑。对囚犯待遇的不安源于长期以来的信念，即俄罗斯

（及更普遍的苏联）是一个兽性的"亚洲人"部落之地（a land of bestial 'Asiatic' hordes）。早在第一次世界大战中，德国士兵就开始了对他们所认为的"俄罗斯野蛮主义"（Russian Barbarism）的战斗，而现在，这种战斗被这种对共产主义俄罗斯激进的"布尔什维克主义"的恐惧所覆盖。在对俄罗斯人缺乏真实了解的情况下，宣传片换上了原始野蛮的战士、落后的农民和可怕政委的形象。

一些士兵轻松前进，深入苏联领土，而另一些士兵奋力挺进。虽然已在西部战线犯下了暴行，战争后期那里的暴力升级，但东部战线的战斗从一开始就规模更大，更加残酷。士兵们试图保护家人不受有关最严重暴行消息的影响，但偶尔他们信中包含的信息肯定会给读到的人留下印记。1941年8月7日，不莱梅店主兼预备役警察赫尔曼·吉申（Hermann Gieschen）从拉脱维亚某地写信给妻子。他告诉她前一天晚上"从这个地方带走的150个犹太人被射杀，男人、女人和孩子，倒下一片。犹太人正在被彻底消灭……请不要想它，这是迫不得已的。别把这事告诉（我们的儿子）R，以后再说吧！"有些人，像吉申，忍不住分享他们所看到的，偶尔信件也会躲过邮政审查。这些细节仅仅是暴力的暗示，暴力不光是针对犹太人的，还针对当地村民。例如，整个农业社区被烧成平地，以报复被认定的"游击队"活动。

同样令人不安的是，国内有传言称，德国医院的精神病患者和残疾患者正被有计划地屠杀。一些德国人赞成这些针对他们认为的生物学上"不适合"的人的措施，但也有一些人感到震惊：那些本应照顾社会最弱势成员的医生和护士实际上正在杀害他们。天主教和新教教堂的代表们对"T4行动"——根据其所针对建筑的柏林地址（Tiergartenstrasse 4）命名，表达了最强烈的反对。1941年夏天，有关精神病患者遭遇的投诉达到了高峰，当局暂时停止了这项方案。希特勒在8月下旬下令停止，但随后又悄悄重启这项计划，使用致命的药物注射和饥饿，而不是以前使用的毒气。经常会是，亲属在家人死亡几周后才听说消息，他们会收到一份官方证明，交代一个完全捏造的死因。战时状况使得这些谋杀更容易实施，因为亲属与精神病患者失去联系。例如，当他们的家庭医院被改造成一个医疗单位，供"正常"平民轰炸受害者使用时，他们就被转移。在整个冲突过程中，个别德国人对精神病患者的遭遇表示担忧，但成批地屠杀精神病患者仍在继续。当局辩护的部分理由是出于种族原因，部分理由是不能工作的人正在从其他人身上夺走宝贵的资源。

利用欧洲被占领区的资源：粮食

到1942年初，德国未能攻占莫斯科，这表明苏联不会很快被打败。日本袭击珍珠港后，美国加入了战争，德国面临着一个资源以4∶1超过自己的联盟。科隆在春季遭遇了史无前例的"千架轰炸机"袭击，这是盟军实力的象征，也是空中轰炸可怕的预兆，德军士气进一步受到打击。

国内战线开始面临物资短缺，尤其是粮食短缺。1942年4月，民众口粮不得不被缩减，整个夏天，公众情绪持续抑郁。国家安全局报告称，粮食状况已经成为"民众的主要谈话主题之一"。1942年10月收获季节，戈林在柏林体育宫（Berlin Sport Palace）发表了一次重要讲话，宣布将"普通消费者"的面包和肉类定量分别从8000克增加到9000克，从1200克增加到1620克。尽管这并没有弥补之前的缩减，而且增加的定量也不得不在次年春天取消，但公众情绪有所改善。

然而，粮食供应只能通过开发被德国占领的土地和继续快速掠夺来维持。德国人开始明白，这场他们仍然认为是防御性的战争，其实需要一个他们持续为之战斗的欧洲帝国来维持。在1939年入侵波兰的四个月前，希特勒曾告诉他的指挥官们："这是一个扩大我们在东部的生存空间和确保粮食供应安全的问题。"在第一次世界大战中，粮食短缺导致了民众和政府之间不稳定的紧张关系，当局这次决心采取不同的做法。

战争一开始就实行配给,分三种类型,分别给"普通消费者""重体力劳动者"和"特重体力劳动者"。到冲突结束时,共有16个类别,涵盖不同年龄和需要的个人。孕妇、哺乳期母亲和幼儿获得了更多的牛奶分配,而轮班和夜班的劳动者得到了额外的卡路里补给。营养研究表明,一个典型的工人家庭每人每天消耗约2750卡路里,该系统通过向"特重体力劳动者"提供多达4200卡路里的热量来重新分配营养。由于白领工人通常能摄入2400卡路里的热量,重体力劳动者的额外配给也表明了他们的政治重要性——因为他们使战争工业逆转,政府不能冒险激起这些人的反对。

尽管政府在战争初期犹豫是否缩减消费品,但像肥皂和衣服这样的必需品越来越受到严格的配给管制。妇女杂志《NS女装》(*NS Frauenwarte*)定期刊登文章,解释配给制度,并鼓励平民爱惜衣服和鞋子,使它们尽可能被长久穿戴。与其他战争国家一样,也有回收废金属运动和反对浪费的运动。提倡节俭方面的努力包括提倡从20世纪30年代初开始,德国家庭每个星期天都要吃一顿低成本的一锅饭(Eintopf)。党代表挨家挨户地收集节省下来的钱,这些钱被捐赠给全国社会主义冬季救济工程〔the National Socialist(Winter Help Works)〕——一个慈善组织,为需要帮助的"人民共同体"成员提供资助。这些尝试的目的是强调德国的团结和团体感,正如流传的照片中希特勒和其他帝国官员享受一顿欢乐的一锅饭所表现出的他们愿意与人民一起做出牺牲。

同样,当局也不遗余力地将军人和平民的饮食联系起来,以避免有人觉得这个或那个群体可能是特权消费者。从1942年1月起,德国所有的餐馆都被要求在周二和周四提供一顿一锅饭或别的简单饭菜。通过分享野战厨房式的食物,德国人可以更广泛地履行家庭和战争前线的统一,以及"人民共同体"的统一。

早在战争爆发之前,希特勒就已经开始准备工作,防备德国可能如一战中一样陷入封锁。他的目标是充分开发现有的农业用地,寻找那些可能会变得难以获得的外国商品的替代品。最大的挑战之一是化肥的供应,这在很大程度上是因为制造化肥用到许多与制造炸药相同的原材料。脂肪和蛋白质也是人们关注的问题，这导致了政府资助的对动物育种、牛奶生产以及培育大豆等传统上不在德国种植的植物的研究。

当局试图更好地储存食物，以便全年都能摄入健康的营养。罐装食品有几个缺点，包括它们的总体质量、重量，以及制造金属罐需要进口的锡板。20世纪20年代在美国开发的速冻技术，能保证更好地储存维生素，而且需要的包装少。国家社会党人支持国内在这方面的研究，并在1939年购买了美国查尔斯伯德赛（Charles Birdseye）研发的工业加工专利，以使大规模冷冻迅速可行。正如历史学家乌尔里克·汤姆斯（Ulrike Thoms）所指出的，希特勒的民族主义政权这一惊人的购买表明，德国人看到了冷冻在为即将到来的战争中能确保充分的粮食储备方面的巨大作用。到1940年，已有约22 000吨冷冻食品投入生产，其中鱼类7000~8000吨，水果和蔬菜14 000吨。然而，运输和储存冷冻货物需要特殊设备，而国家社会党人的梦想很快就受到了战时物质条件的限制。冷冻促进了挪威鱼类以及主要用于军事用途的法国肉类和蔬菜的开发，但新技术并没有转化为对冷冻食品的大量消费。

尽管战时的创新为后来的扩张打下了基础，但很难判断战争期间大多数德国人的烹饪和饮食习惯到底发生了多大的变化。当然，脱水食品被大量引进，大豆和豆芽被用来填补肉食配给空缺，豆粉给速食饮品提供了食材。传统食物仍然占主导地位，然而，随着包括食用土豆在内的根茎蔬菜数量的增加，肉类和脂肪类饮食的数量却在减少。

被占领国对德国国内战线粮食和消费品的供应做出了重大贡献。1940年，法国丰富的资源让士兵们大为惊奇，他们开始把肥皂、丝袜、黄油甚至鸡蛋等各种东西寄回家。从1940年9月下旬起，除定量配给的货物例外，国防军决定在法国"军人个人可以购买任何他们喜欢的东西"。除了野战哨所运送的许多货物外，士兵带着鼓鼓的背包和挂在脖子上的包裹回家休假成为一个熟悉的景象。他们备受欢迎的到来有助于弥补短缺，这让士兵感觉自己是一个大度的英雄——历史学家戈茨·阿利（Gotz Aly）认为，这加强了民众对希特勒扩张计划的支持。从1943年开始，对德国的空袭愈演愈烈，士兵们紧急搜查占领区，寻找基本生活用品，再送回家给遭受轰炸的家人。购物成了更为公开的掠夺形式的替代和补充。

尽管西欧人遭受了许多苦难，他们的战争岁月记忆就是饥饿岁月，但在苏联，对被占领区的榨取却走得最远。粮食和农业部国务秘书赫伯特·贝克（Herbert Backe）认为，挖掘东部粮食资源对于"缓解欧洲的营养状况问题和减轻交通运输压力"至关重要。德国士兵接到指示，不管国内平民需要什么，都要靠这片土地，正如国防军军需官就被围困的列宁格勒平民所解释的，"每列从祖国运来供给品的火车都会在那里卸下食物。我们的亲人有东西吃，而俄罗斯人挨饿，这样比较好"。随着战争的拖延，德国只能靠彻底耗尽邻国的资源来继续战斗。

利用欧洲被占领区的资源：工人

除了食物和工业资源，帝国还开发人力。有些人是受到激励自愿来的，例如，德军承诺只要有三人自愿为德国工作，就可以释放一个法国战俘。但是，绝大多数人被带到帝国是违背他们意愿的，要么是作为战俘，要么是作为强制劳工。对这两个群体来说，随着战争的继续，工作条件越来越差，口粮越来越少，武断的暴力行为也越来越普遍。疾病是常客。尽管德国的每个人都有受到盟军空中轰炸的可能，但外国人尤其处于危险境地，因为工业场所是轰炸目标，而他们没有跟德国同事同样的避难机会。

为了补偿越来越多的德国男子被征来服现役这一事实，德国引进了外国工人。学者乌尔里希·赫伯特指出，武器巨头克虏伯（Krupp）所在地埃森（Essen）的外国人口从1940年不到1%的低比例增长到1945年初的10%以上。工人们被安置在营地，口粮随着战争的继续而明显减少，并受到随意惩罚。战争期间，至少有17万苏联工人和13万波兰工人在德国丧生，由于这些数字不包括那些在前往或离开德意志帝国途中死亡的人，实际数字可能高出数十万。

最初，由于担心没有足够多的劳动力，外国劳工受到了相对周到的待遇。然而，当1940年法国沦陷、120万士兵被俘虏时，德国突然似乎有了源源不断的劳动力，并朝着更具意识形态色彩的方向发展。一些地方的党卫军和警察代表不等上级命令，就禁止波兰人使用自行车——以防逃跑，并禁止他们进入游泳池和海滩。在整个帝国，他们休假和加薪的权利被剥夺，他们不再被允许进入当地的教堂。从1942年2月起，所有来自东部的工人被要求在衣服上佩戴一枚印有"Ost"（东部）字样的识别徽章。

尽管国家社会主义的种族主义认为来自"雅利安"国家的工人比其他国家的工人更有效率，德国人还是发现波兰工人同样有效率——如果不能说更有效。与此同时，可持续发展部得出了颇为矛盾的结论：大多数外国工人都是不令人满意的工人。他们通过镇压来扭转这一局面，包括开设特殊营地，称作"工作教育营地"（Arbeitserziehungslager，简称AEL），专门用来"再教育"懒惰的工人。虽然第一个营地，即卢登谢德（Ludenscheid）附近的汉斯维克（Hunswickel），是为了提升波兰劳工的工作表现而设立的，但德国公民也被派往该营地。它是由建筑公司霍奇蒂夫（Hochtief）和盖世太保合作经营的，前者负责工事，而后者监视和惩罚囚犯。因为在工人被送往这样的营地之前不需要审判，汉斯维克营地（Hunswitkeland）和战争期间在德国及被占领领土开办的其他将近200个埃尔斯（AELS）为工厂和警察处置那些被认为是有问题的人提供了快捷便利的方式。到1940年底，汉斯维克收容了大约650名囚犯，进行为期6周的"再教育"。营地的条件很差，25%的工人通常无法工作。事实上，霍奇蒂夫发现那些仍能工作的工人也效率低下，于是很快就退出了这一安排。据乌尔里希·赫伯特说，其他公司已经开始依赖霍奇蒂夫作为惩罚和威慑，他们很快介入支持盖世太保的这一行动。到战争结束时，埃尔斯

第九章 | 家庭阵线

（AELS）的场地一次可容纳约4万人，他们已成为不断扩大的镇压机构的重要组成部分，不仅吸收工人，而且还吸收任何其行为被视为破坏战事的人。

在有些情况下，德国人和外国同事在一起工作相当顺利。有时，甚至出现了某种程度的串通和互助，因为工人们明白，与外国人相处可能有助于维护自己在工厂的地位，工厂不是一个争斗的集体。不过，在很大程度上，德国工人似乎没有对外国工人表现出任何特别的同情，也不关注他们在工作之外的生活，他们的总体待遇或者他们最初是如何来到德国的。

在德意志帝国的所有外国人中，苏联战俘可能面临最恶劣的条件。他们受到德国监管人员的虐待，许多人被派到鲁尔区（Ruhr region）的矿山做苦工。在这里，一个当地的矿工可能既监督工作，同时又控制5名囚犯的食物配给，随意和反复无常的暴力机会诱惑了许多人参与工作。

较幸运的是那些在小企业工作，特别是在农场工作的劳工和战俘。在那里，他们为前线的士兵制造急需的替代品。历史学家尼古拉斯·斯塔加德特说，在东普鲁士的一个典型的大型农场里，只有一名士兵监管25名法国战俘，而在较小的家庭农场里，一到两名战俘可能白天工作，晚上返回混合的睡觉区，甚至不受监管地待在农场里。在这些情况下，相对宽松的监督为外国人和当地平民之间的友善提供了机会。然而，当局认为外国人和德国妇女之间的接触，打开了性亲密关系和种族混合的大门。对于那些被视为"种族低劣"的人来说，友善尤其危险。从1940年6月起，被控与德国妇女"进行被禁的接触"的波兰男子被当众吊死，纳粹政府和警察机构介入防范。在他们看来，这是为了维护丈夫不在时德国妇女的道德。被指控与"种族低劣"的外国人有牵连的女性被公开羞辱，通常会被剃光头在街上游行示众。

在德国的一些地方，这一做法得到了当地民众的认可。他们认为这为其他人树立了样板。在托依林加（Thiiringia），800～1000人出来看20个波兰人被吊死。帝国安全部报告说，警察赶走了另外的600～700人。然

251

而，在其他地区，尤其是罗马天主教占主导地位的地区，人们与同是天主教徒的波兰人和法国人有同伴感，他们不赞成公开羞辱。一些德国人抱怨对女性实行性双重标准，但根据罗伯特·盖尔内特（Robert Gellately）的说法，也有一些人认为女性和男性一样有罪，也应该被处以绞刑。

在其他国家，战俘与平民之间的亲密关系尤其糟到禁止，但第三帝国将其视为军事违抗，惩罚很严厉。战俘被军事法庭审判后，被送进军队监狱进行几年残酷的强制劳动。妇女在特别法庭（Sondergericht）受审，理由是她们"破坏了国家意愿而抵抗"（新成立的"破坏"罪行）。他们通常被处以关监禁（Zuchthaus）两年，暂时丧失公民权利，并被要求支付审判费用。根据拉斐尔·舍克（Raffael Scheck）的说法，大多数与战俘发生性关系的案件都涉及法国人，他们可以更自由地走动，与当地居民的接触也比其他囚犯多。这一问题的规模体现在，对法国战俘进行的约1.5万至2万次审判的记录保留下来了，其中80%与被禁止的亲密关系有关。

警方通过隐约的谣言或来自邻居及同事的告发，了解战俘的人际关系。有时，如果盖世太保发现妇女有怀孕的迹象就会跟进。在联系紧密的农村环境中，一些妇女发现很难抗拒战俘的接近，尽管明显的强奸案似乎并不多见，德国法官也倾向于认为，如果妇女不同意发生性行为，她们应该会更有力地进行抵抗。

考虑到他们的总体待遇，就不奇怪外国工人和战俘都不是有效率的劳工。偶尔，有关当局也会承认这一点，并根据工作表现过问具体措施。1942年春，莱因哈德·海德里希的帝国安全总局（Reinhard Heydrich's Reich Security Main Office）——也许是最激进的国家社会主义意识形态和种族信仰的代表，承认苏联工人的口粮太少，无法维持工作能力。然而，口粮无法增加，因为在同一时期，德国人的口粮也被削减了。直到德国的口粮在秋季增加，外国人的粮食供应才得以解决，而且在整个战争期间，外国人的口粮供应仍然低得惊人。在这方面，同其他方面一样，政府选择奉行歧视性政策——即使这些政策破坏战事。

第九章｜家庭阵线

公众对针对犹太人的措施的了解

我们可以从这种不顾经济需要和战争诉求也要继续歧视和非人道待遇方面，来衡量国家社会主义信念的程度。证明这种驱动力最好的例子就是第三帝国推行针对犹太人政策的顽固性。随着战争的继续和反犹太人措施的升级，国内战线的德国人对犹太人和其他不被认为是"人民共同体"成员的人的命运知道多少？20世纪30年代，许多关于犹太人、政敌和其他囚犯待遇的报道都出现在各大报纸上。当局并没有隐瞒这些信息，而是宣传这些信息，以强化国家社会主义"严惩犯罪"的理念。镇压被描述为帝国摆脱危险敌人的方法，报纸的读者被鼓励将自己视为不适用于该措施的好公民。希特勒以及警察和宣传部门的负责人期望并实际得到了广泛的民众支持，采取措施打击那些被定义为外人的人。同时，公开而强有力的警务制度有助于确保公民遵守政府政策。

战争开始后，媒体提供的有关镇压措施的信息少了，但仍不时有报道。罗伯特·格拉特利指出，由于当局对战时的士气深感担忧，批准这些报道的新闻官员"务必觉得这些报道值得发表，并会得到好公民的接受和欢迎"。从1941年9月1日起，所有5岁以上的"非特权"犹太人都必须在衣服的左胸处缝上一颗黄色的大卫之星。这项措施将犹太人加以区别，使他们很容易成为公众蔑视的对象。受害者的可辨识度也使针对他们的罪行更加明显。对于那些选择观望的人来说，很明显，犹太人被排斥在公共生活之外，在德国的犹太人总数正在减少。同样，也常会看到犹太人被赶上卡车，被推上火车，先被带去犹太人区，然后被带到东部的死亡集中营。

市民们还通过来自前线的信件了解被德国宣布为"种族敌人"的情况，比如前面引用的赫尔曼·吉申的信件。他们获得的信息是分散的，但德国人知道发生了什么，并在不同程度上认可了这一点。国家社会主义者非常善于挑起和强化长期存在的偏见，因为他们教导人们将犹太人视为毁灭帝国的全球阴谋的头号罪人。这一阴谋先后被描绘成"英美"或"布尔什维克",但背后的关键人物始终是犹太人。

德国各种监狱和集中营不断渗透公共空间,这抵消了战时媒体关于镇压的信息减少的影响。像萨克森豪森、布痕瓦尔德和达豪这样的大型和长期营地位于主要城市(分别是柏林、魏玛和慕尼黑)附近,它们还有许多卫星营地。不断扩大的帝国边界上还开设了新的大型营地,被收容的人被安排在农业和工业领域工作。他们身穿容易辨认的条纹制服,在空袭后还被带到大城市进行清理工作。在整个战争期间,营地中的非人道状况与消灭犹太人的愿望,与战事对工人的需求之间存在着紧张关系。尽管剥削集中营劳动力用于战事本应更合乎情理,但国家社会主义者却实施大规模屠杀,这一事实突显了他们对消灭德国和欧洲犹太人的重视。

有时,对东部暴力和杀戮的了解似乎影响民众的情绪。士兵们在日记中倾诉他们对战争的大规模、残酷和无情的暴力的想法,并与家人分享他们的忧虑,甚至有深深的愧疚感和羞耻感。此外,有人把德国对待犹太人和盟军空袭联系起来,认为前者是后者的原因。然而,大众舆论可能是矛盾的。例如,1943年5月,哈雷(Halle)帝国安全局报道说,人们接受了政府宣传的说法,即犹太人对德国水库发动了所谓的"溃坝"袭击。一些人的反应是说,"杀死所有犹太人",但同一份报告援引了其他公民的观点,即针对犹太人的官方措施是不负责任的,因为"如果犹太人没有受到德国人的攻击,那么和平早就到来了"。当时,人们对于犹太人遭遇的普遍认识是零星的,常常是模糊不清的。人们的反应是多种多样的,一些人全心全意地支持反犹太人的措施,认为应该继续;另一些人则表示关切,并将自己的命运与德国对待欧洲犹太人的做法联系起来。

第九章 | 家庭阵线

在斯大林格勒之后的坚持

随着时间的推移,战争初期的乐观情绪逐渐被顽强的简单坚持所取代。在战争的任何时候,这种变化都没有在斯大林格勒失利后那样明显。1942年秋天,随着德国军队继续在高加索地区前进,临时增加的配给鼓舞了公众的情绪。军队已经建立了与东线的航空邮件联结,这意味着一封信花两个星期就能到家,而不是4个星期。因此,在保卢斯将军(General Paulus)的第六军向斯大林格勒进发的过程中,家属们只在很短的延迟后,就可以跟随到亲人前进的轨迹。控制这座工业城市是保护军队挺进南方的关键。保卢斯的军队虽然在进攻斯大林格勒方面取得了初步的进展,但还是被红军包围并切断了联系。德国空军司令戈林急忙宣布,他可以通过空中给封闭的军队发送补给,但大约30万人的需求很快就耗尽了他的财力。进入深秋,粮食、燃料和弹药都极度短缺,直至12月对苏军的反击失败。因为希特勒下令不惜一切代价守住斯大林格勒,保卢斯最初拒绝突破包围圈,但到了1943年1月下旬,他的阵地已经难以防守。剩下的德军投降了,2月初,战斗结束,口袋关上了。

在这一事件发生之前,希特勒的宣传把斯大林格勒战役描绘成一个英勇的牺牲,把士兵们的死亡描绘为一个可以用胜利来弥补的悲剧。这种言论在德国历史悠久,曾在第一次世界大战期间盛行。然而,此时,这部"英雄史诗"适得其反,因为没有一场胜利可期,德国民众期待成功,却对失败毫无准备。也许最残酷的是,政府利用苏联没有签署《关于战俘待遇之日内瓦公约》的事实,声称没有关于德国囚犯下落的可核实信息。它这样做是为了维护斯大林格勒保卫者死于战斗的神话,而掩盖包括许多军官在内的9万人或更多人投降的事实。然而,对成千上万的家庭来说,这个谎言意味着数月和数年的不确定性,因为他们想知道他们的军人亲属是否已经死亡,是否被囚禁然后死亡,还是有一天可能会回来。

像这样的战争悲剧常常促使德国人至少暂时求助于宗教当局,试图得到他们的支持和安慰。希特勒政权与新教徒的关系令人不安，与天主教的关系更不佳，两者都被视为公民忠诚的竞争对手。然而，最终，纳粹主义被迫接受民众宗教信仰的坚持，允许士兵在占领区参加教堂礼拜，许多战争受害者由宗教当局而不是政党当局安葬。

在斯大林格勒事件之后，戈培尔想保持民众对党的支持，于是拼命地扭转自己的宣传攻势。紧随斯大林格勒灾难之后，宣传部长于1943年2月18日在著名的体育宫发表演讲，讲德国人民继续战斗的责任，以消除人们对失败的恐惧。尽管演讲的影片显示，精心挑选的观众回应戈培尔全面战争的呼吁达到了狂热的兴奋程度，但事实上，帝国安全局的调查表明，许多人发现演讲和观众的反应相当假。戈培尔希望将民众支持的浪潮向更强大的方向推进，以动员国内战线，但此时，这一体系仍保持原样。

妇女与战争

妇女是国内战线上最大的成年人群体，她们对战争的态度如何尤为重要。国家社会主义者对妇女的政策是矛盾的，而且随着战争的继续而变得更加矛盾。一方面，该党维护传统观念，认为妇女是母亲和家庭主妇，是基本的照顾者，她们将生育和抚养士兵后代。政府鼓励结婚和生育，并通过国家社会主义人民福利组织（NSV）发起的母婴计划支持母亲的工作；另一方面，当局还通过德国少女联盟（Bund DeutscherMädel）和国家社会主义者妇女联盟（Nationalsozialistische Frauenschaft）等组织，为离家工作的妇女提供机会。要注意不应夸大这一"进步"，因为妇女工作却没有薪水，虽然她们获得了一些领导职位，但她们的决策权有限，她们往往要向男性上司汇报。然而，历史学家妮可·克莱默（Nicole Kramer）指出，国家社会主义组织中的志愿工作为妇女提供了自我肯定的机会，妇女利用这一点为自己谋取利益，例如作为获取带薪工作的桥梁或作为避免义务兵役的一种方式。

战争的局势倾向于推动政权扩大妇女的作用。在两大战役之间的那段时期，伴随着妇女旧时的就业形式——如在纺织厂工作、做女佣或在家庭农场工作，从事文书工作或在服务部门工作的机会同时出现。国家社会主义者上台后，曾试图通过劝阻妇女外出工作来解决整体失业问题。符合当局种族标准的夫妇可以获得婚姻贷款，但条件是妇女必须离职。然而，在1937年，这一规定被悄悄废除，因为备战造成了劳动力短缺。

当局试图更充分地利用妇女的能力，尽管历史学家认为，它在这方面不如英国或美国成功。没有家庭责任的年轻妇女投入工作，有幼儿的母亲发现自己难以兼顾工厂工作和家庭责任。妇女志愿的战争工作意义重大，但工业生产对外国工人的依赖远远超过对妇女的依赖。

除了志愿工作外，一些妇女不仅在德国境内，而且在德意志帝国占领的欧洲地区从事有偿工作。伊丽莎白·哈维（Elizabeth Harvey）的研究表明，作为教育工作者和福利工作者，她们在国外传播德国文化和国家社会主义思想。此外，由于对承担现役作战角色的男子需求的增加，妇女接管了军事行政和文书工作。大多数女性军人年龄在19～35岁之间，没有直接的家庭责任。历史学家卡伦·哈格曼（Karen Hagemann）指出，"（德国）妇女的部署规模远远超过了第一次世界大战期间的规模"。战争结束时，约有50万人作为军事辅助人员在工作，另有10 000人为安全服务部门工作，40万人在德国红十字会（German Red Cross）担任护士。这些妇女像她们的男性同志一样，一次离家好几个月，她们的信件和归来成了德国国内听到战争消息的另一个渠道。在国内战线，特别是1944年以来，越来越多的妇女被派去操作雷达设备，从高射炮塔上发现敌机。这些角色使她们暴露在敌人的炮火中，其处境有时与士兵所遭遇的条处境当。她们的经历表明，家庭和战争前线是可以相互渗透和依存的空间。

对空中轰炸的反应

这种渗透性在空战背景下变得最为明显。盟军对德国的第一次袭击并不是特别具有破坏性，但改进后的雷达技术很快使轰炸机能更准确地瞄准目标。1942年2月，英国通过一项推进地区轰炸的指令后，突袭变得越来越具毁灭性。1943年春夏季，对德国西部鲁尔地区的突袭不断升级，包括对克虏伯和曼内斯曼（Mannesmann）等矿山和工业公司的突袭。其他城市也成为袭击目标，1943年7月的最后一周，英美轰炸机轮番袭击汉堡市中心。在炎热干燥的天气的助推下，燃烧弹在汉堡警察局长后来估计为22平方公里的一个地区引发了一场大火。在该区域内，温度变得如此之高，以至于沥青路面熔化，逃离的平民被困在路上。火焰吸走防空洞里的氧气，令里面的人窒息，并被烧成灰烬。在街上，警察局长报告说："孩子们从父母手中被旋风卷走，迅速燃烧起来。"当地救助轰炸受害者的组织变得不知所措，震惊的幸存者逃散到农村，带去了遍布全国的恐怖故事。总的来说，有大约3.4万至4万人死亡，约90万人失去家园。

学者们关于空袭对德国民众的影响看法不一。战后不久，美国战略轰炸调查组得出结论，空袭削弱了平民士气，为结束战争做出了决定性贡献。最近，有人认为，爆炸引起的团结感有助于抵消其对社会凝聚力的破坏性影响。在不通风的庇护所里，当炸弹从头顶坠落时，人们每晚都在战栗。或许，这一共同经历有助于巩固"人民共同体"，因为炸弹让每个人都变得平等。

然而，国家社会主义者对空袭反应的关注表明，他们将空袭视为对士气的主要威胁。为应对突袭，该党及其福利机构——国家社会主义福利组织以热腾腾的饭菜、衣服和前往更安全地区的火车票，试图表现出他们的关切，同时前所未有地介入德国人的生活。1943年12月中旬，宣传部长戈培尔指出，"在国内，我们几乎只忙于空战"。近一年前，为了协调空袭反应，政府成立了部际空战损害赔偿委员会，成员包括各主要部委的代表,以及军方、国家社会主义福利组织、帝国青年领袖和其他机构的代表。戈培尔任指挥官,帝国总理汉斯·海因里希·拉莫斯(Hans Heinrich Lammers)将他描述为"一个精力充沛、政治地位高、民族影响深远的人"。将委员会置于戈培尔的控制之下,突显了空战对士气的重要性。

自1940年以来,对德国的轰炸就一直不断。如上所述,第三帝国在这之前就已经实施了一项兼具实际目标和心理目标的防空方案。当市民们清理阁楼上的易燃废弃物并遮住窗户时,他们成了家庭阵线战士。他们学会了如何用水和沙子扑灭大火,党内志愿者代表(Blockleiter或Blockwarte)监督他们遵守空袭条例的情况。在一些像柏林和汉堡这样的大城市,以及像哈姆和埃森这样的工业中心,建造了巨大的混凝土塔式碉堡,上面有高射炮平台。柏林塔楼的墙大约有4米厚,每个塔楼可容纳1万人——却仍然只是柏林人口的一小部分。隧道里也建了公共避难所,城市居民改造了公寓的地下室,这样当警报响起时,他们就可以带上孩子和财物去到地下。小规模的避难所在遭受直接袭击时几乎提供不了保护,但尽管如此,他们在睡眠中被一次又一次地惊醒,爆炸物砰砰落地,市民们畏缩在黑暗和灰尘中。在汉堡,除了爆炸物本身,燃烧弹引起的大火导致巨大的生命损失。众所周知,总体数字很难确定,但最近的研究估计,在战争结束前,德国有35万至38万人死于轰炸。

面对这样的威胁,从濒危地区至少撤离那些社会上最弱势的成员是有意义的。有限的人口转移在1939年清空了帝国的西部边境地区,但国家社会主义当局仍然对大规模撤离的价值持怀疑态度。他们认为撤离是一种懦弱的逃走方式。1940年8月,一份德国空军的报告仍然认为"这些措施对于德意志帝国领土来说是不可能的"。

因此,1940年9月底开始了一项先从汉堡和柏林,然后是其他主要城市疏散儿童的令人惊讶的计划的实施。为了应对德国这一年夏天对英国目标的密集袭击,空军加强了自己的突袭。轰炸的增加会引起平民恐慌,这可能是德国人开始疏散儿童的最重要原因。儿童方案打破了战前反撤离的共识，为今后的措施提供了一个样板。随后，又有其他三种形式的撤离：对那些不被认为对危险地区的经济至关重要的成年人进行自愿撤离；将工厂和其他设施连同其雇员一起疏散到农村；将遭受轰炸的平民撤离家园。

儿童疏散计划被称为儿童遣送拓展计划（Erweiterte Kinderlandverschickung，将儿童送往农村的拓展计划）或简称为儿童遣送计划（KLV）。该名称最初指的是党为城市工薪阶层的儿童提供在农村的暑期方案。现在，它被用于那些表面看起来像是延长夏令营的疏散计划。宣传疏散作为一种健康措施可能会让父母更容易接受，避免暗示政府无法保护人们免受轰炸。1940年9月下旬，希特勒派希特勒青年团团长巴尔杜尔·冯·希拉赫负责疏散10～14岁的儿童，而3～10岁的儿童、孕妇和婴儿则由国家社会主义福利组织照料。3～10岁的孩子待在寄养家庭，或在母亲怀有孩子或还有其他小孩的情况下，与母亲一起住在集体设施里。年龄稍大的儿童被安置在青年旅社、旅馆和其他被征用的设施中。所有儿童的撤离都应该是免费的，尽管当局鼓励有能力的家长出资。在整个战争期间，父母还可以自行安排孩子住在更安全地区的亲属那里，然后申请撤离人员的津贴和福利。

经儿童遣送计划撤离的儿童通常乘坐500人一组的火车，有时乘坐莱茵河（Rhine）或易北河（Elbe）的轮船，前往指定的接待区。途中由一名医生和两三名护士陪同，必要时增加国家社会主义福利组织人员。10～14岁的营地由国家社会主义教师协会（Nationalsozialis-tische Lehrerbund）批准的工作人员管理。男孩和女孩的营地是分开的，遵循大致相同的活动时间表——从早上7点的叫醒到晚上9点的就寝时间。课程在上午9点到下午1点之间进行，其余时间则用于吃饭、运动，做家庭作业，干轻松的家务活，及通过广播节目和影片进行政治教育。孩子们的空闲时间是有限的，尽管有些晚上安排读书或手工艺品制作。前撤离人员艾达·路易斯·沃伊特（Ida-Louis Voigt）回忆道："可以说，我们总是很忙。"让孩子们忙个不停，有助于推进他们作为优秀纳粹分子的教育,并有助于解决严重的想家问题。和其他撤离者一样,14岁的沃伊特(Voigt)非常想念她的家人,尽管几周后她开始明白,"我无法改变这种状况,所以我只有接受它。有时我会哭,当然,这也无济于事"。

起初,被疏散的儿童被送到尽可能远离英国机场的帝国南部和东部地区,另外有一些前往被占领的波兰,后来儿童遣送计划撤离人员远赴匈牙利。焦虑的父母被安抚"孩子们不会最终进入我们的'匈人'地区,而是在纯粹的德国人中心"。到1942年底,整个学校同母亲及弟弟妹妹们一起撤离。这一变化意味着,从1943年夏天开始,儿童遣送计划越来越多地与德国其他撤离措施相结合。

在儿童遣送计划开始的时候,当局估计柏林和汉堡大约13%~15%的儿童可能会自愿撤离。到战争结束时,根据历史学家格哈德·考克(Gerhard Kock)的说法,实际数字要高得多,85万年龄在10~14岁之间的儿童被送往儿童遣送计划营地(KLV camps),而同样数量的6~10岁的儿童则同寄养家庭住在一起,另外大约50万名儿童与母亲一起撤离。因此,仅国家资助的撤离就影响了200多万儿童。

不过,并不是所有人都被邀请加入儿童遣送计划。为发现传染病(肺结核、脊髓灰质炎)和虱子等状况,当局对儿童们进行了体检。不能被安置在正常群体环境中或与家人在一起的儿童被送到特定的营地。其中包括一些有特殊需要的儿童,如聋哑人或盲人,以及患有轻微行为问题和长期尿床的儿童。规则进一步规定,"在对儿童进行登记时,应尽可能核实他们值得注意的方面和举止的适当性……因其行为和举止而不适合的儿童将被集中在封闭的场所(festen Einrichtungen)"。"良好的行为和得当的举止"不仅是儿童遣送计划的先决条件,而且犹太儿童,那些来自被贴上"不合群"标签家庭的儿童以及有严重精神或身体残疾的儿童也被排除在外。儿童疏散方案的目的是拯救生命,但只是某些儿童的生命,且疏散是根据决策者的条件进行的,而不是所涉家庭的条件。

正如撤离行动提供机会,使儿童在希特勒青年团领导下聚集在一起,并向他们灌输新政权的原则一样，政党机构利用战争救济将民众中的弱势群体与当局联系起来。在应对空袭的过程中，理论上，城市当局和政党之间存在着分工，前者负责处理紧急措施，如安置，后者的职责包括"领导和照顾民众"。执政党通常优先选择那些可以把自己塑造成施予者的任务（比如经营施粥场，或者分发衣物），把那些不那么光彩的清理和收费工作留给市政当局。尽管如此，市政当局和党仍共同努力，在受灾严重的社区附近建立联合管理的行动中心（Einsatzstelleri）。空袭炸弹受害者在女护士、教师和图书馆员的帮助下，由国家社会主义人民福利组织或纳粹妇女组织工作人员提供热饮、急救和其他援助。这些中心的工作人员提供基本的衣物和现金预付款，并帮助轰炸受害者填写损失申报表。那些厨房无法使用的受害者会得到一张绿色身份证，凭借它可以从市政、国家社会主义人民福利组织和军队的施粥场获得援助和食物。纽伦堡地区的一位官员在1942年8月说："所有的党和国家部门都在不遗余力地为遭受损失的民族同胞（Volksgenossen）迅速且充分地提供救济，这给民众留下了一个极好的印象。"

由于不可能建造足够多的房屋来补偿破坏，城市的轰炸受害者被安排在临时设施中，直到他们可以被安置在其他地方。城市的房屋所有人被要求填写一个问卷，该问卷成为申请的基础。1943年的《控制住房令》（Verordung zur Wohnraumlenkung）被用来腾出空间给那些被炸毁的家庭，他们有的搬进了被驱逐的犹太人腾出的公寓。总的来说，住房短缺对工人阶级的压力可能比对其他群体的压力更大，因为工人的住房离工厂更近，因而更容易被摧毁。此外，富裕市民和党内人士更容易迅速找到新房子。

任何不在市区工作的人都被迫离开。成年撤离者一开始可以去任何他们选择的地方，但是在1943年4月，内政部确立了一个指定的接待区名单，使危险的地区与至少一个南部或东部更安全的地区建立伙伴关系。这鼓励了跨地区的协调，使监管撤离人员变得更容易。例如，德国西部一些工业城市的居民被遣往西南部的巴登，而大部分科隆撤离者都去了下西里西亚。

整个战争期间都有撤离人员未经允许而返回原籍的问题。政府试图阻止这些"疯狂回归",这些回归占用了火车上宝贵的空间,并威胁到疏散措施的有序推进。到1943年,返回的撤离人员达到了惊人的比例,当局对付的措施是拒绝向未经允许回家的人发放配给卡。没有配给卡,平民就不能吃饭,其目的是让他们被迫返回他们的疏散区。然而,1943年10月11日,鲁尔地区的工业城市威滕(Witten),300名市民针对这一措施举行示威。大多数示威者都是妇女,有些由她们的子女和丈夫陪同,她们一般是矿工或基础战争工作者。警方拒绝介入驱散示威活动,因为他们指出,拒绝发放返家撤离人员的配给卡没有法律依据,他们从根本上认同妇女的要求。对于这些不由士兵养的家庭来说,撤离是没有意义的,他们住在因需要长时间的战时轮班而很难管理的家中。

起初,当局试图进一步打击"疯狂回归"。例如,1943年11月2日,戈培尔在日记中写道:"在这一点上,我们决不能屈从于人们的意志,因为人们自然对空战未来可能的发展没有清晰的看法。"他在当月晚些时候的报道中说,我们面临的最困难的国内政策问题是大批返回的撤离人员。在当局努力向撤离者和城市居民等提供食品时,整个帝国的人口自由流动使交通系统负担过重,粮食供应也不稳定。然而,最终戈培尔改变了他对屈从于人民意志的想法,在1944年1月下旬,希特勒下令不得拒绝对未经允许返回家园的撤离人员发放配给卡。因此,当德国"民族共同体"成员反对具体的官方措施时,国家社会主义当局少有地改变了路线。

日益增长的威胁和最终崩溃

与此同时,当希特勒遇到意在结束其统治的直接和公开的政治企图时,他迅速做出反应,显现出极端的残暴。一对兄妹学生抵抗者汉斯和索菲·斯科尔(Hans and Sophie Scholl)在慕尼黑印制反纳粹传单并在墙上写下"打倒希特勒"等标语后,被审讯了三天,然后于1943年2月被处决。尽管这些理想主义者曾希望他们的死会引起大规模骚乱,但慕尼黑大学的学生们却表现出了对当局的忠诚。

其后,1944年7月20日,一个由传统军事和政治精英策划的企图谋杀希勒特的阴谋被实施。密谋者希望杀死元首,然后建立一个非独裁政府,为德国争取一个提出有利和平的建议的机会,密谋者差一点就成功。然而,克劳斯·申克上校（Colonel Claus Schenk）、冯·斯塔芬伯格伯爵（Count von Stauffenberg）小心地安放在希特勒东普鲁士总部的炸弹,炸伤了元首,而没有炸死他。在最初的混乱和纷杂矛盾的报道之后,数小时内,希特勒的生还得到了证实,并通过无线电在德国各地广播。在袭击之后,不仅犯罪者自己,而且他们的家庭成员也被追捕、杀害或监禁。这一密谋并没有削弱民众对希特勒的支持,反而有加大支持的倾向,因为人们对希特勒的幸存表示欣慰。

到1944年夏天,盟军的轰炸进一步加剧,很难否认德国正在输掉这场战争。一旦它不再拥有国内的制空权,大片土地就容易受到更猛烈的轰炸。白天的袭击已经司空见惯,这些袭击往往相对精确,其危险性几乎不亚于夜间区域轰炸。飞机的目标是较小的中心以及大城市,有时会追击单独的列车和有轨电车。如果不能说是明确的,但至少是含蓄的,这些袭击的目标是平民,因为袭击一直持续到战争几乎结束的时候,超出了用于任何重要战略目的的范围。最臭名昭著的是,德累斯顿市在1945年2月13日至15日遭到轰炸,当时德国人的战争显然已经失败。根据奥拉夫·格罗勒（Olaf Groehler）的说法,在战争最后的6个月里,盟军总炸弹吨位的一半以上落在德国,一半的空袭伤亡发生在1944年8月之后。

尽管对"神奇武器"——如以英国为目标的V-1和V-2火箭的宣传,一直到1944年,维系了德国人的胜利希望,但到1945年初,他们开始了解自己处境的严重性。一些士兵仍深信希特勒的帝国将取得胜利的持续宣传,但大多数人继续战斗是因为另一种可能——彻底失败,是无法想象的。当军队拼命坚持时，国内战线当局试图调动一切资源维系战争。连16岁的男孩和50岁以上的士兵都被征召去，但由于武器生产跟不上需求，这些新士兵在装备简陋，训练也较少的情况下就被送往前线。在国内，十几岁的女孩加入了数千名妇女组成的管理防空探照灯和雷达设备的队伍，这样与她们相应数量的男性就可以投入战斗。这些人在工作的地方吃饭睡觉，受训使用手枪来保护自己的岗位，她们充当的角色与她们所替代的男人几乎没有什么不同。

在各方压力下，社会秩序开始瓦解，当局的行为越来越武断。尽管公开表达对德国最终胜利的怀疑一直是危险的，但现在对战争结果的轻微怀疑就可能导致即决裁判和死亡，或者被关押在遍布德国土地上的监狱和集中营。外国工人尤其引起警方的怀疑，警察常常决定直接向他们开枪——这样更容易。根据乌尔里希·赫伯特的说法，在战争的最后几天，成千上万的人以这种方式死去，而且记录如此零碎，以至于真正的死亡总数可能永远不会被知道。

当集中营的因犯和其他犯人被驱往德国中心地带开始了致命的迁徙时，恐怖也升级了。这些游行的目的，一部分是为了保卫战俘们为帝国的最后工作能力，一部分是为了防止他们认为的"敌人"落入盟军手中。对于东部的死亡集中营而言，其目的还在于将非人道的待遇和大规模屠杀隐藏起来，不让外国人看到。犯罪者意识到他们可能很快就要面对战后的司法审判，于是记录和杀人设施被销毁。在奥斯维辛集中营，虚弱得无法走动的囚犯被杀掉，或者干脆被留在原地任其死去。在1945年冬天的严寒条件下，绝大多数人，以死亡告终，其余的人被命令进行残酷的跋涉。

国内战线的一些人与散乱的囚犯群体有接触，但难民营囚犯的悲惨处境并没有直接触动他们。他们更关心的是自己的处境，随着德国周边战争的夹击加紧，形势变得越来越紧张。成千上万的平民难民逃离东部的红军和西部的英美盟军控制区，涌向德意志帝国的中心。1945年2月，帝国宣传部估计有1600万至1700万平民在迁移。一些家庭能够在较早的时候离开，秩序井然，其他则匆忙收拾东西，在越来越混乱的情况下逃离。有些人坐火车，与愿意陪同他们的亲戚一起；其他人的旅程则是在开阔的乡间长途跋涉，常常与陌生人一起步行，寻找不确定的住所。

虽然联邦德国人也逃亡，但受打击最严重的是民主德国人。到1944年夏天，军事撤退意味着大规模的平民流离失所已经变得越来越明显。德国人害怕被苏联控制，因为红军士兵的强奸和残暴是司空见惯的，考虑到德国人自己在东线的残暴，没有理由指望敌人的怜悯。决策者没有及时安排疏散平民，而是等到最后一刻才下令让人们离开，把疏散工作变成了混乱和长途迁徙。

在这些困难的条件下，当平民逃离丹泽（Danzig），撤退的士兵被向西转移以巩固中央帝国的防御时，丹泽就成了瓶颈。德国东普鲁士最西部的据点丹泽，估计有150万当地居民，加上1945年2月另外40万过境人口。当6000名德国人每天乘船和经陆路"跋涉"离开时，每天又有25 000人涌入这座城市。1945年1月30日，一艘满载丹泽地区士兵和平民难民的"威廉·古斯特洛夫号"欢乐轮船在波美拉尼亚海岸附近遭到苏联潜艇的鱼雷袭击。

一个月后，英美部队正逼近莱茵河，当看到国家社会党领导人乘坐被征用的汽车驶向安全地带，而其他所谓的"人民共同体"成员徒步前往时，平民们的幻想破灭了。民众不再依赖于党，取而代之的是坚强地自力更生，以弥补战争最后几个月普遍的行政混乱。人们只能面对现实，将就苟活，住在他们能找到庇护的地方，等待冲突结束。到5月初和平到来前，邮政服务已经几个星期没有运营了，许多家庭成员已经有三四个月或更长时间没有彼此的消息了。对于来自帝国最重灾区的家庭来说，确定自己亲人的位置都是一个巨大难题，更不用说考虑把他们召集在一起，找到回到家乡的路，重新开始。德国，一个位于欧洲中心的现代国家，已经成为一片废墟。

结　论

如果说前几年没有人为地明确区别开家庭阵线和战争前线，那么在战争的最后几周，这两方都遭受了不可预测的致命暴力，暴力同样影响到平民和士兵。妇女承担了迄今为止本应是男子承担的战争角色，儿童和老人也暴露在广泛的空袭中。在整个冲突中相互联系的家庭阵线和战争前线现在几乎无法区分。当然，正如库尔特·F. 在1944年所意识到的，这场战争中最好的地方并不在后方。

除了家园和前线之间的许多联系之外，本章还强调了德国继续推行战争在多大程度上依赖于对其控制的欧洲领土的开发。占领区为工业提供了劳动力、食品和原材料。尽管平民并不一定承认这一变化，但德国的国内战线却成了一个国际空间，德国人在这里与波兰人、苏俄人、法国人、意大利人和其他欧洲人一起工作和生活。与这些人的互动，包含了开放和同情，在某些情况下甚至是爱，以及没有共通的人性的残酷。

控制平民与外国工人和战俘的交往，只是当局试图在整个冲突中引导德国人的行为和操纵士气的一种方式。尽管官方担心，但平民的士气并没有衰减，德国人继续相信他们会赢得战争，直到战争接近尾声。直到1945年4月，即使他们不再相信，他们也仍然继续在最后一个据点为撤离者提供社会服务和安置。总的来说，第三帝国的领导人成功地做到了国内阵线上的令人满意的程度。希特勒和他最亲近的顾问们跟踪民意，特别是通过可持续发展报告，有时改变政策，考虑平民的意愿。历经盛衰沉浮，尽管做出了许多牺牲，但没有出现群众背离国家社会主义的现象。国内阵线的持久支持是有效推进战争的一个关键因素。

| 第十章 |

衰落和溃败

罗伯特·格拉特利（Robert Gellately）

第三帝国是什么时候开始衰落的？当然不是在1940年5月和6月，当时国防军轻易就打败了法国，并把英军赶出了欧洲大陆。伴随着这些胜利，德国看起来像是一个重新崛起的举足轻重的军事大国，已完全从上一场战争的灾难中恢复过来。此外，这场战胜宿敌的胜利还在许多德国人中树起一种意识，即他们的国家已经恢复了在欧洲的"合法地位"。一个官方的帝国安全（安全部）报告显示，这个国家所感知到的命运变化是如此势不可当，甚至"共产主义和马克思主义圈内有组织的抵抗"都已不复存在。尽管这一观点可能有些夸张，但1940年夏天，当希特勒从法国回到柏林时，沿街人群表现出的对他的追捧远超此前。

一年后的1941年6月22日，随着针对苏联的巴巴罗萨行动的展开，帝国甚至显得更加强大。如果说德国的国内阵线最初是谨慎的，那么随着国防军成功的消息从东线传回，民众的情绪便很快高涨。帝国以其横扫一切的气势取得了一场又一场的胜利，并俘虏了数十万苏联红军士兵。陆军参谋长弗兰兹·哈尔德（Franz Halder）将军起初比许多同事更加谨慎,直到被俘虏的红军将领向他证实,在德维纳河(Dnieper Rivers)和第聂伯河(Dvina)的对岸,或者在白俄罗斯明斯克(Minsk)和乌克兰基辅(Kiev)以外,没有苏联军队"强大到足以阻碍德国的作战计划"。因此,曾经持怀疑态度的哈尔德在7月3日的日记中透露:"说俄罗斯战役仅仅在两周内就赢得了胜利,这可能不为过。"不仅他自己确信如此,而且据了解,社会主义狂热分子和国际舆论也都把苏联看作"泥足巨人"。那个夏天和初秋,最大的问题是,德国及其盟国要多久才能彻底打败红军,才能永远铲除共产党员在莫斯科的大本营。

战争是什么时候变得不可取胜的

在东部战役中,费希尔(Führer)常常和周围的人一样乐观。尽管如此,他也陷入了一轮又一轮的悲观和怀疑之中,因为尽管他占领了大片领土,但取得的最终胜利却比计划和预期准备工作更耗时。接着是秋雨,将尘土飞扬的道路变得泥泞,使人和机器陷入泥沼。1941年10月25日,在前线,步兵将军戈特哈德·海因里希(Gotthard Heinrici)在日记中写下了问题的实质:他的士兵占了上风,几乎可以看到莫斯科,最终以4∶1的比例赞成德对俄的分裂。然而,他不得不承认,由于道路不畅,"我们被困在了路上",公路"连日拥堵",行军变得异常困难。

希特勒自然领会了其含义,在11月8日的慕尼黑演讲中,他把自己和赢得闪电战的必要性撇开干系,并带着反感地说他从未使用过这个"完全荒谬的"词。事实上,弗里德里希·弗洛姆(Friedrich Fromm)将军作为军队军备工作的负责人,非但没有迅速取得胜利,反而在11月24日带来了军事生产不足的消息。他对哈尔德将军坦率的建议是,他们应立即寻求和平。他也不是唯一一个轻轻敲响警钟的人,因为在5天后由武器和弹药部长弗里茨·托德安排的一次会议上,坦克专家沃尔特·罗赫兰(Walter

Rohland）警示了苏联在坦克生产和冬季准备上的优势。此外，根据他对美国军事潜力的了解，他推测，如果美国参战，德国就不可能赢得这场战争。当时，托德部长本人惊讶地告诉希特勒，击败红军的任务超出了德国的能力。他简单地补充道："这场战争再也不能在军事上取胜了。"对此，这位坚定不移的领袖随后冷静地问道："那么，我该如何结束这场战争呢？"当托德回答说，唯一的选择是寻求政治解决方案时，元首忠实地回答说："我几乎还看不到一种政治终结的方式。"

现在，这位备受欢迎的元首在这场演讲中能说些什么呢？这场演讲，他原本打算展示他的军队在十字军东征般的伟大功绩。就在他讲话之前的12月7日，德国的日本盟友袭击了珍珠港，这让他有些吃惊。与希特勒在一起的宣传部长约瑟夫·戈培尔博士说，这一消息的到来"简直是天上掉馅饼"。两天后，他在日记中提到了日美在远东开战对德国国内的巨大影响，"整个国家都松了一口气，对美国和德国间可能爆发战争的心理恐惧消除了"。

希特勒相信，在美日对战的情况下，美国将无法继续援助英国，因此将不得不减少他们在北大西洋的海军部署。现在，他可以指着由日本引发的东亚冲突向他的人民保证，他们不是独自在与世界战斗。12月11日，当他最终发表讲话时，他自信地说出了令人震惊的胜利清单，俘虏了380万红军士兵，以及大量的战争物资。但即便如此，一些德国人听到他报告说他们自己的部队在战斗中遭受了162 314人死亡，571 767人受伤，33 334人失踪时还是感到震惊。

在此背景下，他们的领导人带来了日本袭击美国的"好消息"，现在德国不必对美国宣战。通过这一步，希特勒为发动当前的第二次世界大战做了最后的努力。他声称美国一直在资助和唆使英国和苏联，因此他坚持认为德国必须击沉所有前往这两个国家的船只。然后，就如他每在战争关键时刻的做法一样，进一步把敌人的行为归到犹太人身上。他说，我们知道罗斯福背后的力量，因为"就是这些生生不息的犹太人，相信他的时代已经到来,给我们带来了同样的命运,即我们在苏俄看到和经历过的惨状"。

第二天,他会见了他信任的纳粹党地方长官——那些他将在战争后期依赖的地区领导人。尽管我们没有那篇演讲的副本,但我们有戈培尔关于演讲内容的翔实报告。会见中,希特勒拒绝预测战争会持续多久,尽管他怀疑美国的参战会延长战争。他宣布他已经坚定地决定在接下来的一年里"征服苏联",至少到乌拉尔山脉(Ural)——莫斯科以东约2000英里的地方。他把该地区视为德国"未来的印度",一个"我们将要在那里定居的殖民地"。他竟还认为仅仅设定一个这样的目标就能实现吗?残酷的现实是,12月5日,红军已经开始把希特勒的军队从莫斯科的城门赶回去。

在场的海因里希将军在给妻子的一张便笺中写道:

> 写信的此刻,我非常关切这里发生的事情。苏俄人在几个地方刺穿了我们薄弱战线上的大缺口,迫使我们撤退。我们经历了与1812年(拿破仑时代)一样的状况,厚厚的积雪、几乎无法通行的道路、飘雪、暴风雨和严寒。我不知道接下来会怎么样,只希望我们最终能成功地阻止敌人。但我们谁也不知道怎么做。

希特勒12月的讲话避开了这种逆转的暗示,转而提出了更安抚人心的设想,例如,他告诉帝国领导人,鉴于德国防空防御系统的进展,敌人的轰炸几乎没有什么可怕的,他错误地预测这会降低轰炸的效力。不可避免地,他提及犹太人问题,并冷冷地提醒他的党内同志,他早先"预言"的如果犹太人将带来另一场世界大战,会发生什么,因为他宣称,他们在1914年已经这么做了。希特勒第一次发出这种威胁是在1939年1月30日,也就是他被任命为德国总理的周年纪念日。现在,戈培尔记录了这些话,他暗自遵守着这一预言:"这不仅仅是一句说辞。世界大战就在眼下,消灭犹太人肯定是不可避免的结局，对这个问题不能心慈手软。"如果德国人在东部战役中遭受了如此多的伤亡，那么"这场血腥冲突的策划者必须用他们的生命来偿还"。

总之，到1941年底，第三帝国表面上仍处于上升趋势，但与其敌人——即世界三大强国的综合实力相比，却存在潜在的严重经济弱点，同时又面临一场军事危机。希特勒的反应，不是听取明智的建议，更不是寻求政治出路，而是变得更加好战。他坚定地向美国宣战，在他的帝国日程上增加更多征服目标，并下定决心消灭所有犹太人。事实上，自1941年6月以来，党卫军特遣部队及其当地合作者已经处决了数十万犹太男女、儿童。1941年10月，在瓦尔特高的切姆诺（Chelmno in the Warthegau），第一个秘密的死亡营地开始建设，11月贝尔泽克开工，这是莱茵哈德行动（Operation Reinhard）的第一个场所，其令人惊愕的任务是屠杀前波兰的数百万犹太人。

希特勒将未能消灭苏联的失败归咎于他的将军们。12月19日，他解除了德军总司令瓦尔特·冯·勃劳希契（Alther von Brauchitsch）的职务，并亲自担起这个角色。在红军的反击下，国防军的防线并没有完全崩溃，因而令希特勒感到宽慰的是，在1941年至1942年冬天，他的军队并没有被逼重复拿破仑1812年那次可耻的撤退，然而仅仅建设和维持防御阵地意味着放弃一些艰苦作战的成果：有价值的武器，甚至食物。

德军迫切需要的是更多的人，为此他们必须与祖国的工厂和农场竞争。为了弥补劳动力短缺，帝国开始在欧洲各地招募、征召或强迫外国人到德国工作，特别是波兰、乌克兰西部和白俄罗斯的外国人。纳粹种族理论将这些男人、女人和青少年定义为"种族异类"，当局强迫他们在衣服上戴上"P"（代表波兰）或"Ost"（代表东方工人）标号。然而，即便是算上就位的数百万人，各经济部门和军队中仍然存在人员短缺。

尽管在初夏，国防军以迅捷积极的步骤开始了一项新的重大行动，但到1942年春天，他们又陷入艰难跋涉。希特勒在4月5日对蓝色行动（Fall

Blau）的指示中大胆指出，其目的是"一劳永逸地摧毁敌人残余的军事力量"，同时消灭苏联战争经济的核心资源，并将资源收归德国所有。这次进攻于6月28日发动，比前一年的进攻要弱，这次在他的坚持下，并没有开往莫斯科，因为斯大林已经在莫斯科集结红军编队等候。相反，德国国防军将在北部坚守阵地，尽可能阻断列宁格勒，而德国的主力军"动用一切可及力量"向南攻占高加索油田，继而攻占斯大林格勒的苏联武器中心。尽管到现在为止，敌方已经学会撤退的谨慎性，因而基本上避免了被大规模包围和俘虏，但国防军还是再次走了弯路。

希特勒把进攻分为两翼，较弱的北翼指向斯大林格勒，随着较为强大的先遣部队开始攻入高加索地区，首先抢夺了迈科普油田（Maikop oilfields）的战利品，其他的则一路跑到遥远的巴库（Baku）。希特勒早在1942年或最迟在1943年就指望入侵西方，因此他认为蓝色行动对取得战争胜利至关重要。当然，正如预料的那样，8月8日至9日，当德国人攻占迈科普（Maikop）时，红军已经废掉其炼油厂。我们可以通过回忆来感受到国防军此时的不自量力：从迈科普到列宁格勒（也是蓝色行动的一个目标）的距离是1134英里，几乎是从波士顿到迈阿密的整个美国东海岸的长度。

第三帝国达到顶峰

如果我们把德国较强盛时期的势力范围包括在内，第三帝国在1942年夏天取得了它最大的领土，因为在当时，德军占领的领土从英吉利海峡延伸到北非的一部分，几乎覆盖了当今欧洲的所有地区。在苏联的国防军向北越过列宁格勒，然后向南到达莫斯科，继而到达斯大林格勒，再进一步进入高加索山脉，8月21日，一些孤军在险峻的地形上行进，并具有象征意义地在该地区的最高峰厄尔布鲁斯山（Mt Elbrus）插上一面旗帜。此后，第三帝国开始收缩。

如我们现在从俄罗斯档案馆最近公开的德国文件中所了解到的，1942年9月18日希特勒会见国防军高级指挥官陆军元帅威廉·凯特尔（Wilhelm Keitel）时，他们知道蓝色行动已经失败。此外，他们在希特勒位于乌克兰文尼西亚（Vinnytsia, Ukraine）总部的会晤中揭示了一场领导人危机。希特勒对陆军总参谋长弗兰兹·哈尔德将军感到特别不安，认为他和许多年长的将军们都"枯竭了"。他们应该被"狂热地相信"国家社会主义的"鲜活的"军官所取代。尽管他在9月24日解除了哈尔德的职务，但这一决定不足以改进德军面临的关键问题。负责军队军事补给的弗里德里希·弗洛姆将军向希特勒报告说，该系统正在崩溃，他重复了他一年前发出的可怕警告——即避免彻底灾难的唯一办法是寻求和平谈判。哈尔德被解职了，但他明智地建议过不要去攻打险恶的高加索地区，并提出说到达里海巴库油田是绝对不可能的。他还得出结论说，德国不可能赢得东部的战争，也因此，不可能再赢得整个战争。现在，即使对他和弗洛姆压制，摆脱像他们这样麻烦的军事专家，对解决国防军面临的结构问题也无济于事——特别是运输系统的严重不足，无法跨越的广袤领域，以及缺乏训练有素的军队替补兵源和充足的补给。

随后，北非局势恶化的消息传到希特勒总部，10月23日，英国驻阿拉曼第八军开始迫使"沙漠之狐"——陆军元帅埃尔温·隆美尔（Erwin Rommel）撤退。元首对外交部长约阿希姆·冯·里宾特洛甫（Joachim von Ribbentrop）提出的向苏联伸出和平触角的建议置若罔闻。事实上，他在11月8日对党内忠诚人士的年度讲话中就明确而毫不含糊地排除了任何通过谈判取得和平的可能性。

他的信条之一是，国家应避免在衰弱的时候进行谈判，这在大多数情况下是一个理性的论断，尽管在这种情况下，它排除了在没有取得军事突破或最终惨败之前结束战争的可能性。同样，西方盟国和苏联已经达成一致，他们不会考虑与德国进行任何单独的谈判。随后在1943年1月的卡萨布兰卡会议（Casablanca Conference）上，罗斯福和丘吉尔要求必须"无条件投降"。希特勒无视这样的谈话，直到他和戈培尔开始意识到，他们可以利用盟军的口号，在自己的国内战线进行宣传。

从1942年9月前两个星期进入斯大林格勒的第六军的命运可以看出，实际情况更难让人忽视。11月19日红军反击时，几天之内就包围了侵略者。然而，希特勒毫不动摇地拒绝了（新晋升的）陆军元帅弗里德里希·保卢斯试图突围的请求。1943年2月2日，斯大林格勒战役结束，伤亡惨重，难以估计，至今仍有争议。历史学家通常会给出300 000作为被包围德国士兵的数目（最近修改得更低），其中大约100 000人被杀。红军俘虏90 000多人，其中仅6000人幸存。在这一连串的数字中，我们往往忽略了德国的盟国（罗马尼亚、意大利和匈牙利）军队也在这里作战，并遭受了惨重的损失。

这场灾难不仅仅是轴心国判断失误的问题，因为形势之所以逆转，一方面是苏联做出了牺牲，另一方面是苏联的军事武器制造超过了德国。因此，早在1942年，尽管失去了许多工厂，不得不将其他工厂迁往乌拉尔山以东，苏联仍以2∶1的比例在战机生产上，3∶1的比例在小型武器及大炮制造上，4∶1的比例在坦克建造上超过了德国。

当战争的命运无情逆转至不利于第三帝国时，东部战线上仍有许多士兵，如第一次世界大战的退伍军人奥古斯特·托佩尔维恩博士（Dr. August Tópperwien，教师，坚定的基督徒，从来不是纳粹党员）却决心坚持这条道路。他在1943年1月下旬的日记中指出："说到人，其他国家（美国！）超出我们，正如他们总共生产的武器超过我们。我们的信心只能建立在对国家社会主义思想的信念上。"因此，逆境、前期的重大失败和前途渺茫，反而使希特勒的一部分军队更加坚定地继续战斗，并越来越服膺于纳粹主义。

2月7日，这位德国的最高统帅在他的总部，对斯大林格勒刚刚所发生的事做出了一番神话般的解释。当他对召集来的帝国领导人发表讲话时，首先指责他的盟友罗马尼亚人、意大利人和匈牙利人，然后将矛头指向犹太人。后者被认为是"在所有敌国发挥作用的一种推动力，我们没有任何可与之抗衡的力量。这意味着，我们不仅必须从帝国领土上，而且必须从整个欧洲消灭犹太人"。事实证明，从1942年3月中旬以来，到此时他谈及犹太人，仅仅一年多的时间，约75%～80%的犹太人已经在一波超乎寻常的大规模集体屠杀中丧生。

所有这些杀戮，如同把失败归咎于其他国家一样，不能改变这无法避免的军事结论，这一点甚至在国内战线上也开始显露出来。斯大林格勒的国防军战败的消息，至少根据戈培尔的说法"对德国人民有一种震惊的影响"。使得这一消息感觉更糟糕的是，在过去的三个月里，宣传人员引导全国人民相信胜利在望。现在有一种沮丧的感觉，三天的官方哀悼企图将天降的惨败渲染为神话。戈培尔意识到，人们无法正视这样的挫折，但为时已晚。因此，此后，甚至有关紧急军事逆转的新闻报道，都采取了低调、实事求是的基调。

为在部分程度上抵消公众对斯大林格勒战役的负面反应，戈培尔最终获得希特勒的许可，于1943年2月18日就全面战争发表了一次重要讲话。讲话中，这位宣传部长指出了犹太人所代表的"紧迫危险"，并声称"无论如何，德国绝不会屈服于这种威胁，而是要及时地、必要时以最残酷的手段反击这种威胁"。然后，他几乎是在恳求"国内战线表现出与军队的团结"，并"肩负起同样沉重的战争负担"。事实上，戈培尔早就相信，普通公民会愿意牺牲更多来赢得胜利，尽管希特勒的保留意见仍然占上风。

戈培尔讲话时，另一条战线上更多的坏消息在酝酿，因为远在北非的斗争一直在残酷的煎熬中。到1943年5月，德军最终以彻底失败告终。盟军俘虏了约25万名德国和意大利俘虏，其中包括著名的非洲军团的残余人员。就被俘和阵亡人数而言，这一损失比斯大林格勒还要严重。同样在5月，由于缺乏资源，柏林不得不压缩在北大西洋的潜艇战。

尽管经历了这些挫折，希特勒在1943年4月15日说，他已经"决定"对苏联发动第三次战略进攻——7月5日展开"城堡"行动（Operation Citadel）。然而，这一次敌方设计了一个防御工事消耗进攻者的资源，之后红军又进行了反击——后来一直拖到8月23日的库尔斯克战役。据俄方消息，红军伤亡863 303人，其中死亡和失踪254 470人。德国在7月5日至8月23日期间的人员损失约为17万人，其中46 500人死亡或失踪。尽管德国国防军损失较小，但它能用以补充的人员却少得多。

希特勒别无选择，只能在不到两周的时间内停止"城堡"行动。这有点讽刺，因为他在战役开始前曾宣布，"库尔斯克的胜利必将是向世界发出的信号"，展示出德国能战胜一切困难。现在国防军失利了，世界应该得出什么样的结论？其目的原是通过向斯大林展示苏联轻松取胜的时代已经结束，从而迫使克里姆林宫的头头寻求单独的和平，以加速瓦解敌人的"非自然"政治联盟。但这一努力彻底失败了，更糟糕的是，据沃尔特·瓦利蒙特将军（General Walter Warlimont）在费勒的战地指挥部（Fiihrer's field headquarters）报告，经过艰难集结的德国军队是现存"最重要的后备力量"，现在他们"多数情况下受创只剩下残余力量"。他补充道，这次失败不仅仅是一场失败的战斗："它把主动权交给了俄国人，直至战争结束我们也未能将之夺回。"

之后，希特勒和他的将军们都没有想出别的宏伟战略。相反，取而代之的是他们用一种狂热的意志，对抗来自四面八方的攻击，保卫自己的"大陆要塞"。更为渺茫的希望是，如果战争继续下去，盟国之间明显的政治分歧将无情地导致他们的联盟解体，德国或许能够与一方或另一方合作。

战火烧至本土

西方盟国军队也更加逼近德国，1943年7月10日，英美军队登陆西西里岛。为阻止状况恶化，7月24日，意大利法西斯大议会解除了希特勒的亲密盟友贝尼托·墨索里尼的职务。9月初，国防军选择入侵意大利，并尽可能深入半岛，尽管这一战略所需的军队数量已经不足。意大利的士兵们不得不在轴心国的行列中继续战争，否则面临被扣押。在这60万左右顽固地拒绝战斗而被德国人奴役的意军当中，"不少于4万人"，更可能是有5万人最终丧生。

1943年7月，战场上的重大危机加在一起，标志着第三帝国走向瓦解的又一个阶段。在国内阵线，盟军的轰炸行动主导了普通民众对战争的直接体验。特别是从1943年起，最初几年里急剧增加的20多万吨空投最能说明这一点。与其领导人的含糊预言相反，尽管德国预先加强了空防，但空袭行动变得更加激烈和致命。例如，在"蛾摩拉行动"（Operation Gomorrah）中，对汉堡北海港口的袭击，从1943年7月24日开始一直持续到8月3日。这些炸弹制造的大火烧毁了整个城市，估计造成了3万到4万人死亡。

戈培尔写道，汉堡袭击发生后，一种恐慌席卷了这个国家，使其抵抗的意志瘫痪，而不是加强。从汉堡和其他这样的城市撤离的人把这个国家卷入了轰炸战斗，他们还散布谣言，放大恐慌和夸大死亡人数。例如，在南德，散布谣言者将死者数量增加了一倍，继而两倍；而在东部的西里西亚，截至当时基本上还没有受到轰炸战斗的影响，在汉堡死亡人数却被夸大到35万。一份官方报告称，在该市受伤而被疏散到边远的巴伐利亚州贝勒乌特（Bayreuth in Bavaria）的妇女，散播恐惧感，据报道，她们随身带着她们死去的孩子的头。然而，就在袭击发生后的汉堡，纳粹党官员、大工业家和党卫军非但没有在灾难的重压下崩溃，反而重新集结，进行重建，增加军备生产。

另一方面，在东欧，1943年中期"城堡行动"之后，国防军开始撤退。8月12日，希特勒下令修建一道"东墙"，以对应大西洋沿岸的西墙。在这里，战斗的重点将转移。他相信"东部的危险将继续存在"，该地区广大的地理面积使得我们能够在丧失大片占领区的情况下依然不对本土构成威胁。相比之下，在西方，任何突破都将很快侵蚀德国。

当希特勒的军队离开东部部分地区时，在他1943年2月14日的命令下，士兵们实施了"焦土"战术：焚烧、摧毁、杀戮或驱赶人们到西部。年轻的步兵威利·彼得·里斯（Willy Peter Reese）曾经是一个深思熟虑的人，现在他记下来在这场大旋涡中，他是如何"陷入精神真空。我最后的价值观崩溃了，善良、高贵、美丽都消失了，我的高昂情绪离开了我"。当他的部队向下一个城镇前进时，他能看到地平线上的烟云，"俄罗斯正在变成一个人口减少，烟雾、战火、残骸遍地的沙漠，前线后方的战争更让我感到不安，因为受影响的是非战斗人员。"

希特勒的军队似乎缺乏动力。1943年12月22日，他们的领导人采取措施，更大力度地向他们灌输纳粹意识形态。因此，他在国防军总部成立了国家社会主义领导小组。在那里，他雇用经验丰富的军官（NSFO），仿效他曾经鄙视并下令消灭的红军政委。在新年的1月7日，他说他们在师级的工作是建立国家领导层和军官团之间的完全一致，因为他希望整个国防军接受国家社会主义思想体系。当月晚些时候，他打电话给许多前线指挥官，要求在波森（Posen）进行为期两天的"教育课程"。1月27日，他在总部与他们交谈了两个小时，其目的是让他们达到国家社会主义意识形态标准，并使他们为一切可能发生的事情做好准备，甚至可能是同苏联订立某种协定。

斯大林格勒战役之后，希特勒避免在大众面前讲话。整个1944年，为了适应阴郁的日子和他日渐衰落的领袖力量，元首甚至一次也没有在公众面前露面——尽管他在纳粹党的一次集会上发表了讲话，通过无线广播做过两次讲话。相反，他把自己深埋在地下指挥部的军事事务中，现在他的目光再次转向西方。事实上，早在1941年12月14日，他就已经下令开创一条从法国到挪威的防线，以防从大西洋沿岸的进击。次年8月，他将这一范围扩大到大西洋墙——到1944年6月，最终沿海岸线的防线达2685公里。戈培尔不久前会见希特勒时，元首向他保证，无论进击何时发生，其都将失败。失败一旦发生，就会"加速"英国可能发生的危机，而这反过来又会在那里造成某种情节——比如德国在1918年革命中经历的情景。此外，这一事态的转变可能会使斯大林接受某种形式的和平。

希特勒让他最好的手下隆美尔负责保卫西部海岸线，他们选择了一个稳妥的战略，重点是大力加固那似乎无法穿透的大西洋墙。这项计划期望在海滨阻止敌人，消除那里的威胁。然后，如1915年在加利波利（Gallipoli）的西方盟国所经历的一样。然而，1944年6月6日，西方军队的进攻点出人意料，大西洋墙终究没有阻挡盟军多长时间。盟军建成一个滩头阵地，一个月之内，远征军最高指挥官德怀特·艾森豪威尔将军（Dwight Eisenhower）就拥有100万士兵可调遣，其中包括13个美国师和11个英国师，以及1个加拿大师，盟军很快就突破德军的海岸防御进入内陆地区。

德国领导人未能预料到敌人会如此迅速地突破"隆美尔带"（Rommel belt），因此没有备选计划，也没有足够的海岸外储备。更糟糕的是，他们的战略估算没有考虑到，到1944年中期，盟军空军掌握了制空权——正如富兰克林·罗斯福总统早在1943年向国会发表的讲话中所指出的，"欧洲堡垒"没有屋顶。然而，一旦盟军在诺曼底站稳脚跟，希特勒就绝不仅仅是投降的问题了。他于6月17日访问了在法国被贬抑的隆美尔，欲重新激励他，并轻松地做到了这一点。然后他们制定了另一项防御战略，拖住盟军数周甚至数月。

德军，如希特勒一样，一直防备着盟军登陆。希特勒现在想象着一场迅速"消灭战"的场景，一场新的敦刻尔克战役，就像1940年一样，在那之后，国防军的全部武装力量将部署在东部的一个新的巴巴罗萨，重复

1941年的成功。如果他的计划成功了，他们将把一场不可能的双线战争变成两场战争，每一场战争只有一条战线。至少，通过把西方盟国钉在海滩上而击败他们，可能会为与斯大林单独和平谈判的提供机会。与这一思路一脉相承的是，早在1944年3月8日，希特勒就下令沿东线建立一列"堡垒阵地"（Feste Plätze），从列宁格勒附近的塔林（Reval）向南一直延伸到黑海敖德萨（Odessa）以西。他的指示指出，每一支军队都"允许自己被包围，从而压制尽可能多的敌军"，就像城堡和堡垒在遥远的过去所做到的那样。

就在盟军登陆诺曼底的同时，红军动员了一场名为"巴格拉季昂行动"（Operation Bargration）的夏季攻势。即使是初始阶段的白俄罗斯，也至少有120万红军（不包括游击队员），巴格拉季昂行动的人数也以3∶1的比例超过了德国国防军，更严重的是，坦克兵力比例为23∶1。该行动最终于6月22日启动，恰逢德国进攻苏联三周年。因此，苏联军队从国防军那里吸取了教训，并为了扩大其在数量上的优势，把重点放在了敌人防线的狭窄部分上。此外，由于德国空军的大部分剩余力量都被西方国家所牵制，苏联空军控制了东部的上空。

在那次夏季攻势中，苏联的进攻一直持续到8月，在此期间，红军和德国国防军的角色与三年前发生了逆转。斯大林的军队现在进行了一场移动战争，就像德国人在1941年所做的那样，而希特勒的军队在1944年不得不仿效当时红军的简单防御态势。1944年8月，一些苏联将军和今天的几位军事专家认为，红军本可以直驱柏林，从而提早结束战争。而它停在华沙前的维斯图拉河（Vistula River），在那里等了几个月，而德国军队随后在华沙暴动失败中无情地摧毁了波兰抵抗军，这是战争晚期许多悲惨和有争议的事件中的又一起。

历史学家仍在争论"巴格拉季昂行动"中的伤亡数字，但算上它的四条战线和红军250万战斗人员，苏联遭受了惊人的180 040人死亡和失踪，另有590 848人受伤。尽管国防军集团中心的伤亡人数较少，但它无法替补

399 102人的损失（26 397人死亡，262 929人失踪），109 776的伤员。

在这场大屠杀中，1944年7月，一群德国军官企图暗杀希特勒而结束战争。这些尝试中的高潮是7月20日，克劳斯·申克·格拉夫·冯·施陶芬伯格（Claus Schenk Graf von Stauffenberg）在东普鲁士的元首总部——狼穴安放了炸弹。元首在爆炸中幸免于难，为了证明这一点，他通过全国广播电台上报道，这是1944年截至那时的第一次，报道说：一个野心勃勃、肆无忌惮、罪恶的官员组成的"小集团"试图杀害他和他的工作人员。他几乎是条件反射般地把这一阴谋与1918年底战争结束时在德国发生的情况做了比较。一些共谋者在意识到希特勒没有死之后自杀了，因为他们知道，只要希特勒活着，军事精英们永远不会背叛他们对他的忠诚誓言。盖世太保追查到其他人，并将他们送交人民法院进行羞辱性的公示审判。

对德国舆论的研究普遍认为，刺杀希特勒的企图不受全国60%～70%的人欢迎，其中包括主要教堂的成员。甚至美国当时对德国战俘的调查也得出类似结果。当然，一些前共产主义和社会民主活动家对政变失败表示失望。但另一方面，也有市民说希特勒从来不够激进，没有触及"反动"的贵族和军官集团，本应该做更多的工作来创建一个真正的"人民团体"。

即使第三帝国处于明显的困境，它仍然是危险的。早在1944年6月13日拂晓前，它的飞行炸弹第一次瞄准了伦敦。戈培尔说服希特勒称它们为V-1（意为"报复"）火箭，从而暗示他们只是一系列复仇导弹中的第一批。更大的V-2，虽然开发得更早，于1944年9月8日在伦敦首次爆炸。然而，在虚张声势的背后，戈培尔认识到德国局势的严重性。

第十章 | 衰落和溃败

不断变化的独裁政权

在暗杀发生后的几天内,希特勒决定通过赋予四位领导人"更多的实权"来重振他的独裁政权,他们每一位都主张采取更激进的战争路线。首先是宣传部长和大众启蒙运动部长戈培尔,戈培尔于1944年7月23日访问了希特勒的总部,不由自主地注意到元首已经"老了"。尽管他没有获得他所希望的全面干涉社会的权力,但这位部长还是很满意于获得了希特勒的一项法令。两天后,他成为全面战争的帝国全权代表,希特勒不情愿地很快同意戈培尔的愿望,关闭所有的剧院、管弦乐队、歌舞厅和其他文化机构。然而元首不愿意听到要停止出售糖果和啤酒,据说是因为士兵们在前往前线的路上需要糖果,而如果国家切断他们的啤酒,巴伐利亚人会感到愤怒。

这前四大领导人中,位居其次的是海因里希·希姆莱,任德国议会党卫军和德国警察局长以及内政部长。自斯大林格勒战役以来,秘密警察(盖世太保)也在希姆莱的指挥下,一直在更积极地追查"长期抱怨者",收听被禁止的外国电台广播的人,以及那些涉嫌"颠覆军事士气"的人。这些警察官员,其中许多人是从东部凶残的部门调回来的,他们已不像以前那样倾向于对这些疑犯做无罪推定了。从1944年中期开始,盖世太保在科隆或杜塞尔多夫等被炸毁的城市,对那些被视为"激进政敌"的人使用残暴的审讯手段,不顾一切地试图避免类似1918年11月的骚乱。

最高领导层中的另一位是希特勒的副手,阴郁的马丁·鲍曼(Martin Bormann)。他根据需要将自己的理想激进主义注入纳粹党机构,从而加剧了全国各地对激进分子的抵制。希特勒把地区纳粹党头目视为他最忠实的追随者,并越来越多地指派他们在自己的地盘上领导斗争。在鲍曼的领导下,他们从1944年9月1日起成立帝国国防委员会(RVK),不久即负责动员人民冲锋队。

这支根据9月25日的法律新成立的平民部队称,16岁至60岁能够携带武器的男性，可以被征召到新的人民冲锋队中服役。这是一支父亲军，最终也包括了刚满16岁的男孩，尽管大多数男性都在55岁至60岁之间。这一新的阵形体现了希特勒心目中全民武装的理念。根据他9月颁布的法律，该政权于10月18日宣布了这一消息，这一天正值1813年莱比锡国际战争（Battle of the Nations at Leipzig）纪念日——当年包括普鲁士在内的几个国家联合起来击败了拿破仑。然而，尽管宣传鼓吹发动人民冲锋队（Volkssturm），但它的存在成为走向绝望的另一迹象。尽管有数十万男子和男童被征，但其装备简陋，是一个不堪一击的军事队伍。毫无疑问，在战争的最后阶段，对这些人的动员使控制他们变得更加容易。不只这样，因为许多人迎来了拿起武器对抗侵略者的机会，满怀热情地参与进来。一些队伍参与了看守集中营囚犯和外国工人，以及在爆炸袭击和其他导致他们"使用武器"的任务中保障安全。

阿尔伯特·斯佩尔是四大权力拥有者中的最后一个，通常被称为维持战争机器运转的人。从19世纪30年代中期起，他任希特勒的建筑师。1942年2月，弗里茨·托德（Fritz Todt）意外死亡后，他成为帝国的军备和战争生产部长。在9月20日至22日与希特勒和希姆莱会晤时，他们达成了一项决议，之前斯佩尔和其他人主张将集中营囚犯转移到工业区，而希姆莱此前希望将更多工厂迁往集中营。

斯佩尔赢得了这场辩论，不久，德国各地的军械工厂和其他企业开始在现有工业设施的基础上准备集中营的"分营"，那里的工程师和专家可以利用廉价的劳动力资源。这项安排是让党卫军提供基本的衣服、食物和哨兵任务，而公司则负责监督囚犯的工作，并支付他们每天的"工资"——给党卫军的少量津贴。此外，党卫军也有自己的事情，最有名的是采石场，如在弗洛森堡（Flossenbürg）和毛瑟森（Mauthausen）。这一体系是广泛和大众的，例如汉堡附近的新加姆（Neuengamme）营地，在1944年12月顶峰时，控制着分布在86个分营地的46 984人，其中24个是妇女营地。在那一时期，主要营地的人口约计11 000人。尽管盟军轰炸不断增加,斯佩尔仍缔造了种种"军备奇迹"——至少根据他自己的宣传。然而,亚当·图泽(Adam Tooz)在最近的一次重要评论中指出,虽然1942年至1944年期间所有形式的武器生产都有所增加,但这种激增可能并不是一个奇迹,因为这是斯佩尔被任命前经济中释放的力量所致。尽管如此,到1945年初,盟军的轰炸粉碎了这一"奇迹",因为袭击者可以随意行动,摧毁德国剩下的交通和工业系统。

在国家层面,即使将决策权下放给四大集团——斯佩尔、希姆莱、鲍曼和戈培尔,希特勒仍保留着置于他们所有人之上的最终权力,包括军事统领权。他坚持他的计划,要在西部重拳出击。1944年12月16日,他在阿登山脉(Ardennes)发动了一场出人意料的反攻。如果说它早期成功的消息短暂地在国内战线上激起了希望的话,那么地面上的盟军,很快就在压倒性的空中优势的支持下,继续"膨胀之战"(Battle of the Bulge)。甚至在圣诞节之前,德国的进攻就开始动摇。不到一周,进攻就停滞或失败了,而这一短暂的冒险承受了惊人的高昂成本。虽然西方盟国伤亡惨重,而国防军的数字仅略低,但最大的不同是德国无法派出替补兵力。这一失败表明,将西方盟国赶出欧洲大陆是不可能的,因此,一支日益衰弱的国防军将不得不在西方和东方同时进行防御战斗。

为提升士气,希特勒在全国广播中发表了备受期待的新年讲话,这是他在1944年全年第二次利用无线电武器。他发誓绝不投降,绝不重蹈1918年11月被神话化的"背叛"的覆辙。他在1945年1月1日向德国国防军发表的公告中说,军人们知道他们是在"为生存或死亡而斗争!因为我们面对的犹太国际阴谋的目的是消灭我们"。

希特勒的空军副官尼古拉斯·冯·贝洛(Nicolaus von Below)回忆说,1945年1月1日,德国空军司令戈林把他剩下的1000架飞机集合起来,对西部边境的各种目标发动了一次大规模进攻,试图用自己的奇迹来开启一个"成功的"新年。然而,飞机遭遇了顽强的抵抗,更糟糕的是,在返回的途中,德国阵地的"友军炮火"击落了许多不可替代的机器,这是由于他们任务的"绝密"性质造成友军的误判。就在一个月后，德国空军绝望地创造了自己的"神风"（kamikaze）飞机——撞击式战斗机（Ramming Fighters），它可以攻击敌人的发电站或关键桥梁，以阻止入侵部队，飞行员则可在最后时刻跳伞逃出。在4月7日，当第一次使用时，大量载有美国轰炸机的盟军战斗护卫舰击落了180架投入战斗的德国飞机中的大部分。不甘心的戈培尔博士坚持认为，在对这些撞击式战斗机进行了首次试验后，"试验还不能被认为是失败的"。值得注意的是，这项计划的志愿者（据报道有2000人）比机器还多，而且无论如何，第三帝国像这样的计划已经没有时间实施了。

普通德国市民最担心即将到来的红军。1945年1月12日，在另一次大规模行动中，苏军动用了225万人组成的9个军团，开始了针对整个战线的维斯图拉-奥德（Vistula–Oder）进攻。虽然他们绕过了希特勒的"要塞阵地"，但这些阵地仍然中断了他们的通信，减缓了苏军的推进速度。然后，在2月15日，苏联军队暂停了一段时间，部分原因是德国不顾一切地反攻和如此长时间的长途战斗的压力。红军曾横跨波兰和东普鲁士作战近300英里，现在停在离柏林不到50英里的奥德河边。

一些苏联将领在回忆录中说，当他们返回莫斯科进行磋商时，斯大林告诉他们，德国尝试与美国和英国寻求单独的和平。因此，苏联夺取柏林的目标不可以失败，否则西方列强将估算其价值并夺取这一终极战利品。诚然，在意大利曾有过一些与西方盟国的地区性谈判，但他们绝不会同意与德国单独达成协议，尽管斯大林担心最糟的情况发生，尤其是在攻占柏林方面。至于最高统帅德怀特·艾森豪威尔，他估计他们不能阻止红军到柏林去，那是愚蠢的尝试，而这一努力可能会使他们有10万人丧生。直到3月初，在雷马根大桥（Remagen Bridge）的一场激烈战斗之后，盟军的兵力才最终越过莱茵河。到4月1日，他们突破了西格弗里德防线（Siegfried line），包围了莱茵-鲁尔（Rhine-Ruhr），俘虏了3200名士兵。接下来，艾森豪威尔和他的战略规划者设想了两个推进方式，一个是向北孤立德国在挪威和丹麦的军队,另一个是向南进入柏林,切断德国国防军可能的最后防线。

按照既定程序,艾森豪威尔将军于3月28日向斯大林发送了一份这一战略的副本,这一步骤需要系统化沟通,并确定双方怎样能够了解对方在做什么。这一信息通过美国驻莫斯科军事特派团传递,不过在3月31日到斯大林手中时,他召回进行磋商的红军领导人已经抵达。他们从苏联情报部门获悉,号称"蒙哥马利领导下的美英司令部"正准备攻占柏林,以便与他们抢夺胜利的果实。这样的阴谋没有发生,尽管斯大林用它来勒令朱可夫(Marshals Zhukov)、科涅夫(Konev)和罗科索夫斯基(Rokossovsky)元帅,让他们不惜任何代价开动军队先到达那里。

3月31日,埃弗里尔·哈里曼(Averill Harriman)大使和英国克拉克·克尔(Clark Kerr)大使在莫斯科向克里姆林宫介绍了艾森豪威尔的计划。他们告诉斯大林,艾克(Ike)说柏林"不再是一个特别重要的目标",苏联领导人也认为德国首都"失去了以前的战略重要性"。也许斯大林认为美国和英国只是在散布不实信息,尽管他当时说红军只会向柏林派遣"中级部队"时撒了谎。事实上,苏联将发动一场庞大的行动。双方间的猜疑证实了希特勒长期以来对两方政治分歧的预判,尽管东西方分歧只在他和他的政权不复存在之后才浮现出来。

祖国一片混乱

阿尔伯特·斯佩尔在德国西部做了一次短暂的访问,1945年3月14日,他直截了当地告诉戈培尔:"从经济角度讲,战争已经失败了。"他说,经济最多还能维持四个星期,之后就会解体。为了应对这一严峻形势,希特勒于3月19日发布了一项"尼禄命令"(Nero Order),摧毁一切对敌人有用的东西,包括所有"军事、交通、通信、工业和供应设施,以及帝国领土内的物质资源"。斯佩尔不愿遵守这个命令，他与希特勒的分歧导致他们的亲密关系破裂。尽管如此，到当月底，斯佩尔修补了一些东西，并设计了另一个计划来重组德国剩余的武器装备。

1945年1月至4月，在戈培尔记录的与希特勒的对话中，元首继续摇摆不定，不确定是否尝试与东方或西方展开对话会更好。他不可避免地得出结论，正如他自1941年底以来所做的那样，要使政治解决方案成为可能，他自己的军队必须在某个地方取得有限的军事胜利。戈培尔对这种犹豫不决稍感担忧，而英美盟军则在几乎没有遭遇反抗的情况下向首都挺进。正当他继续试图让希特勒有兴趣试探和平时，元首坚持认为敌人联盟必须解体。这位宣传部长连日来试图说服这名男子至少在电台讲话，以鼓舞低落的军民士气。然而，即使是最好的宣传也有局限性。其无法在当炸弹每晚都在降落，敌机几乎找不到对手时，还说服人们他们正在赢得战争。希特勒也许认识到了这一局限性，因此对戈培尔认为"不可理解的"麦克风产生了反感。

由于德国境内有770万至790万外国工人（截至1945年），德国的人文面貌也发生了变化。显然，一方面，从波兰和苏联西部引进这些被官方视为"劣等种族"的男人和女人，与建立一个基于种族的"人民社区"的方案相矛盾；另一方面，这些在工厂、农场或家庭中从事苦力工作的外来者的存在和被污名化，每天都在提醒"优等民族"其自身的特权地位。但无论如何，劳动工人是急需的。

随着解放大军的日益逼近，其中一些外国工人敢于对雇主表现出轻微的"不尊重"。自称纳粹主义意识形态领袖的阿尔弗雷德·罗森博格（Alfred Rosenberg）于1944年7月撤至柏林郊外的一处避难所，他感到忧虑，来自东方的女性"十分坦然地四处走动，有些面色忧郁，有些开怀大笑"。"想想，"他在日记中写道，"如果东线崩溃，这些人可能会野蛮地对待我们。"这种担忧普遍蔓延，并在11月1日达到顶峰，当时柏林盖世太保总部授权其地区中心进行"特别处理"（处决）。很快，数百名外国工人因为最轻微的罪行被枪杀或处以绞刑,比如,当他们被发现手里拿着附近一列火车残骸上的一块脏面包时,便被定"抢劫"罪。战争结束时,各种动机驱使当地盖世太保进行狂热活动,尽管他们主要针对外国工人宣泄怨恨。几天后,盟军发现,在新的乱葬岗中留下了(据不同估计)1万到3万名受害者。

警察把外国工人——至少是那些不在农场工作的工人——"隔离"在工厂场地的不同营地里,进行不同程度的压制。这些被带刺的铁丝网和卫兵环绕的地方,与战争结束时也出现在德国的每一个角落的成千上万个集中营的外观并无二致。我们需要将后者与纳粹党卫军在1943年和1944年解散的死亡集中营区分开来,死亡集中营在贝尔泽克(Bełżec)、索比堡(Sobibór)和特莱布林卡(Treblinka)的莱因哈德行动(Operation Reinhard)中,纳粹党卫军犯下战争中最大的屠杀案之后解散。这些死亡工厂杀害了170万犹太人,直到党卫军在1943年10月将它们关闭。直到1945年1月,他们才从奥斯维辛-比克瑙撤离——一个后期最大的屠杀场,大约100万人死在那里。

除了波兰的秘密死亡集中营外,集中营网络和数以百计的分营——其中大部分关押非犹太囚犯,在战争后期像癌症一样在德国蔓延。而1934年10月,集中营几乎全部消失。1936年,希姆莱和希特勒同意保留其中一些,并给他们新的任务。然而,正是在战争中,这一体系才真正得到扩展。尽管看守每个月都要使数千人工作至死,但集中营的总人数急剧增加,到1942年9月,集中营的人数达到了六位数。1945年1月15日的最后一次人口普查统计出714 211名囚犯现在面临着撤离,这一过程后来转变为死亡迁徙,党卫军命令将虚弱的男人和女人转移到未知的目的地。

虽然有些历史学家认为,纳粹党卫军打算杀死所有这些迁徙的犹太人(他们约占所涉人员的三分之一到二分之一)。较为合理的解释是,在战事不利的情况下,党卫军和希姆莱想保留最多的可用的劳动力储备,以备继续战斗。事实上,在1944年的头几个月,希特勒同意犹太人再次进入德国，并在4月，授权斯佩尔在各种项目中使用10万名匈牙利犹太人。更多的人从东部其他地方来到这里，1944年夏末，其中约4万人最终落脚于慕尼黑郊外的分营地，还有一些人后来到其他地方工作，包括远至汉堡北部。这些举动强烈表明，撤离奥斯维辛集中营等地背后的动机是剥削囚犯的劳动，尽管实际上警卫们不断地使犹太人累死。

受到逼近的敌人直接威胁的地区，希特勒下令将其全境人口迁出，在此情形下，难民营也被迫撤离。戈培尔在日记中承认，在一些西部地区，平民拒绝行动，因为没有人听，所以他的领导人的命令是"学术演习"。尽管如此，他在1945年3月26日补充道："元首是对的，因为我们落入敌人手中的任何人力、物力或经济潜力都将在很短的时间内转变成针对我们的。"与此同时，在斯佩尔与希特勒的谈话中提到的另一个担忧是，当敌军逼近时，释放的或越狱的囚犯可能会引起骚乱。希特勒直言不讳地说，如果供给失败，他们应该"清除营地"；如果没有交通工具，则应该"杀死囚犯并埋葬他们"。

当地研究显示，城市官员和高层实业家有他们自己的动机。例如在汉堡，他们主动开始与党卫军谈判，清理城市和工厂的集中营囚犯，以便在盟军部队到达时向他们呈现更干净的形象。不管驱逐囚犯命令的根源是什么，悲剧是，大约7万人在这一痛苦的过程中丧生。这些不幸的人经常分布在有人居住的地区，因此他们的不幸和可怕的死亡也是第三帝国末日的公共象征。

走向崩溃的"人民共同体"

自1944年以来，祖国早已不再是古老的田园牧歌。1945年2月13日至14日对德累斯顿的轰炸成为所丧失一切的象征，许多人认为这座城市相对安全，因为它本来不是军事目标。估算的死亡人数高达25 000人，这是在盟国之间引起一些讨论的少数事件之一，特别是自从2月18日美国媒体报道了"蓄意恐怖轰炸"以伤害德国士气以来。戈培尔大做文章，将德累斯顿的死亡人数乘以10倍，高达25万人，这一数字随后也在盟军媒体流传开来。最终，温斯顿·丘吉尔提出了温和的抗议，称之为"纯粹的恐怖行为和肆意破坏"。尽管英国首相的保留意见在几年后曝光，历史学家理查德·奥维（Richard Overy）表示，英国对城市的轰炸仍以"明显具有惩罚性质和规模过大"的方式存在。

在这场混乱中，希特勒建立人民共同社团的计划——即所宣扬的"人民共同体"——还留下什么？他在战时的演讲中经常提到这个话题。在1944年1月30日他就任财政大臣周年的演讲中，当谈及那些使他能够抵御来自各方的敌人袭击的成就时，他再次提到这个话题。他自豪地指出他和德国人民共同完成的工作，并赞扬德国革命的包容性（或排他性）方面，以及"在规模巨大的国内清洗和建设方面做出的努力"。他声称，在政权建立之初，这项社会工作是必要的，因为德国"当时自身病得很重，由于犹太人感染的蔓延而变得如此虚弱，以至于在德国国内都很难想象克服布尔什维克的危险，更不用说在国外了"。

随后希特勒把通过"温和而顽强地将以前的阶级状态转变为一个新的社会主义有机体""建立德国人民党"——这一日耳曼社区，视为他的最高成就。他断言，这一步骤"使（新的）德意志帝国能够对布尔什维克的所有感染企图免疫。国家社会革命的一个决定性成就是，在今天的这个国度里，每一个年轻的德国人，不论他的出身、财富、父母的地位、所谓的教育等，都可以凭借自己的优点，成就自己想要的"。

他在1945年1月30日的最后一次无线广播中简短地回到了这个话题上，尽管在此前一年，前线的局势明显恶化，但他坚持要寻找某种意义，从他第一次世界大战归来的遥远日子所发生的一切当中寻找。他宣布自由社会秩序和个人主义时代已经衰退，并于1918年结束。他说，人民团体正在取代残余的"资产阶级国家"。更重要的是，正如他现在所回顾的，当他在1933年上台时，一场与"犹太-亚洲布尔什维克主义"的激烈斗争已经在激烈进行，就像一场抗疾病的斗争，如果不是国家社会主义进行了一场"巨大的经济、社会，以及文化重建"，德国早已断送于它。在他试图鼓舞士气并为自己的失败辩解时，他的演讲表明，尽管在当前战争中降临到这个国家的不幸很可怕，但如果财阀布尔什维克（plutocratic-Bolshevik）阴谋得逞，苦难和混乱将无限恶化。

尽管许多早期的历史学家普遍强调，恐怖对保持国内战线不屈服于盟军攻击至关重要。但最近，与此相反，尼古拉斯·斯塔加德特却坚持认为，恐怖从来不是人们坚持下去的唯一的、更不是最重要的原因，因为对大多数人来说，战争仍然是合法的，也许不仅仅是纳粹主义本身。当然，这些平民和士兵在保卫国家的过程中，也确实帮助维持和检验了希特勒的国家社会主义专政，并使其继续发挥作用。

一位受过良好教育的国防军军官，奥古斯特·托佩尔维恩博士，一名非纳粹分子，其日记在不久前被发现，日记阐释了坚持战斗的意愿，因为在1944年底，他对自己十几岁的儿子被征召入伍表示乐于接受，他还希望他的妻子以某种方式服役。"从来没有过这样的圣诞节，"他在12月22日写道，"防守上，全民武装，男人和女人，年轻的男孩和女孩！到处都是前线，外面还有家里！毋庸同情！"6天后，他指出，一场军事灾难即将来临，德国必将遭受可怕的惩罚。然而，尽管如此，他并没有责怪元首，因为"除了他没有人有勇气采取行动"与正从东方越来越逼近的布尔什维克主义对阵。

尽管许多历史学家坚持认为希特勒未能建立新社会，但盟军在战争期间秘密记录的一些德国战俘的情况似乎反映了不同的状态。英国一位被俘官员这样说："每个人都为共同事业而工作的原则——实业家的这一想法，实际上是德国劳工所代表的资本和其他资本的受托人，所有这些听起来都很容易，但以前没有人做到。"事实上，历史学家诺伯特·弗雷（Norbert Frei）曾表示，在1933年春天以及用于消除党派和工会的暴力之后，新政权开始认真而系统地努力争取"德国工人","不久这些努力就取得了相当大的成功"。最近，德国作家马克西姆·里奥（Maxim Leo）在与祖父母交谈，并阅读家庭日记和信件后，用一句话总结了他的家族史："希特勒让小人物大了，让大人物小了。"

社会趋于平等从来没有走那么远，第三帝国在其短暂的存在过程中几乎不可能抹掉以前所有的社会阶级、态度和风俗，更不可能建立一个乌托邦社会。尽管如此，从心理上看，似乎这个国家的许多人还是感觉到新的曙光即将来临，至少在胜利的岁月里是这样。的确，在战争期间，腐败和偏袒已成为惯例，特别是在被占领地区，尽管这种剥削所得的一些收获——如从犹太人那里偷来的货物，已流落到国内的普通人手中。我们应该注意到，新社会从来没有追求完全平等的目标，因为未来的田园牧歌将只面向健康的德国人，而体弱多病的众多的社会局外人将面临无情的淘汰。

任何关于家庭阵线如何应对战争后期大规模破坏和死亡的解释，都必须考虑到公民参与多种形式自我救助组织的意愿。虽然盟国希望打击民众的士气并使其与政权疏远，但轰炸促进了民众对自我保护组织和机构的参与，而政权本身认为这些组织和机构是将新社团团结在一起所必需的。事实上，德国学者迪特马尔·苏斯（Dietmar Süss）最近提出假设，防空洞可能有助于将"人民共同体"转变为一个真正的民间（vólkisch）社区，因为它们包括所有的"种族同志"——不分老幼，尽管他们显然拒绝任何犹太人加入——他们可能仍在德国，以黄星为耻辱标记。

我们也可以在那个时代的日记中，包括约瑟夫·戈培尔的长篇日记中，在一定程度上追踪这些发展。他写下了军队和人民士气的失落，特别是在1945年3月美国人开始跨越莱茵河之后。源源不断的报道谈及对战争的厌倦，考虑到持续不断的空袭，乃至现在几乎毫无抵抗，他对此深为理解。3月20日，当一名党务官员要求用新的论据来唤起人们对胜利的希望时，戈培尔至少在他的日记中承认，他没有令人满意的答案。几天后，另一位地区领导人向他解释说，人们"被敌人数月和数年的空袭折磨得筋疲力尽，他们宁愿结束这种恐怖，而不要身陷无休止的恐怖"。一些政党领导人不能（或不愿）听从希特勒一再的命令而撤离靠近西部战火地区，因为市民顽固地拒绝离开他们的家园。不管是党内成员还是其他人，他们相信在自己所在的地方而不是在已经受到红军威胁的东部，可以得到更好的待遇。因此，社区与独裁政权之间的团结纽带不可避免地出现裂痕。此外，当敌军士兵出现在一个城市、城镇或村庄前时，当地居民、知名市民和工场主——其中一些是忠诚的纳粹官员或市长，请求国防军撤退，以使他们的家园或企业免遭破坏。当党卫军、盖世太保或军方遇到这样的异议时，他们通常会毫不留情地加以镇压。

在地面上，各地情况千差万别。在一个地方，国防军在无望的胜率下奋力杀戮；在其他地方，有人扔掉武器，不战而降。在战争的最后5个月里，有154万名国防军死亡，也就是说，在最后一次绝望的战斗中，每天大约有11 846名国防军士兵（包括战俘）死亡。此外，在战争的最后17个月里，盟军释放了他们战时炸弹的四分之三，此时的死亡人数占据了总轰炸死亡人数的将近三分之二，最新估计在35万到38万人之间。这些死亡大约80%是德国平民，这意味着战俘、外国工人或集中营囚犯等其他人数也相当多。

当局动员了无处不在的纳粹党街区和牢房领导人，并敦促他们定期探访家庭，不仅是为了狭义上的监督，而且是为了帮助被炸毁的人，安慰寡妇、受伤的士兵等。随着前线局势的不断恶化，柏林下令在国内前线实施更彻底的恐怖行动。例如1945年2月15日，德国司法部设立了新的军事简易法庭，向任何可能危及士气的人施以严厉的惩罚，例如"掠夺"。3月9日，当局建立了新的"军事飞行法庭"，使得执行死刑的速度甚至更快。其中一次判处了50多人死刑。在美军抵达梅因州泽林根（Zellingen am Main）的前几天，将一名备受尊敬的当地男子吊死在家门口。在其他地方，受害者包括那些为了避免不必要的生命或财产损失而胆敢试图弃城的人。另一个失败的公共象征是因被指控玩忽职守而被处以绞刑的士兵或纳粹党魁。4月,希姆莱甚至命令国防军,任何人胆敢出示白旗或床单,即当场射杀其家中的所有男子,并烧毁他们的家。

我们可以在战争结束时重建这些日常的生死故事,特别是德国人对德国人的恐怖活动——主要是利用1945年后联邦德国和民主德国进行的许多审判所收集的证据。阿姆斯特丹国家社会主义犯罪研究基金会在其第63卷丛书《德国关于国家社会主义杀人罪的审判判决》中公布了无数此类案件。在我的书《支持希特勒:纳粹德国的同意和胁迫》中,我使用了其中一些材料来展示人们是如何经历越来越反复无常的恐怖的。如果说在和平的6年里,警察主要针对共产党的地下组织、社会局外人和犹太人,那么在最后的6个月里,没有人是完全安全的,无数的地方官员遭到了恶毒的打击。

平民对战争失败的反应多种多样。例如,在德国西部,1945年3月下旬,锡耶堡(Siegburg)的妇女在市政厅前示威,要求军队放下武器。随后,在一些小镇如奥切森福特(Ochsenfurt),以及第二个月在温德斯海姆(Windsheim)和热罗则芬(Gerolzhofen),也发生了类似的事件。在特洛辛(Trossingen),当地纳粹党魁走得更远,拒绝建立"人民共同体",或执行希特勒的尼禄命令,该做法意味着他们将不得不放弃自己的前程。相反,一方面,他们和其他人一起,与德国和法国军方谈判和平移交该镇;另一方面,在不远处的海德堡,妇女和女孩、男孩、老人及医院的病人甚至拿起武器对抗西方侵略者。

在民主德国,斗争更加令人绝望和严酷,最迫切的动机是尽一切可能阻止红军及其强奸、抢劫、掠夺等行为。在这里,军人、党卫军、纳粹党、人民冲锋队或地方行政人员自己组成法官、陪审团和执行官,他们不仅随意枪杀或绞死明显的敌人,如逃犯,也用同样的手段对付自己的人民,而且只因最轻微的理由。例如,1945年4月,在德累斯顿以东的一个村庄被波兰军队短暂占领时,一名德国人曾担任翻译。波兰人撤退后,人们返回，把他当作一个想当然的"叛徒"，然后，党卫军处决了他。与此同时，在柏林，平民们将另一名翻译宣布为"间谍"，并以同样方式对待他。

以下是最近公布的战后在德意志民主共和国（民主德国）进行审判的几个例子。在第一个审判中，我们看到1944年底和1945年初全国各地集中营囚犯和战俘迁徙的一些细节。其中几个在1945年4月的头几天通过了弗兰肯汉（Frankenhain）。一个战后法庭听到说，当任何一个不幸的人试图逃跑时，党卫军看守就向他们开枪，尽管有些人逃走了。一名当地男子，一名33岁的工人和自豪的南非人发现，其中5名（男性）穿着泄露（他们身份的）营地服装。他得到了另一个南非成员的帮助，一起把5个筋疲力尽的逃犯放在一辆马车上，把他们带到一条河边，一枪打死一个。这一地区的另一个例证是1945年2月，臭名昭著的党卫军奥托·斯科尔泽尼（Otto Skorzeny）领导的一个"飞行法庭"在奥德河畔的施威德（Schwedt）镇上聚集，至少10名国防军成员因拒绝战斗而被枪杀或绞死。"法庭"还在眨眼间决定处决克尼斯伯格（Neumark）市长，他显然是在没有允许离城的合法证件的情况下出现在了施韦德。斯科尔泽尼希望当地（年老的）警察执行这项任务，并提供一场"教育"，这意味着一场蓄意制造的可怕的公开绞刑。一名路过的士兵在日记中指出，除了市长外，他们还处决了一名负责克尼斯伯格机场的空军将领——被控没有保卫它。同样的命运降临在4名士兵身上，他们的尸体都要在原地吊上好几天。这些情景发生在民主德国，尽管随着文明纽带的瓦解，这种情况在全国各地都有发生。这些战后的司法案件揭示了似乎无限多样的谋杀和混乱，许多事件都出乎人们的想象，因为残余的宗教教义和社会风俗崩塌了。

最后一个来自东部的案例是自杀。这在党内的知名人士中很普遍，但在外省份，普通民众也不乏自杀的。于是，1945年5月初，在威斯玛（Wismar）正南的施韦林（Schwerin）的一个小村庄，一个有4个孩子和两位祖父母的家庭因不想落入即将到来的红军手中而决定自杀。男人们把他们的亲人带到附近一个湖边，不顾孩子们的反抗，溺死了他们，之后这些人却最终决定不自杀了。回到村子里，他们把失踪家庭成员的遭遇归咎于苏联军队。几年后警察才清算这些罪犯。

平民自杀率几乎不可能计算，尽管最触目惊心的集体自杀场景发生在东部，特别是在德明（Demmin）——今天的梅克伦堡-沃波默恩（Mecklenburg-Vorpommern）的一个小镇。那里有多达900人甚至更多的人，特别是妇女，在1945年4月30日一路劫掠的红军到来之前或之后不久自杀。事实上，苏德前线的其他几十个地方也记录了类似的大规模自杀事件，每起自杀都夺去数百人的生命。如同是在一种大规模的流行病中，处于一种"情感的狂热"中，成千上万的普通人自杀。有些人只是绝望或猜测斯大林的军队很快就会控制他们的城市或城镇；特别是妇女不能再面对强奸的灾难，而像玛格达·戈培尔（Magda Goebbels）这样与丈夫住在柏林地堡里的人说，她不想生活在一个没有希特勒和国家社会主义的世界。1949年的一本关于"数字柏林"的手册将首都柏林在战争后期的自杀人数定为7057人，一些历史学家认为这个数字太小了。苏联人一到，所有的平民都得自食其力，因为红军士兵出于报复和其他各种动机，对妇女犯下了难以言喻的暴行。想要了解更多的人，应该从那时最令人悲惨的一份文件开始——由柏林一位匿名人士写的：《柏林的一个女人》（*A Woman in Berlin*）。

战争的不可估量性

即使在看似不可逆转的战争浪潮中，希特勒也开始相信某种奇迹。比如他的一个主要敌人的死亡或敌人同盟的解体，就像普鲁士有名的国王弗里德里希大帝（1712—1786）时期，七年战争期间所发生的那样。1945

年4月12日，罗斯福总统突然去世，阿尔伯特·斯佩尔后来报道了希特勒的欢欣，病态的元首给他看了一张剪报："给你，读吧！"他接着说："你从不相信，但它就在这里。"他结结巴巴地说，"有我一直预言的奇迹出现了。谁是对的？战争没有失败。读吧！罗斯福死了！"戈培尔，甚至一些顽固的将军都相信，正如沙皇伊丽莎白（Tsarina Elisabeth）的去世拯救了腓特烈大帝（Friedrich the Great）一样，现在命运终究会拯救他们这一方。

地堡里一名稍微更可信的目击者对这件事的记忆似乎有所不同。空军副官尼古拉斯·冯·贝洛回忆说，当戈培尔对罗斯福死亡的消息喜出望外时，希特勒没有表现出很大的乐观，而是更加冷静，虽然他没有否认"他的死可能会对我们产生政治影响"。尽管如此，他们对老敌人命运的喜悦，并没有持续太久。然而，即使是他们转瞬即逝的希望，也表明希特勒不想失败，更不用说他是有意的，或者说是他"精心策划"要失败的。维也纳很快沦陷，就在鲁尔战事爆发不久，不到一周，红军就开始了对柏林的最后进攻，在那里，他们继续面临激烈的反抗。

当然，并不是每个人都认同希特勒和他的行动所奉的使命。尽管到了20世纪30年代末，绝大多数人怀着不同程度的热情接受了其中的一部分甚至大部分，而且他们一直这样直至战争年代。在同样的程度上，许多人都有为建立一个新的国家社会主义社会而奋斗的雄心壮志，为了建立一个基于种族的"人民共同体"，许多人准备好接受排斥不受欢迎或鄙视的社会局外人的做法。至少，他们赞同把犹太人"赶出去"，有些人冲进来收拾犹太人走后留下的战利品。克里斯托弗·布朗宁（Christopher Browning）可能是正确的，他认为当局表现出"对民众支持种族灭绝的程度感到不安"，尽管希特勒和戈培尔不止一次在公开场合说到他们想做什么，但没有说明具体细节。当然，大屠杀不仅仅是关于德国的行为，因为反犹太人十字军在欧洲各地发现了大量的热心合作者，特别是在东方，那里发生了大部分屠杀案。

在最后的几个月里，希特勒偶尔为"配不上"的国家大发雷霆，他用达尔文主义的社会术语谴责他们的命运活该。然而，从长远来看，我们需要回忆这位领导人一生对德国一切事物的英勇追求，或是瞥一眼20世纪30年代的节日里，在狂热的人群中，这位耀眼的元首的照片。这些照片传达了一种压倒性的印象——一种热爱的关系，在最后变得不堪。如果说希特勒不是德国国家主义者，未免太夸张，因为从他年轻的时候起，这位未来的领导人就满怀激情地相信泛日耳曼统一，而且他坚持这种信念一直到他的末日。

进入1945年4月和5月，德国境内相对较少的人将失败视为不可避免，因为在通往终点途中的每一个阶段，在军队、纳粹党、党卫军中，或是民间志愿者中，都有成千上万的人把事情拼凑在一起。他们的情绪（受刺激）无疑是黑暗的，尽管他们的态度是要继续下去的。他们不顾失败或仓促撤退，不管轰炸和破坏有多严重。一些平民和士兵是出于对报应的恐惧，担心红军发誓要报复，对盟军轰炸的仇恨，或是因为纳粹政权在战争的最后几个月里公然实行恐怖统治。一些人投降了，挥舞着白旗，还有一些军队扔掉了武器，这也是事实。这和匈牙利最后的情况没什么两样，整个党卫军装甲部队没有战斗就投降了。然而，如果低估了德国坚持自我牺牲精神的大量证据——无论是以事业的名义，为了国家、为了家乡，还是为了对当前敌人"做正确的事"，那都将是错误的。

4月16日，苏联开始了对柏林的最后进攻，在人数和武器上都远远落后的情况下，苏联派出了大约150万人的军队。统帅朱可夫元帅，在他的回忆录中都反复坚持需要尽快到达首都，以颠覆西方盟国可疑的阴谋——某些盟军部队抢劫红军的胜利。因此，苏联军队为了尽快占领柏林，再一次造成了不必要的大量伤亡，单从4月16日算起，根据苏俄的消息来源，造成红军伤亡352 475人，其中有78 291人丧生。

阿道夫·希特勒，现在过早衰老，身体虚弱，只能躲在柏林地堡里，向他最后的军事会议保证，如果他们能坚持住，英国人和美国人可能会看到，只有在德国的帮助下，他们才能抵御苏联的威胁。4月25日，希特勒在与戈培尔的谈话中坚称，或者，如果斯大林看到西方国家对柏林激烈防御的反应，他可能会意识到他不会得到他想要的欧洲，因此可能会试图与德国人达成协议。这两个人还相信某一方会真的同意对话吗？海因里希·希姆莱自1945年2月以来一直试图与西方盟国展开谈判，直到他最终提出保证投降。4月29日，当希特勒听说英国广播公司广播了希姆莱这些尝试的消息时，他立即将曾经的"忠诚的海因里希"逐出政党和所有国家机关。此前几天，当听到戈林在贝赫特斯加登（Berchtesgaden）的一个遥远的山中栖所，企图抢夺德国领导人宝座时，他对戈林做了同样的事情。

事实上，许多纳粹高层企图逃跑，有的被抓获，如希姆莱和戈林，被抓后自杀。其他高级官员预料或效仿希特勒的自杀，41个政党地方长官中有8个，47个党卫军和警察高级领导人中有7个，以及军队中大约十分之一的将军都这样做了。

4月份，当美国第一军的士兵在托尔高（Torgau）附近的易北河岸边与红军乌克兰第一军的成员会面时，纳粹高层对他们事业的信念烟消云散。军队非但没有像希特勒和其他人所希望的那样双方战斗起来，反而像有着共同事业的同志们一样庆祝。4天后，为了在最后一次绝望的斗争中找到意义，他递了一个口信给鲍曼："由于我们士兵的牺牲和我本人与他们之间至死不渝的亲密关系，这颗种子有朝一日会以这种或那种方式在德国历史上发芽，并带来国家社会主义运动的光荣复兴，从而实现真正的民族共同体。"这样的话对当时的大多数德国士兵来说意义不大，对4月30日接近希特勒柏林总部的红军来说更是毫无意义。那一天，在15点20分到15点25分之间，他和新妻子伊娃·布劳恩（Eva Braun）回到他的办公室，自杀了。24小时后，戈培尔和他的妻子玛格达（Magda）毒死了他们的6个孩子，然后自杀。

希特勒在1945年4月29日凌晨4时写下的简短的《政治遗嘱》（以下

简称《遗嘱》）中，两次重申，他没想在1939年与英法开战，也没想在1941年与美国开战。他在1939年波兰冲突爆发后3天就提出了一项协议，他声称这项协议失败是因为"英国政界的领导阶层"，部分原因也是因为"国际犹太人组织的宣传"。《遗嘱》再次陈述了他臭名昭著的"预言"：如果"犹太人"发动另一场世界大战，将会发生什么。他说，与1914年至1918年战后不同，这次"真正的罪犯"将不得不"为这一罪行赎罪"。《遗嘱》的最后两行写道："我首先责成国家领导人和他们手下的人严格遵守种族法，无情地反对犹太人。"

即便在希特勒死后，与德国和解也变成一件复杂的事情。东西方的利益冲突和野心为欧洲的大结局增添了色彩，并导致了两次签约仪式。在第一次仪式上，武装部队高级司令部作战参谋长乔迪（Jodi）上校于5月7日凌晨2点41分在法国兰斯（Reims）与四个盟国的代表签署了军事投降书。停火将于次日23点01分生效。5月8日，当未经授权的新闻泄密披露这一消息时，美国、英国和法国的领导人选择宣布胜利，因此，全球各地的民众都疯狂庆祝，而苏联没有这样。

斯大林为有次要成员参与这一仪式感到愤怒，他还声称，该文件只是"投降的初步协议"。事实上，苏联代表是伊万·阿列克谢耶维奇·苏斯洛帕罗夫（Ivan Alexeyevich Susloparov）将军，他只是盟军远征军最高司令部的红军联络官，而美国将军沃尔特·贝德尔·史密斯（Walter Bedell Smith）代表艾森豪威尔将军与法国证人弗朗索瓦·塞维兹（Frangois Sevez）少将签署了协议。

这位苏联领导人要求在德国首都柏林举行一个更正式的仪式，战败国家的最高军事人物和自己的指挥官出席仪式。这将是历史上一个不可磨灭的标记事件，展示苏联作为德国战败的主导力量的合法地位。因此，5月8日，艾森豪威尔的副手亚瑟·泰德（Arthur Tedder）爵士率领的3名西方盟国代表会晤，会晤地点在卡尔肖斯特（Karlshorst）——朱可夫元帅位于柏林的总部。很快，3位德国武装部队领导人也加入了他们的行列,他们由国防军最高司令部司令凯特尔元帅率领,他从遥远的弗莱恩斯堡(Flensburg)飞来北方,那里是德尼茨(Dönitz)上将领导下的德国政府的所在地。那个纸面政权一直似有似无,直到5月23日不光彩地向盟军投降。

西方不确定该如何报道柏林发生的这些重要事件。尽管如此,《纽约时报》以及朱可夫和其他在场人员〔如美国将军约翰·R. 迪恩(John R. Deane)〕的报道一致认为,在苏俄对文本的谨慎造成一些延误之后,5月9日午夜过后不久,3名德国军官进入大厅,这一程序终于开始。

证人和参与者相继"签约",从凯特尔的第一个签名开始(从0点15分到0点28分)。这份文件有9份,俄文、英文和德文各3份。除了凯特尔,其他德国签署者有空军的斯顿普夫(Stumpff)上校和海军的冯·弗里德堡(von Friedeburg)上将,他们代表德国国防军最高司令部签署了协议。朱可夫元帅代表红军最高统帅与空军元帅特德(Tedder)代表盟军远征军最高统帅签署协议。最后,美国的卡尔·安德鲁·斯帕茨(Carl Andrew Spaatz)将军和法国的拉特尔·德·塔西尼(Lattre de Tassigny)将军作为证人加上了他们的签名。

这位法国将军对整个议程做了精细的记录。当他们结束时,他清楚地注意到,"凯特尔站起来,用指挥棒敬礼"——不为胜利者认可的一种礼节——然后带着他的随从离开了。那是5月9日0点45分。朱可夫元帅的说法是,仪式在0点43分结束。无论斯大林的意图如何,5月9日成为俄罗斯每年庆祝的"胜利日",直到今天。

一些历史学家坚持认为第三帝国是"自毁"的。著名的德国军事专家伯恩特·韦格纳(Bernt Wegner)甚至认为希特勒"策划"了这场1942年起他就知道的正降临的失败——如果不是更早的话。这一争论将继续下去,尽管这里值得注意的是,在苏联和美国庆祝胜利之后,1945年4月下旬在托尔高会晤时,仍有数千名德国人在挣扎。事实上,就在沿路,国防军、党卫军、纳粹党、地方政府的成员,以及自愿行动的平民,仍在杀害逃犯、外国工人，以及国防军的逃兵，以便继续战斗或阻止任何溃败的迹象。战争的结束，与其说是德国自毁的结果，不如说是世界上得以留存的大国们的决心和共同努力的结果。他们为了终结第三帝国并摧毁其形成思想，毅然决然地与之战斗，付出了鲜血及经济上的沉重代价。

译者致谢

《牛津第三帝国史》的英文原版是研究第三帝国的经典著作。其语言之考究,史料之详实,逻辑之严密,令人爱不释手。能有机会翻译这样的作品,实属幸事。

于我而言,《牛津第三帝国史》是一本有温度的书,正如这次翻译机会,也是带着温度而来的。2019年,时任我校科研处长的郑承军教授,为提高我校教师的科研水平,以其丰富的经验和精准的眼光,经过考量和挑选,为我们争取到这套国外经典作品"牛津欧洲史"的翻译机会。对于这份温暖,我一直心怀感恩。

欣然领命后,我开始筹备翻译这本书,工程过半的时候,意想不到的新冠疫情打乱了我原本的翻译计划。2020年春节,形势骤然变得非常严峻,我被迫从山东火速回京,开始另一项紧急的工作。我们团队满怀爱国热情,快速投入工作,没承想中途我突然病倒,一病就是三个月。就这样,在疫情笼罩之下,我度过了有生以来最艰难的日子。

听闻我情况的韩芳老师,热情承担了后半部分的翻译工作,她细致严

译者致谢

谨，让我感受到合作的愉快，收获满满。好友马辉和盖梦丽雪中送炭，挤出时间帮我审校译稿。我的研究生张红和顾梦洁，协助校对和查证资料，成为我最有力的帮手。此外，我还要特别感谢一个人。鉴于这本书涉及很多德国历史以及第三帝国时期特有的文化背景和史料，我需要不时地请教德国语言文化专家朱小雪教授。朱教授当时一边要值夜班，一边还要照顾家人。但即便如此，他也在百忙之中抽出时间帮我翻译德语词汇，白天还多次就文中的细节，给我上德国文化课，每次都讲得酣畅淋漓！在不堪回首的庚子年，在病中只能靠在床上做翻译的艰辛时期，我却收获了人间最值得珍惜的温暖情义！衷心地感谢他们！

我热爱翻译，文中各处都尽心去一一查证，但由于身体状况，最后的一段工作，确实是力有不逮，若本书仍有未尽人意之处，请读者们海涵。粗陋和不当之处，求教于方家，还请不吝指出。

马诗远
2021年2月23日晨于北京

图书在版编目（CIP）数据

牛津第三帝国史 /（加）罗伯特·格拉特利主编；马诗远，韩芳译. -- 北京：北京日报出版社，2021.3
ISBN 978-7-5477-3784-2

Ⅰ. ①牛… Ⅱ. ①罗… ②马… ③韩… Ⅲ. ①德意志第三帝国 – 史料 Ⅳ. ① K516.44

中国版本图书馆 CIP 数据核字（2020）第 151453 号

The Oxford History of the Third Reich was originally published in English in 2018. This translation is published by arrangement with Oxford University Press. Dook Media Group Limited is solely responsible for this translation from the original work and Oxford University Press shall have no liability for any errors, omissions or inaccuracies or ambiguities in such translation or for any losses caused by reliance thereon.

中文版权：© 2021 读客文化股份有限公司
经授权，读客文化股份有限公司拥有本书的中文（简体）版权
图字：01-2020-6093号

牛津第三帝国史

作　　者：	［加］罗伯特·格拉特利
译　　者：	马诗远　韩　芳
责任编辑：	王　莹
特邀编辑：	刘芷绮　赵芳葳
封面设计：	温海英
出版发行：	北京日报出版社
地　　址：	北京市东城区东单三条8-16号东方广场东配楼四层
邮　　编：	100005
电　　话：	发行部：（010）65255876
	总编室：（010）65252135
印　　刷：	北京盛通印刷股份有限公司
经　　销：	各地新华书店
版　　次：	2021年3月第1版
	2021年3月第1次印刷
开　　本：	710毫米×1000毫米　1/16
印　　张：	19.5
字　　数：	262千字
定　　价：	88.00元

版权所有，侵权必究，未经许可，不得转载
凡印刷、装订错误，可调换，联系电话：010-87681002